Über den Autor:

Georg Lehmacher, geboren 1962 in Stuttgart, ist seit dreißig Jahren im Krankentransport und Rettungsdienst des Roten Kreuzes tätig. Als Zivildienstleistender ist er zur Rettung gekommen, heute übt er sein Amt ehrenamtlich aus. In seinem eigentlichen Berufsleben arbeitet er als Kommunikations-Designer und ist Dozent an der Hochschule Augsburg. Georg Lehmacher ist verheiratet und Vater von drei erwachsenen Kindern.

GEORG LEHMACHER

SCHNELLER ALS DER TOD ERLAUBT

Ein Rettungssanitäter berichtet

BASTEI LÜBBE TASCHENBUCH
Band 60729

1. Auflage: Februar 2013

*Zum Schutz der Persönlichkeitsrechte wurden Namen, Orte,
Jahreszahlen, Funkrufnamen und Details verändert.*

Dieser Titel ist auch als E-Book erschienen.

Bastei Lübbe Taschenbuch in der Bastei Lübbe GmbH & Co. KG

Originalausgabe

Copyright © 2013 by Bastei Lübbe GmbH & Co. KG, Köln
Textredaktion: Sylvia Gredig
Titelbild: © Fuse/Getty Images; Fotoline/shutterstock
Umschlaggestaltung: Sandra Taufer, München
Satz: hanseatenSatz-bremen, Bremen
Gesetzt aus der ITC Officinasans
Druck und Verarbeitung: GGP Media GmbH, Pößneck
Printed in Germany
ISBN 978-3-404-60729-7

Sie finden uns im Internet unter
www.luebbe.de
Bitte beachten Sie auch: www.lesejury.de

Der Preis dieses Bandes versteht sich einschließlich
der gesetzlichen Mehrwertsteuer.

Für all die Menschen,
die anderen helfen:
im Rettungsdienst, bei der Feuerwehr, der Polizei,
einem Hilfsdienst, in einer Klinik oder einem Altenheim.
Oder einfach da,
wo Hilfe gebraucht wird und es niemand bemerkt.
Die sich manchmal auch überwinden müssen,
die sich allen Absicherungen zum Trotz
in Gefahr begeben
oder in ungezählten Nachtschichten
ihre Gesundheit ruinieren;
ohne Bezahlung – oder für einen Lohn, der das,
was sie tun, niemals ausgleichen kann.

Für all die,
von denen ich so viel lernen durfte,
sei es bei der Bewältigung von Konflikten
oder in Freundschaft:
Ich bin sehr dankbar dafür,
sie alle kennengelernt zu haben.

Und für die, die mir Halt geben:
meine Freunde und Familie.

Vor allem für
Hans, Thomas und Rosi.

Ein Rückblick

Es ist unglaublich, wie viel sich in den letzten dreißig Jahren im Rettungsdienst geändert hat. Medizingerätetechnik, Medikamente, Diagnosemöglichkeiten. Nicht einmal eine Trage von heute hat noch Ähnlichkeit mit diesen einfachen Tragen, die wir zu Beginn der Achtzigerjahre hatten: Sie hatte zwei Gurte und kein Fahrgestell mit Rollen. Ein einfaches EKG-Gerät und ein Defi auf dem RTW waren etwas ganz Besonderes. Als ich begann, bekam ich nur ein paar Wochen Ausbildung, dann wurde ich als verantwortlicher Sanitäter am Patienten eingesetzt, im Krankentransport und wenige Monate später auf dem Rettungswagen. Für ein riesengroßes Gebiet rund um Augsburg gab es nur einen einzigen Notarztwagen, wenn man ihn am dringendsten brauchte, war er oft belegt. Ging es einem persönlich nach einem Einsatz schlecht, dann hatte man zufällig einen guten Kollegen, zufällig einen Wachleiter, dem das auffiel – oder einfach Pech.

Heute muss man dazu Rettungsassistent sein: mit einer Ausbildung von zwei Jahren. Es gibt ein Vielfaches an Notarztstandorten. Frühdefibrillation, standardisierte Abläufe, psychische Betreuung für Patienten, Angehörige und das Personal sind Beispiele für die Professionalität, die Einzug gehalten hat.

Wichtiger als der fachliche ist aber der persönliche Rückblick, den ich teilen möchte: Ich habe viele Erfahrungen sammeln dürfen. Ich habe Dinge erlebt, die ich nicht noch einmal erleben möchte und die mich doch »geformt« haben. Ich habe erlebt, wie es ist, wenn man aufeinander angewiesen ist, emp-

finde den Rettungsdienst vor allem als Teamarbeit, und sie läuft dann am besten, wenn der Patient, so gut es möglich ist, Teil des Teams wird. Ich habe hektische Einsatzabläufe erlebt und Konflikte – nicht nur mit anderen, sondern auch die wesentlich schlimmeren, die man in sich selbst austrägt.

Ich durfte viele ganz besondere Menschen kennenlernen. Ärzte. Kollegen. Patienten. Manchmal ganz einfache, aber unvergessliche Persönlichkeiten. Ich bin an Grenzen gestoßen. An Grenzen, die mich, in der Stille nach dem Einsatz, dazu gebracht haben, über das nachzudenken, was jenseits dieser Grenzen liegen könnte.

Die wichtigsten Lektionen für das Leben lernt man wohl vom Leben selbst. Und Leid, wo es uns begegnet, verpflichtet uns besonders – zu einem guten Umgang miteinander und der Suche nach Glück, für uns selbst und die Menschen um uns herum. Ein Glück ist es auch, »dabei« zu sein, ein kleines Rädchen in einem guten Ganzen.

Georg Lehmacher, im Sommer 2012

DEZ 1982 · FRÜHSCHICHT
KRANKENTRANSPORTWAGEN

EINSATZ # 00001 UND 00002

Mein erster Tag
in der Rettungswache

Drei weiße Hosen, drei weiße Hemden, eine Allwetterjacke in leuchtendem Orange. »Hier ist der Leihschein«, sagt Frank, ein schlaksiger Typ mit Schnauzbart, der mich in die Kleiderkammer im Untergeschoss der Wache begleitet hatte. »Zieh dich am besten gleich hier um, und dann kommst du wieder hinauf, Christian will dich einweisen.«

Christian war der Wachleiter, so viel wusste ich schon. Und dass man sich hier duzt.

Ich stecke den Leihschein in mein Portemonnaie und tausche Jeans und Pullover gegen eine Garnitur Dienstkleidung. Mit einem flauen Gefühl im Magen trete ich vor den großen Spiegel, der an einer Wand hängt ... So übel sieht das gar nicht aus ... Ich ziehe den Gürtel fest, stecke die restliche Kleidung in meinen Rucksack und mache mich auf den Weg zurück nach oben. So schnell geht der Wechsel vom Designstudenten zum Zivi einer Rettungswache, zumindest rein äußerlich ...

Die helle Deckenbeleuchtung in den Fluren lässt die ohnehin glänzenden Parkett- und roten Steinfußböden der Rettungswache noch mehr erstrahlen, der Neubau war erst vor wenigen Monaten eingeweiht worden.

»Hallo Georg, ich bin Christian.« Der Leiter der Wachstelle, ein markanter Typ, winkt mich in den großen Aufenthaltsraum, in dem außer einer großen Couchgarnitur mit Tisch und mehreren Sesseln und Bürostühlen auch eine hellgraue Schrankwand, ein Regal und ein Sideboard stehen.

»Frank hast du ja schon kennengelernt. Diese Woche fährst du bei uns auf dem KTW mit.«

»KTW?«, frage ich nach.

»Krankentransportwagen.«

»Ja, klar.« *Hätte ich auch so drauf kommen können*, denke ich und spüre plötzlich ein Kribbeln wie vor einer Prüfung.

Doch dann kommen immer mehr Kollegen in den großen Raum, beinahe jeder hat eine Kleinigkeit mit Christian zu besprechen. Nachdem er mich ihnen vorgestellt hat, gerate ich erst einmal wieder aus seinem Fokus. Die Kollegen von der Nachtschicht berichten ihrer Ablöse von den Einsätzen. Ich lausche gespannt. Ein Obdachloser, der für die Nacht in einem Heim untergebracht werden konnte, ein Fehlalarm und ein Herzinfarkt-Patient, der im Klinikum sofort auf die »Intensiv« kam.

»Dienstbeginn der Frühschicht ist um sechs Uhr, also solltest du allerspätestens um zwanzig vor sechs da sein«, führt Christian seine Einweisung fort.

Ich rechne: Die Bus- und Straßenbahnfahrt eingerechnet, muss ich um kurz nach vier aufstehen. Und das im Winter bei Schnee und Eis. Puhhh ...

Als hätte er meine Gedanken erraten, sagt er: »An das frühe Aufstehen gewöhnst du dich schon. Dienstschluss der Frühschicht ist um vierzehn Uhr, wenn kein Notfall dazwischenkommt. Warte kurz, ich frag mal nach, wann du für die Schulung eingeplant bist.« Die weiße Dienstkleidung lässt ihn wie einen Arzt aussehen. Wie einen gut aussehenden Arzt ... Jetzt fällt mir auch ein, wem Christian ähnelt. Cary Grant, dem US-Schauspieler, der in Filmen wie *Über den Dächern von Nizza* gespielt hat. Ein gepflegter Typ, dem man den Chef gleich ansieht.

»Mitte Februar.« Christian schüttelt verärgert den Kopf, als er zurückkommt. »Das geht natürlich überhaupt nicht. Wir müssen sehen, dass wir dich vorher irgendwo unterbringen, notfalls in einer Schule, die weiter weg ist. Maximal solltest du zwei Wochen als dritter Mann ohne Schulung mitfahren, wenn es vier sind, okay. Aber zweieinhalb Monate, das können wir uns nicht leisten.« Seine Augenbrauen heben sich, so als wäre ihm gerade eine Idee gekommen. »Verstehst du was von Autos? Kannst du in der Werkstatt aushelfen?«

»Eher nicht. Aber vielleicht kann ich es ja lernen?«, höre ich mich sagen.

Christians Augenbrauen ziehen sich zusammen. Dann winkt er verständnisvoll ab.

»Frank«, ruft er dem Schnauzbart zu, »erklärst du dem Neuen den KTW und alles, was so für den Anfang wichtig ist? Ich hab hier noch eine Stunde zu tun, dann fahren wir in die Stadt und holen ihm ein paar Bücher.«

Frank lotst mich durch einen langen Gang und eine schwere Metalltür in die Fahrzeughalle. »Hier steht der große Rettungswagen und die Krankentransportwagen. Am Wochenende ist nur der RTW in Betrieb, der hat mehr medizinische Geräte an Bord, unter der Woche fahren auch die KTWs.«

»RTW, KTW ...«, wiederhole ich.

»Und NAW«, sagt Frank. »Der Notarztwagen. Ein Rettungswagen mit Notarzt an Bord. Aber davon haben wir hier draußen keinen. Es gibt überhaupt nur einen hier in der ganzen Gegend, der fährt in der Stadtmitte. Die haben aber nicht nur den Notarzt, sondern auch ein paar Medikamente mehr dabei. Zum Beispiel Opiate, die dürfen Rettungssanitäter ohnehin nicht verabreichen. Und ein EKG. Aber«, jetzt strahlt er über das ganze Gesicht, »das haben wir in unserem RTW auch. Als einziger RTW in der ganzen Gegend.«

Ich lasse meinen Blick durch die Halle schweifen. Kaum vorzustellen, dass jetzt plötzlich Hektik ausbrechen könnte, weil ein Notfall ruft.

Frank nickt mir zu, der Rundgang geht weiter. »Wir haben

außerdem dieses Wasserrettungsfahrzeug ... Und die beiden Autos dahinten gehören zum Katastrophenschutz. Die sind aber zum Glück länger nicht im Einsatz gewesen.«

Die Fahrzeuge, wie auch die Wache insgesamt, alles sieht nagelneu aus, überhaupt scheint hier alles in einem Topzustand und wie geleckt, doch als mich Frank zu »unserem« Krankentransportwagen für den heutigen Tag führt, entdecke ich beim Einsteigen leichte Rostspuren.

»Der kommt bald weg. Hat schon 430.000 Kilometer drauf«, sagt Frank.

Ich schaue ungläubig.

»Ein Diesel ...«

Im Wagen liegt ein Hauch von einem alkoholischen Desinfektionsmittel in der Luft, und als ich meine Nase genauer befrage, meine ich auch ganz leicht kalten Tabakduft zu riechen.

Frank sieht sich im Wagen fachmännisch um. »Wir prüfen jeden Morgen, ob alles an seinem Platz ist. Und ob alles hygienisch einwandfrei ist. Dafür muss am Ende jeder Schicht gesorgt werden. Und freitags wird der Wagen komplett ausgeräumt und gesäubert.«

Franks Ton ist mir zu kasernenhaft, dennoch nicke ich wie zur Bestätigung seiner Worte freundlich.

Jetzt zieht er einige Seitenfächer der Reihe nach auf.

»Beatmungsbeutel ..., die Brechschale, die braucht man manchmal sehr schnell ..., Verbandsmaterial ..., Medikamente ... und alles für einen venösen Zugang ...«

Ich schaue ihn groß an.

Er hält eine kleine Blisterpackung in die Höhe. »Die Nadel wird mit einem dünnen Plastikschlauch in die Vene gelegt. Dann wird sie wieder herausgezogen, der Schlauch bleibt liegen. – Darüber geben wir dann Medikamente und unsere Infusionen ...« Jetzt klingt er wie ein Mediziner.

Er legt die Nadel zurück und öffnet die unterste Schublade.

– 12 –

»... und hier ist das Zeug für die Intubation. Schon mal gehört?«

Ich schüttele den Kopf.

»Bei der Intubation schiebt man einen Schlauch in die Luftröhre. Dann kann man den Patienten während des Transportes sicherer beatmen. Selbst wenn er erbricht. Aber keine Sorge, das bleibt für dich Theorie. Das Zuganglegen und das Intubieren sind ärztliche Maßnahmen. Für uns Sanis ist beides streng verboten. Wenn du so was selbst machst und wenn dabei auch noch etwas schiefgeht, bekommst du es mit dem Staatsanwalt zu tun! Du musst nur lernen, was man dazu braucht, damit du dem Arzt assistieren kannst.«

Er schaut auf meine Hand, mit der ich mir unwillkürlich an den Hals gefasst habe. Die Vorstellung, einen Schlauch in den Atemwegen zu haben, hatte mir kurz den Atem stocken lassen. »Muss man da nicht erst recht erbrechen?«

»Das macht man natürlich nur, wenn der Patient nicht mehr bei Bewusstsein ist ...« Frank grinst. »Oder man macht ihn eben vorher ›flach‹. Medikamentös.«

»Flach ... – Aha«, sage ich. Meine Stimme ist brüchig. Frank hat die Bemerkung wahrscheinlich gar nicht gehört, er räumt alles zurück in die Schublade.

Ich hatte eigentlich gehofft, dass sich das flaue Gefühl in meinem Magen den Tag über verflüchtigen würde, doch jetzt ist es eher meine Neugierde, die nachlässt.

Frank öffnet eine Klappe, die sich weiter oben im Fahrzeug befindet. »Da sind noch Laken, um die Trage frisch zu beziehen, Ersatzmaterial und eine kleine Sauerstoffflasche. Die gehört ...« Er schließt die Klappe wieder und zeigt auf ein Gerät an der Wand des Fahrzeugs. »... zu diesem Beatmungsgerät.«

Ich hätte gern mal eine Zwischenfrage gestellt, auch um diese Lehrstunde ein wenig aufzulockern, aber mein Kopf ist in dieser Hinsicht wie leer. Die vielen Details lassen keinen Platz mehr für Fragen.

»Wenn das Beatmungsgerät in der Halterung ist, erhält es den Sauerstoff aus der großen Flasche an der Seite links im Wagen. Und hier ist noch das Absauggerät und der Notfallkoffer.« Frank zieht ihn aus der Halterung und steigt damit aus. »Den zeig ich dir draußen, und dann holen wir die Trage.« Er stellt den Notfallkoffer auf einen Tisch, von denen es einige in der Halle gibt. »Hier ist noch einmal alles Wichtige drin, was man an einem Unfallort eventuell braucht.«

In meinem Schädel rauscht es. *Hoffentlich benennt er nicht jeden einzelnen Gegenstand, das kann ich mir sowieso nicht alles auf einmal merken.*

Doch er schließt den Koffer wieder und beendet seinen Vortrag mit den Worten: »Vor ein paar Jahren noch hat man die Patienten schnellstmöglich in die nächste Klinik gefahren, aber wir versorgen sie nach Möglichkeit schon vor Ort so weit, dass sie stabilisiert transportiert werden können. Das kostet zwar ein paar Minuten. Aber was nutzt es, wenn du schnell in der Klinik bist, und der Patient ist tot?«

Frank holt hinter dem Wagen ein Gestell mit Rollen hervor, dann zieht er die Trage hinten aus dem Auto und schiebt sie auf das Gestell. Es quietscht.

Jeder von Franks Handgriffen sitzt. Auch das Zurückbefördern der Trage ins Auto sieht ganz einfach aus.

»So«, sagt er. »Das übst du jetzt ein paarmal. Und schau dir an, wie man die Gurte der Trage auf- und zumacht.«

Die Freude über eine praktische Aufgabe währt nicht lange. *Mist, warum rutscht das blöde Gestell nur ständig weg ... Na, jetzt aber!* Beim dritten Mal endlich habe ich es heraus, das Gestell mit dem richtigen Knieeinsatz zu halten, während ich zugleich an der Trage ziehe.

»Für den Anfang gut«, sagt Frank.

Wie ein Lob klingt es nicht.

»Und jetzt komm ins Führerhaus, dann erkläre ich dir, wie man die Fahrtenschreiberblätter wechselt. Wenn du Frühdienst hast, prüfst du als Erstes, dass die Blätter bei allen Fahrzeugen gewechselt sind. Wenn du damit fertig bist, kochst du Kaffee, wenn das bis dahin noch kein anderer gemacht hat.«

Frank nimmt auf der Fahrerseite Platz, ich auf dem Beifahrersitz. Er zieht eine Tachoscheibe aus dem Seitenfach der Tür, um mir die Beschriftung zu erklären. »Die Türen bleiben auf, wenn wir rauchen«, sagt er und zieht eine Schachtel aus seiner Hemdtasche. »Bei der Fahrt öffnen wir die Fenster. Im Patientenraum soll es nicht nach Rauch riechen, sonst wird den Patienten schlecht.« Er bietet mir eine Zigarette an.

»Danke, ich rauche nicht.«

»Nein?«

»Nein.«

»Na ja. Bald wirst du rauchen, du wirst schon sehen. Hier rauchen alle.«

Auf dem Weg zurück ins »Wohnzimmer«, wie Frank den Aufenthaltsraum nennt, erhalte ich auch schon die nächste Lektion. »Wenn ein Patient schwierig ist, bleibst du freundlich«, erklärt Frank. »Verstehst du?«

»Ja klar.«

»Auch wenn er aggressiv ist.«

»Okay ...« Ich versuche mir vorzustellen, welche Art Situation er meinen könnte.

»Du hältst dann angemessenen Abstand, gehst dem Patienten notfalls sogar aus dem Weg – und bleibst freundlich. Auch wenn es an einem Einsatzort Konflikte zwischen Dritten gibt, hältst du dich raus, so weit es eben möglich ist. So etwas geht uns nichts an.«

Ich nicke. Aber das scheint Frank mal wieder zu wenig zu sein.

»Du bist Sani, nicht Polizist. Kapiert?«

»Ja, kapiert.«

»Und noch etwas, was du niemals vergessen darfst: Bevor du an einem Einsatzort den Wagen verlässt, achte genau auf den Verkehr. Du machst die Tür nur auf, wenn du sicher bist, dass niemand dicht am Auto vorbeifährt. Und du steigst nur aus, wenn klar ist, dass es für dich ungefährlich ist.«

»Ja«, sage ich deutlich.

»Nicht einfach ›Ja‹. Das ist wichtig! Also was hab ich gesagt?«

Oh Mann, das nervt jetzt aber langsam … Ich bin ja nicht blöd.

»Dass ich beim Aussteigen aufpassen soll«, antworte ich etwas verkürzt, aber bestimmt.

»Ja, ja …«, sagt Frank. »Ihr Neuen seid immer sehr schlau.«

»Seit wann bist du denn dabei?«, frage ich, um das Gespräch von mir abzulenken.

»Ich bin von Beruf Krankenpfleger und mache das ehrenamtlich schon länger. Aber das letzte Jahr war ich in Südamerika. Und im Januar habe ich eine neue Anstellung, dann mache ich erst mal keine Dienste mehr.«

Okay, denke ich, *dann müssen wir ja nicht beste Freunde werden.*

In der Wache ist die Stimmung gelöst, ein älterer Kollege, Peter, ein Ehrenamtler, hat Geburtstag. Auf einem großen Tisch liegen »Brezen«, und Weißwürste wird es geben.

Gegen ein deftiges Frühstück habe ich nichts einzuwenden. »Mit Kartoffelsalat?«, frage ich, nachdem ich Peter gratuliert habe.

Mit einem Mal ist es still im Raum. Warum schauen mich alle so ungläubig an?

»Weißwürste und Kartoffelsalat? Wo kommst du denn her?«, fragt Peter.

»Aus der Stuttgarter Gegend«, antworte ich und halte mich jetzt erst mal mit weiteren Bemerkungen zurück.

– 16 –

Als der Topf mit den Würsten auf dem Tisch steht, setze ich mich auf einen Bürostuhl in zweiter Reihe.

Ich habe noch nicht mal die Hälfte meiner Wurst verdrückt, da klingelt ein Telefon, das grüne. Es ist das Leitstellentelefon, das nur Verbindungen zur Leitstelle, zur Polizei und zum Krankenhaus bereitstellt.

»Notfall«, sagt Frank, der aufgestanden ist, um den Anruf entgegenzunehmen.

»Für uns?«, frage ich aufgeregt und lege den Rest der Weißwurst auf den Teller zurück.

»Nein. Für den RTW.«

Die beiden Kollegen eilen auch schon zur Tür hinaus.

»Wir räumen euer Zeug weg ...«, ruft Frank ihnen hinterher.

Aber da klingelt das Telefon noch einmal.

»Jetzt ist es für uns«, sagt er nach dem Auflegen, und ich springe hastig auf.

»Ganz ruhig, Junge.« Er lacht. »Ist nur eine Rückfahrt vom Krankenhaus in ein Altenheim. Du kannst noch schnell aufessen und die Teller wegräumen, ich geh schon mal ›auf Empfang‹.«

Ein paar Minuten später hallt das Nageln des Dieselmotors an den Wänden der Halle, und Christian lenkt den KTW über den beleuchteten, mit einer leichten Schneedecke überzogenen Hof. Auf der Straße vor der Wache fädeln wir uns in den fließenden Verkehr ein. Ich sitze hinten im Patientenraum, sehe, wie sich das große Rolltor mit den Halteverbotsschildern hinter mir schließt, und lasse meinen Blick dann über die fliehende Straße schweifen. Schilder, Straßenlaternen, Häuser und Felder und andere Autos tauchen auf und verschwinden wieder. Das Schwarz der Nacht hat sich inzwischen in ein dunkles Wintermorgengrau verwandelt.

Ich reibe die Hände, um sie ein wenig zu wärmen.

»Wir rauchen mal eine«, sagt Frank und zieht die Scheibe, die den Patientenraum vom Fahrerbereich abtrennt, zu.

Während wir durch die nächste Ortschaft fahren, fliegen meine Gedanken zurück. Im Sommer hatte man mir telefonisch mitgeteilt, dass sich meine Einberufung zum Zivildienst noch hinziehen würde, und ich hatte mich daraufhin an der Fachhochschule eingeschrieben. Ich wollte Grafik-Designer werden und freute mich auf das Studium und das Miteinander mit anderen Studenten. Doch kaum hatte das Semester begonnen, lag ein graues Amtsschreiben in meinem Briefkasten. Die Einberufung. Und wieder umdenken und Pläne ändern ... All die schönen Zukunftsentwürfe zurückstellen und erst einmal Rettungsdiensthelfer werden. Immerhin fühle ich mich als Zivildienstleistender bei einer Rettungswache nicht als »Drückeberger«, wie Zivis gern mal bezeichnet werden. Ein Mitarbeiter im Rettungsdienst trägt Verantwortung ...

Die letzten Wochen war ich ein paarmal aus dem Schlaf aufgeschreckt, als ein Martinshorn die Stille der Nacht durchschnitten hatte. *Ob ich den Anforderungen gewachsen sein würde?*, hatte ich mich dann immer gefragt.

Und jetzt saß ich in solch einem Krankentransportwagen, der im Notfall auch mit Blaulicht und Sirene unterwegs wäre.

Das Langsamerwerden des Wagens holt mich aus meinen Gedanken zurück. »Bayern 33/39, Stadtkrankenhaus an«, höre ich Frank am Funk sagen, die Scheibe ist wieder aufgeschoben. Es klingt lässig, wenn für mich auch noch irgendwie kryptisch. »33 steht für den Leitstellenbereich, 39 ist unsere Wagennummer«, erklärt mir Christian. Im Patientenraum riecht es jetzt doch nach Rauch.

Als wir aus dem Wagen gestiegen sind und nun auf die Pforte des Krankenhauses zugehen, reicht Christian mir ein paar Formulare. »Wie das mit dem Ausfüllen geht, kannst du dir später in der Wache genauer anschauen«, sagt er. »Nur den Namen, die Adresse und das Geburtsdatum des Patienten trage bitte jetzt gleich ein. Hier links.« Er deutet auf den obersten Zettel.

»Na, da seid ihr ja!«, ruft uns eine Krankenhausmitarbeiterin zu. »Euer Patient wartet schon. Da vorn im Rollstuhl.«

»Papiere?«, fragt Christian.

»Hat er bei sich. Und die braune Tasche müsst ihr mitnehmen.«

Frank ist schon zu dem älteren Herrn vorgegangen, dem die fehlende Morgensonne an diesem kalten Wintertag aus dem Gesicht zu strahlen scheint. Ob er sich so sehr auf die Rückkehr ins Heim freut?

»Na, Opa?«, höre ich Frank sagen.

Trotz dieser respektlosen Begrüßung strahlt der ältere Mann Frank weiter an. Der bemerkt kurz darauf meinen irritierten Blick.

»Das ist Herr Huber. Wir kennen uns.«

Frank und Herr Huber lachen.

»Franks Familie wohnte neben uns«, beginnt der alte Mann zu erzählen. »Frank hat oft bei uns im Garten mit den Hasen gespielt.«

»Ja, ja, schon gut, Opa.« Frank winkt lachend ab, nimmt die Tasche des alten Herrn mit der einen Hand und lenkt mit der anderen den Rollstuhl gekonnt zum Ausgang.

»Wenn es wahr ist, wird man es wohl sagen dürfen? Oder?« Herr Huber klingt vergnügt.

Am KTW angekommen, helfen ihm Frank und Christian auf den Rücksitz, Frank klappt den Notsitz runter und setzt sich dazu. Ich nehme vorn neben Christian Platz, und wir starten. Christian redet nicht viel. Ich schaue auf den Tacho und den Fahrtenschreiber, die fast zehn Kilometer pro Stunde unterschiedlich anzeigen. Weiter oben am Armaturenbrett, da wo normalerweise das Radio ist, sind einige schwarze Schal-

– 19 –

ter eingebaut. Ich schaue auf die unterschiedlichen Symbole, Zeichen für Martinshörner, ein Lautsprechersymbol, eines für ein Mikrofon. Links davon ist ein länglicher Knopf, auf dem in senkrecht untereinander geschriebenen Buchstaben »ALARM« steht, daneben drei Leuchtdioden, die aber dunkel sind.

»Was hast du bisher gemacht?«, fragt Christian unterwegs.

»Ich habe studiert. Kommunikationsdesign. Aber dann kam gleich im ersten Semester die Einberufung.«

»Kommunikationsdesign?«, fragt er.

»Ja ... Ich werde Grafiker.«

»Ach so. So einen hatten wir schon mal als ZDL. War ein ziemlich fauler Hund.«

Ich frage mich, ob er nun meint, alle Grafiker oder Designer seien ...

»Dann kannst du vielleicht ein paar Schilder für die Wache machen. Und eine Kopiervorlage für die Einladung zu unserer Weihnachtsfeier?«

»Klar. Gern.«

»Nachher fahren wir dann zur Buchhandlung und holen dir den ›Leitfaden für den Sanitätsdienst‹. Dann kannst du schon mal das ein oder andere nachlesen. Das Buch bekommst du bei dem Lehrgang zwar auch, aber bis dahin dauert es ja viel zu lang. Wenn die dir den Leitfaden dann geben, stellst du ihn in der Wache in den Schrank. Für alle. Dann können wir das Uraltexemplar, das bei uns rumsteht, entsorgen.«

Es ist bereits nach zwölf Uhr, als wir auf der Rückfahrt zur Wache sind. Frank hatte den alten Mann allein auf sein Zimmer im Altenheim gebracht. Ich sitze nun wieder hinten und halte den »Leitfaden für den Sanitätsdienst« in der Hand, ein Buch mit schlecht gemachten zweifarbigen Abbildungen in Rot und Schwarz. Ich erkenne auf manchen Abbildungen überhaupt nicht, um was es geht. *Nicht nur grafisch könnte man das sicher besser machen*, denke ich mir. Frank fährt diesmal, er entsorgt gerade seine Zigarette durch das Fenster, Christian hat den Funkhörer in der Hand. Vermutlich will er durchgeben, dass wir in Kürze zurück sind. Er notiert etwas. Nach einer Weile sehe ich vorn die Fensterfront der grauweißen Wache und lege mich kurz davor instinktiv in die Kurve. Doch im nächsten Moment beschleunigt Frank den Wagen, und wir rauschen an der Einfahrt vorbei. Was ist los? Ein Einsatz? Das Martinshorn dringt laut ins Fahrzeuginnere.

Ich würde am liebsten das Fenster aufschieben und nachfragen, stattdessen beuge ich mich im Sitz vor. Der schwerfällig wirkende Wagen zieht erstaunlich gut weg. Frank lenkt ihn auf die Gegenspur, um die Personenwagen vor uns zu überholen. Die Ortschaft ist zu Ende, mein Blick sucht die Tachoscheibe des Fahrtenschreibers ... 60. 70. 80. 90 ... Die entgegenkommenden Fahrzeuge pressen sich dicht an den Straßenrand. Der Hebel mit der Aufschrift »ALARM« steht schräg, die drei Leuchtdioden daneben sind hell: Okay, jetzt ist es wohl so weit. Doch noch ein »richtiger« Einsatz. Und ich habe nicht mal eine Ahnung, wo es hingeht.

Endlich schiebt Christian die Trennscheibe zur Seite. Er sagt etwas zu mir, aber das Martinshorn verschluckt seine Worte. Plötzlich bremst der Wagen unerwartet stark ab, ich werde in meinem Sitz nach vorn geworfen. Im Schritttempo rollen wir weiter. Vor uns leuchten rote Ampeln.

Wir passieren die Kreuzung. Danach setzt das Martinshorn für einen Moment aus. »Wir haben einen Notfall, ein Verkehrsunfall mit Fußgänger, irgendwo bei Derching«, klärt mich Christian auf. Und dann ruft er laut über das wieder heulende Martinshorn hinweg: »Bleib sitzen und schnall dich an!«

Ich tue, was er sagt. Trotzdem kann ich sehen, dass uns in der nächsten Kurve, auf die wir mit hohem Tempo zusteuern, ein Lkw entgegenkommt. Und die Kurve führt auch noch über einen Hügel ... Meine Finger krallen sich fest in die Armlehnen, ich presse mich so tief wie möglich in meinem Sitz. Dann sind wir auch schon an dem Lkw vorbei. Hinter der Kurve haben wir eine lange Strecke freie Fahrt. Bis wir uns der Unfallstelle nähern.

Bedächtig rollt der Gegenverkehr über die Landstraße, manche Fahrzeuge haben die Warnblinker eingeschaltet. Neben einer Weggabelung steht ein Fahrradfahrer, der uns nach links winkt. Ein entgegenkommender Traktor hält an, und die blonde Fahrerin deutet ebenfalls aufgeregt in die Richtung. Ihr Gesicht ist wie erstarrt. Es wird nicht an der Winterkälte liegen. Ihr schreckerfüllter Blick lässt nichts Gutes erahnen.

Kurz darauf taucht hinter einer Kurve ein Lkw am Straßenrand auf. Ein Polizist und ein etwa fünfzig Jahre alter Mann in Arbeitskleidung stehen daneben. Der Lkw-Fahrer – wie ich vermute – schüttelt immer wieder den Kopf. Dann fällt mein Blick auf ein altes graues Moped ein paar Meter weiter. Den Oberkörper eines alten Mannes neben dem Zweirad nehme ich im ersten Moment gar nicht wahr. Doch als wir nah heranfahren, erkenne ich auch die Beine des Mannes, die seltsam verbogen scheinen. »Abnorme Lage«, nennt Christian es.

»39 Einsatz an. Schicken Sie uns den NAW!«, gibt Frank noch während der letzten Meter Fahrt durch. »33/39 mit Lagemeldung ...?!«, höre ich den Funklautsprecher. Im nächsten Moment stoppt Frank am linken Straßenrand, und ich springe sofort heraus. Frank steigt ebenfalls aus, seine Augen funkeln. Und schon packt er mich am Kragen und brüllt: »Du Idiot, du hast beim Aussteigen überhaupt nicht auf den Verkehr geachtet, wenn du das noch mal machst, hau ich dir eine runter, verstanden? Du bleibst jetzt erst mal hier an der Seite stehen.«

Das sitzt. *Sicher, er hat recht, aber ich wollte doch nur ...*

Zitternd stehe ich da, während die beiden mit dem Notfallkoffer bereits keine fünf Meter weiter vorn beim Patienten sind. Doch dann ruft Frank in meine Richtung: »Weißt du, wo der Absauger ist?«

– 22 –

Absauger, Absauger … Ja klar, er hat mir das Ding heute früh gezeigt. Nach ein, zwei Versuchen schaffe ich es, das Teil im Wagen abzustecken und aus der Halterung zu lösen. Als ich damit zu den beiden hinüberlaufe, bin ich so achtsam wie nur möglich.

»Und jetzt hol die Trage.« Frank hat mir das Gerät aus den Händen genommen. Ich verspüre trotz des ganzen Stresses Erleichterung, dass ich nicht am Patienten helfen muss. Und die Trage, das hatte ich schon geübt. Am Wagen zurück, ziehe ich sie mit einem Mal heraus.

Ein Passant und ein Polizist, inzwischen ist ein weiterer Streifenwagen am Unfallort angekommen, helfen mir, das Ding zu dem Verletzten hinzubugsieren.

»Mist!«, entfährt es Frank, der mit dem Beatmungsbeutel in der Hand am Kopfende des Patienten kniet.

Der alte Mann wird so um die sechzig sein. Sein Gesicht hat eine graublaue Farbe.

»Ich bring nichts rein.« Frank flucht noch einmal.

»Lass mich mal.« Christian schiebt ihn beiseite, schüttelt kurz darauf aber den Kopf.

Frank tastet seitlich vom deutlich sichtbaren Kehlkopf des Patienten. »Nichts!«, ruft er. Kein Puls! Er drückt mir eine Infusion in die Hand. »Hochhalten!«

Ich habe keine Ahnung, was die beiden jetzt vorhaben.

»Los.« Christian dreht die Infusion zu und legt sie auf den Körper des Mannes. »Du nimmst die Beine. Vorsichtig …«

Ich will sie ergreifen, aber ich traue mich nicht zuzupacken. Frank hat den Patienten schon am Kopf und den Schultern genommen, Christian hält die Körpermitte. Ich kann das schreckliche Gefühl, allein bei dem Gedanken, diesen leblosen Körper anzufassen, nicht abschütteln.

»Greif die Hose«, kommt mir Frank zu Hilfe, dann dreht er sich zu einem der Polizisten um, die in der Nähe stehen.

»Los, komm näher, nimm du die Füße.«

»Auf drei ...« Frank gibt das Kommando. Zu viert heben wir den alten Mann auf die Trage.

Während ich noch dastehe, haben Christian und Frank die Trage schon geschnappt und laufen damit zum Auto.

»Bring uns den Koffer!«, ruft mir Frank beim Einladen des Patienten zu. »Steck den Beatmungsbeutel rein, klapp das Ding zu und mach schnell – lass den Rest erst mal liegen.«

Ich tue, was er sagt, aber dann bekomme ich den Koffer nicht zu, irgendetwas klemmt, ich versuche es wieder und wieder, endlich schaffe ich es, ihn wenigstens auf einer Seite zu schließen und laufe damit zum KTW. In dem engen Patientenraum ist jedoch kein Platz für mich, und dann schließt Christian auch schon die Tür.

Was haben die beiden vor?

Ich stelle den Notfallkoffer auf den Beifahrersitz, von wo aus ich durch die offene Trennscheibe einen guten Blick auf das Geschehen im Wageninneren habe. Frank hält das silberne Intubationsbesteck in der Hand.

Wollen die selbst intubieren? Warum ist denn kein Notarzt da? Das ist doch verboten ... Die Gedanken wirbeln nur so durch meinen Kopf. Kurz darauf greift Frank nach dem Beatmungsbeutel, Christian, der Wachleiter, reicht ihm das Stethoskop.

Hastig ruft er mir zu: »Nimm einen Zettel und versuche, den Namen des Patienten und sein Geburtsdatum herauszubekommen. Und dann sammle unseren Müll ein. Aber pass auf, da ist eine Nadel dabei.«

Ich höre ein Martinshorn, das Heulen kommt näher. Ich meine sogar, dass ich irgendwo in der Ferne ein Blaulicht gesehen habe. Eine Frau steht blass neben ihrem Pkw am Straßenrand. Ich frage sie, ob sie den Verletzten kennt, aber sie verneint. »Geht es Ihnen nicht gut?«, frage ich sie noch, sie tritt einen Schritt zurück und schüttelt den Kopf, dann steigt sie in ihren Wagen und fährt davon. Ein älteres Paar, das ebenfalls in der Nähe der Unfallstelle steht, hat den Unfall mitbekommen, aber auch sie kennen den Mann nicht mit Namen, der an diesem Wintertag wohl sein Moped an der Straße entlang geschoben hatte. Die Frau meint, er sei vielleicht aus der Ortschaft am Ende der Landstraße.

Ich bekomme nicht viel heraus, was den Patienten angeht.

Um wenigstens irgendetwas zu notieren, schreibe ich das Versicherungskennzeichen des Mopeds auf, das noch unverändert am Straßenrand liegt. *Besser als nichts*, denke ich.

Hinter dem Hügel tauchen endlich weitere Blaulichter auf. Mir kommt es vor, als wäre eine Ewigkeit vergangen. Ein großes Rettungsfahrzeug mit der Aufschrift NOTARZT rollt heran. Das Martinshorn ertönt plötzlich noch einmal, ein fast schmerzhaft lautes Scheppern dröhnt mir ins Ohr, ein Gefühl wie eine Ohrfeige.

Ein Mann springt aus dem Rettungswagen. Offenbar der Notarzt: Er trägt einen langen weißen Kittel, aus dem ein Stethoskop und ein Reflexhammer schauen. Er zieht die Tür unseres Wagens auf. Christian steigt aus, macht ihm Platz.

Er guckt mich an, sagt aber erst mal nichts. Ich auch nicht. Dann halte ich ihm den Zettel mit dem Versicherungskennzeichen hin.

»Das hilft uns nicht, aber er hat einen Ausweis dabei, passt schon.« Christian nickt mir zu. »Schau, dass du den Müll da vorn noch ein wenig zusammenräumst. Wir werden den Patienten noch in den RTW umladen und dann fahren.«

Während ich mit steifgefrorenen Fingern die aufgerissenen Materialverpackungen vom Boden aufsammle, kommt der Lkw-Fahrer und bringt mir einen verbeulten Hut. »Der gehört dem Verletzten«, sagt er. Und dann sagt er noch: »Ich weiß wirklich nicht, wo der hergekommen ist. Plötzlich war er vor mir.«

»Fehlt Ihnen denn auch etwas?«, frage ich.

»Nein, nein.«

»Sollen meine Kollegen Sie später untersuchen?«

»Nein, nein, mir fehlt nichts. Ist nur der Schreck«, sagt er schon im Gehen.

Als ich alles aufgesammelt habe, stehen plötzlich zwei Polizisten neben mir, der eine hat einen Schreibblock in der Hand. »Kann man schon was sagen?«, fragt er mich. »Wie sieht es aus?«

»Ich weiß nicht«, sage ich unsicher. »Ich bin heute den ersten Tag dabei, ich kann gar nichts sagen, aber ich glaube, es sieht nicht gut aus.«

»Habt ihr denn schon einen Namen?«, hakt er nach. Dann geht er einen Schritt auf mich zu: »Was ist los mit dir? Du bist ja komplett weiß im Gesicht. Geht es dir nicht gut?«

»Alles okay«, antworte ich und setze schnell nach: »Meine Kollegen haben einen Ausweis gefunden.« Ich deute auf den Krankentransportwagen, der sich zu meiner Überraschung gerade in Bewegung setzt.

Anscheinend mit Patient. Und ohne mich. Ich rufe den Polizisten ein »'tschuldigung« über die Schulter zu und haste zu dem Notarztwagen. Also muss der mich eben zum Krankenhaus mitnehmen. Aber kurz bevor ich die Beifahrertür erreicht habe, fährt er los.

Fassungslos stehe ich am Straßenrand dieser Landstraße irgendwo in der Pampa, eine Gegend, in der ich zuvor noch nie gewesen bin.

»Die haben dich wohl stehen lassen«, ruft der ältere der beiden Polizisten.

Ich schaue immer noch ein wenig ratlos in die Ferne, wo ich den NAW als kleinen hellen Punkt verschwinden sehe.

»Können Sie mich in die Klinik mitnehmen?«, frage ich, auf die beiden zugehend. Auch wenn mich die Polizisten duzen, wage ich es nicht, die beiden Uniformierten mit »Du« anzusprechen. »Oder können Sie mich zur Rettungswache in Friedberg bringen?«

»Im Prinzip geht beides, aber wir brauchen noch eine halbe oder Dreiviertelstunde. Es dauert also noch etwas.«

Ich zucke mit den Schultern. Habe ich eine Wahl?

Zu Fuß zur nächsten Bushaltestelle und mit einem öffentlichen Verkehrsmittel bin ich sicher nicht schneller. Während ich am Straßenrand auf die Abfahrt warte, stellt sich ein Passant neben mich. Er erzählt immer wieder von Neuem, wie er den Unfall beobachtet hat. »Ich denk noch, sieht der den Mann denn gar nicht? Ich hab keine Ahnung, wo dieser Lkw-Fahrer mit seinem Kopf und den Augen war. Man muss doch auf die Straße gucken. Muss doch schauen, wo man hinfährt.« Immer mal wieder fährt ein Auto langsam an der Unfallstelle vorbei. Dann lässt mich das Geräusch eines Dieselmotors aufhorchen. Ich drehe mich um, hinter mir hält der Notarztwagen. Ob dem die Polizisten Bescheid gegeben haben? Ich komme nicht dazu nachzufragen, denn der Fahrer hat schon schimpfend das Fenster runtergelassen. Sein Gesicht sieht aus wie ein roter Luftballon kurz vor dem Platzen. »Jetzt steig gefälligst ein. Hinten. Wir haben schon genug Zeit verloren!«, keift er. Bevor ich noch richtig im Auto bin und die Tür schließen kann, tritt er aufs Gas, und wir fahren los. Auch im Auto setzt er seine Schimpftiraden fort. Sein Kollege auf dem Beifahrersitz sieht ungerührt aus dem Fenster. »Stellen die denn jetzt nur noch Idioten ein?« Ich sei ein »Rohrkrepierer« und müsse wohl blind sein oder total bescheuert. »Wenn wir jetzt einen Folgeeinsatz bekommen, verzögert sich wegen *dir* alles.« Ich stelle irgendwann auf Durchzug. Für den ersten Tag sind das mehr als genug Eindrücke.

Nachdem wir in der Fahrzeughalle der Klinik geparkt haben, machen sich die beiden »Kollegen« wortlos auf den Weg und verschwinden durch eine große Schiebetür. Ich bin auch ausgestiegen, bleibe aber erst einmal am Auto stehen. Schmelzender Schnee tropft aus den Radkästen. Immer noch habe ich den Hut des Patienten in der Hand. Ich sehe ein paar Plätze weiter »unser« Auto, aber von Frank und Christian keine Spur.

Eine junge Frau in hellblauer Schwesternkleidung lehnt rauchend an einer Wand. Ich nicke ihr zum Gruß zu. »Hallo«, ruft sie zurück. »Wo bist du her, ich hab dich hier noch nie gesehen?«

Ich gehe zu ihr und sage, dass ich Zivi bin und heute meinen ersten Tag habe.

»Willst du?«, fragt sie und hält mir ihre Zigarettenschachtel hin.

Ich lehne dankend ab, woraufhin sie fragt: »Bist du etwa so einer von diesen Öko-Müsli-Fuzzis?«

»Nö«, sage ich, »ich rauche eben nur nicht. Hab es einmal versucht, aber mir ist kotzübel geworden.«

»Du Glücklicher.« Sie erzählt mir, dass sie eine Lernschwester ist, also noch in der Ausbildung. »Und wie wirst du im Rettungsdienst ausgebildet?«, will sie wissen.

»Ich muss zwei Wochen als dritter Mann mitfahren und habe sechs Wochen Schule«, sage ich.

»He? ... Und dann? Dann schicken die dich raus?« Sie schaut mich ungläubig an.

»Ja.«

»Aber du bist dann nur *Fahrer*, oder?«

»Nö.«

»Ja, was denn dann?«

»Sanitäter. Ich bin hinten beim Patienten.«

»Im Krankentransport? Oder auch bei Notfällen?«

»Auch auf dem Rettungswagen, je nach Dienstplan.«

»Oh Mann! Und ich muss drei Jahre in der Klinik lernen, obwohl ich jederzeit jede Menge Ärzte und Schwestern um mich herum habe und vorher weiß, was für Patienten ich bekomme. Und alles Wichtige entscheidet dann doch nur der Arzt.«

Ich zucke mit den Schultern. »Ist eben so.«

Sie bläst den Rauch geräuschvoll nach oben und schüttelt immer wieder den Kopf. »Na, hoffentlich passiert mir nie irgendwas, dass ich einen Rettungswagen benötige.«

Ich lasse das ohne Widerrede so stehen, schließlich weiß ich noch gar nicht, wie die Ausbildung und alles Weitere tatsächlich ablaufen, und sehe zu, wie sie die Zigarette am Boden austritt, obwohl hier mehrere solcher Eternit-Aschenbecher in Sanduhrenform stehen. Mit einem »Tschüss« geht sie in Richtung Schiebetür, die sich im selben Moment öffnet.

Christian und Frank kommen mit unserer Trage in die Halle. Sie nicken mir schon von weitem zu, stellen die Trage erst einmal neben den KTW und zünden sich beide eine Zigarette an. »Der gehört dem Patienten«, sage ich und wedele mit dem Hut, während ich auf die beiden zusteuere.

Christians Blick senkt sich. »Den braucht er jetzt nicht mehr.«

Stille.

»Leider.«

Stille.

Bis auf das dumpfe Rauschen in meinem Kopf.

Ich hatte es geahnt, aber es gesagt zu bekommen, das ist etwas ganz anderes.

Die beiden werfen ihre halb heruntergebrannten Zigaretten in einen der Aschenbecher und laden die Trage ins Auto. Ich lege den Hut auf den Beifahrersitz und helfe Christian, die Trage und das Kissen neu zu beziehen. Frank wechselt die Sauerstoffflasche am Beatmungsgerät. »Nie, nie, nie die Anschlüsse fetten, wenn du das mal machst, verstanden!?«, ruft er mir zu. »Sonst fliegt dir das Zeug um die Ohren.«

Obwohl er wieder diesen Kasernenton hat, ärgere ich mich diesmal gar nicht.

Er nimmt den Hut und bringt ihn in die Klinik. »Vielleicht holt ja jemand seine Sachen ab«, sagt er leise.

Wer dieser Jemand wohl sein wird? Eine ältere Frau? Die Kinder des Mannes? Die Enkelkinder? Sie könnten in meinem Alter sein.

»Richtung« hat die Stimme am Funk gesagt. Das bedeutet, wir sollen Richtung Wache fahren. »Also kein neuer Einsatz«, erklärt Frank zu mir nach hinten gewandt.

Ob er auch erleichtert ist?

Ich beuge mich vor und stecke meinen Kopf, so gut es geht, durch die Luke.

»Tut mir leid, wegen vorhin«, sage ich. »Dass ich draußen stehen geblieben bin. Der NAW musste extra noch mal zurück-kommen.«

»Was?«, fragt Christian überrascht, der am Steuer sitzt. »Da hätten die Kollegen vom NAW sich aber besser kümmern müssen. Die sehen doch, wenn einer als dritter Mann unterwegs ist. Und *du* bist doch neu, und nicht die.«

»Na ja«, sage ich.

Er geht vom Gas.

»Haben die sich etwa beschwert?«

»Schon.«

»Was genau haben die gesagt?«

»Na ja ...«

»Also was? Haben die dich blöd angemacht?«

»Mh, ja, ein wenig vielleicht.« Mir ist mulmig zumute. Ich überschaue die Konsequenzen noch nicht und will keinen Ärger lostreten.

Christian tritt auf die Bremse, dann nimmt er den Hörer.

»Leitstelle von 39, wir drehen noch einmal um, wir haben etwas in der Klinik vergessen.«

Dann schimpft er laut: »Das ist jetzt schon das zweite Mal, jetzt reicht's. Wer war es? Der kleine Dicke mit dem roten Gesicht oder der Große mit den kurzen Haaren?«

»Der – der Kleine.«

»Ortmann. *Diese* Kollegensau.« Frank schüttelt den Kopf.

»Das lassen wir so nicht stehen, das geht nicht. So was muss man gleich regeln.«

Ich wage nicht zu widersprechen.

Kurz darauf stehen wir wieder in der Fahrzeughalle.

Christian und Frank springen geradezu aus dem Wagen und eilen auch schon durch die Schiebetür. Ich bleibe im Auto. Als sich die Tür weit öffnet, sehe ich diesen Ortmann mit seinem Kollegen vor einem Schalter stehen. Obwohl ich nur ihre Rücken im Blick habe, bin ich sicher, dass sie es sind. Dann schließt sich die Schiebetür.

Ein paar Minuten später geht sie wieder auf, Christian winkt mich zu sich.

Oh nein ... Jeder Schritt fällt mir schwer. Was kommt jetzt?

Als ich neben Christian und vor diesem Ortmann stehe, fuchtelt der wild mit den Armen in der Luft herum. Dass sein Gesicht noch stärker erröten könnte als vorhin, hätte ich nicht gedacht. Er ist völlig außer Atem: »War doch gar nicht so gemeint. Was hast du denn da verstanden? Das ging doch nicht gegen dich, also wenn das so rüberkam – dann entschuldige. Ich konnte ja auch nicht wissen, dass es dein erster Tag ist.«

Ich nicke lediglich perplex.

»Ja, und?« Christian ist noch einen Schritt näher auf Ortmann zugegangen.

»Entschuldigung«, sagt der leise.

»Ist das so okay für dich?«, hakt Christian nach.

»Ja, klar, schon in Ordnung«, sage ich schnell. Mir ist das Ganze unangenehm.

Zurück in der Wache sitzen wir noch mit den Kollegen, die uns ablösen, in einer Runde zusammen, essen etwas und trinken Kaffee. Dann macht die Frühschicht Feierabend. Als ich in

Jeans, Pullover und Winteranorak auf die Straße treten will, ruft mich Christian noch mal kurz zurück.

»So einen Scheiß wie vorhin, als du aus dem Auto gestiegen bist, ohne dich richtig umzusehen, das kannst du bei uns vergessen. Da kriegst du mit mir so einen Stress, das glaubst du gar nicht. Verstanden?« Er sagt das mit gedämpfter Stimme.

»Ich dachte, wenn wir da an der Unfallstelle mit Blaulicht einlaufen, überholt uns sicher keiner – die Leute sehen uns doch.«

»Darüber diskutieren wir nicht.« Jetzt wird er lauter. »Was weiß ich, wo die Leute hinschauen, wenn sie eine Unfallstelle passieren. Der Job ›draußen‹ ist gefährlich genug. Es wäre nicht das erste Mal, dass ein Sani plötzlich Patient wird oder sogar für immer dort bleibt. Wenn du das nicht kapierst, gibt's Druck, und notfalls bleibst du ›drinnen‹ im Innendienst und kannst für den Rest deiner Zivildienstzeit die Wache putzen, verstanden? Du hast hier achtzehn Monate. Wenn die vorbei sind, dann kannst du machen, was du willst – aber solange du hier bei uns arbeitest, verhältst du dich so, dass du genau so gesund den Dienst beendest, wie du ihn begonnen hast.«

Er blickt mir fest in die Augen.

»Damit das klar ist.«

An diesem Abend telefoniere ich lange mit meiner Freundin Renate. Nur stockend kann ich von dem alten Mann auf der winterlichen Straße erzählen. Ich habe sein Bild immer wieder vor mir. Er war auf dem Weg, vielleicht von zu Hause irgendwohin, und jetzt kehrt er nicht mehr zurück. Obwohl es schon fast Mitternacht ist und ich in nicht mal fünf Stunden wieder aufstehen muss, fällt es mir schwer, das Licht zu löschen. Dann irgendwann falle ich in einen unruhigen Schlaf. Ich träume, dass ich jemandem einen verbeulten Hut bringen muss. Jemandem, den ich aber nirgendwo finden kann. Ich laufe durch ein weiß getünchtes Haus, in dem sich lauter schwarze Gestalten befinden. Ich will in ihre Gesichter gucken, aber sie haben keine. Stumm wenden sie sich von mir ab. Dann schrecke ich hoch. War da nicht ein Martinshorn zu hören? Ich lausche. Aber draußen ist alles still. Als ich die Augen wieder schließe, sehe ich den alten Mann noch einmal vor mir. Diese Farbe des Todes in seinem Gesicht: Sie wird mir im Gedächtnis bleiben.

```
DEZ 1983 · NACHTSCHICHT
RETTUNGSWAGEN
EINSATZ # 01233
```

Ein Lächeln wie aus einer anderen Zeit

Marc kommt schon noch«, versuche ich Walter, einen älteren Kollegen, zu beruhigen. Es ist bereits Viertel nach fünf an diesem Samstag, die Nachtschicht beginnt in fünfzehn Minuten, aber Walters Ablöse ist noch immer nicht da. Dabei ist es ein ungeschriebenes Gesetz, uns möglichst eine viertel bis halbe Stunde vor Dienstbeginn in der Wache einzufinden, um den Kollegen, die vor einem Dienst haben, ein Ausrücken in den letzten Minuten zu ersparen.

Ich habe es bisher zum Glück immer pünktlich geschafft, selbst zur Frühschicht.

»Es wäre nett, wenn er bald käme«, sagt Walter gereizt. »Thea und ich haben Gäste eingeladen, wir wollen grillen.« Er trommelt nervös mit den Fingerspitzen auf dem Tisch herum.

Ich muss an Renates und meinen »Grillabend« mit Familie und Freunden denken ... unser »Hochzeitsgrillen«. Wir hatten vor wenigen Wochen geheiratet und alle Freunde nach der eher kleinen offiziellen Hochzeitsfeier zu einem ungezwungenen Gartenfest eingeladen. Bei dem Gedanken daran muss ich unwillkürlich lächeln.

»Was ist so komisch?«, möchte Walter wissen, aber dann rollt ein Wagen in die Hofeinfahrt.

»Na endlich!« Walter will sich schon umziehen gehen, aber dann wendet das Auto bloß und ist auch schon wieder verschwunden.

Walter klatscht mit der Hand verärgert gegen die Tür.

Ich überlege, bei Marc zu Hause anzurufen, will aber Walter nicht vorgreifen. Er ist in dieser Schicht der »Chef« – und ich erst seit wenigen Monaten Rettungsdiensthelfer: Auf die Zivildienstschulung zum »Sanitäter« habe ich noch eine Prüfung draufgesetzt, um besser dazustehen, wenn ich vielleicht nach der Zivildienstzeit ehrenamtlich weitermachen möchte. Walter jedoch ist schon etliche Jahre dabei, hauptberuflich.

Jetzt tigert er durch das »Wohnzimmer« und grummelt vor sich hin ...

»Ich versuch es mal bei Marc zu Hause«, sage ich schließlich.

Einige Telefonate später wissen wir zwar nur ungefähr, warum Marc an diesem Abend nicht beim Dienst erscheint – seine Freundin und er haben sich wohl getrennt –, aber immerhin gibt es einen Ersatz: Felix Weber. Schicht hatte ich noch keine mit ihm, aber ich habe gehört, dass er fachlich sehr gut sein soll. »Bin schon auf dem Weg ...«, hatte Felix nur kurz gesagt.

Keine zehn Minuten später klingelt das grüne Leitstellentelefon, Walter hebt schimpfend ab. Ich stehe gerade im Flur vor dem schwarzen Brett.

»Rettungswache Friedberg ... Können das nicht die Augsburger Kollegen machen? Ich bin noch von der Tagschicht hier ...« Ich höre ihn bis hier. Mit einem Buch in der Hand drehe ich auf der Treppe, die hinauf zu den Schlafräumen führt, wieder um.

Im nächsten Moment knallt Walter den Hörer auf die Gabel und brüllt: »Mist!«

»Was gibt's?«, frage ich.

»Ein eiliger Krankentransport. Vom Altenheim in der Buchenstraße ins städtische Krankenhaus.«

Walter schnappt sich seine Jacke.

Bei einem eiligen Krankentransport sollte der Patient zwar eigentlich nicht in einer akut lebensbedrohlichen Situation sein, aber wir können den Transport auch nicht aufschieben. Man weiß meist nicht, wofür das »eilig« steht.

Walter ist wenige Schritte vor mir und auch schon durch die Tür zur Fahrzeughalle, die er vor meiner Nase zuschlagen lässt. Ich öffne sie wieder und sprinte ebenfalls zum RTW.

»Nimmst du mich trotzdem mit?«

»Ach, du kannst mich mal ...« Mit diesen Worten startet Walter den Motor.

Das Rolltor schiebt sich hoch und bestimmt sieht auch Walter die dunklen Wolken am Horizont. *Das Grillen hat sich für dich wohl erledigt*, denke ich, verkneife mir aber eine Bemerkung.

»Altenheim Buchenstraße, Zimmer 233, II. Stock, Patientin Merzinger, Kreszenzia, eilige Einweisung von Dr. Erdmann, 17.41 Uhr« wird uns von der Leitstelle mitgeteilt.

Im Altenheim angekommen, schieben wir wortlos unsere Trage mit dem Notfallkoffer darauf über den abgewetzten braunen Linoleumboden, der hier und da den Blick auf den grauen Beton darunter freigibt.

Mir kommt das Haus mehr wie eine Strafanstalt vor und weniger wie ein Alterswohnsitz. Eine Bestrafung ohne Verurteilung, ohne Schuld. *Hier den Lebensabend verbringen müssen*, überlege ich. Ein Gedanke, der etwas Erschreckendes hat.

Als wir in dem kleinen Zimmer im zweiten Stock ankommen, schließt Dr. Erdmann, der Hausarzt der alten Dame, gerade seine Tasche. Er nickt uns zur Begrüßung zu.

Nachdem Walter ebenfalls bloß stumm nickt, frage ich in Richtung des Doktors: »Und?«

»Frau Merzinger hat in den letzten Tagen kaum etwas gegessen und auch so gut wie nichts getrunken.« Dr. Erdmann drückt der alten Dame zum Abschied die knochige Hand.

Sie schenkt dem Arzt ein Lächeln. Gutmütig schaut sie aus, aber auch sehr müde. Ihre matten Augen spiegeln nichts mehr von dem Leben draußen vor den hohen Fenstern wider.

Ich hole das Blutdruckmessgerät aus dem Notfallkoffer.

»105/75«, sagt Dr. Erdmann von der Tür aus.

Walter mault: »Es liegt eine Einweisung vom Doktor vor, da brauchst du nicht in der Gegend herumzumessen.«

Selbst Dr. Erdmann scheint erstaunt über Walters rauen Tonfall.

»Na ja«, versucht er noch zu beschwichtigen, »jedenfalls habe ich schon im Krankenhaus angerufen, die wissen Bescheid, dass Sie Frau Merzinger bringen.«

»Alles klar, Herr Doktor«, sage ich und schaue daraufhin Walter einen Moment länger als nötig in die Augen, dann stecke ich das Gerät wieder ein.

Frau Merzinger bringt sicher kaum mehr als vierzig Kilo auf die Waage. Auf dem Tisch steht ihre Tasche, eine beigebraune Ledertasche, die ebenfalls fast nichts wiegt. Erst im RTW, als Walter sich auf den Fahrersitz schwingt, werfe ich einen Blick auf die Einweisungspapiere, aus denen ich mir die wichtigen Daten für unsere Einsatzformulare notiere. Kreszenzia Merzinger. *Kreszenzia ... klingt wie aus einer anderen Zeit ...* Jahrgang 1894 ... Ich rechne: Knapp neunzig Jahre alt ist die alte Dame. Mit meinen Mitte zwanzig könnte ich ein Urenkel dieser Frau sein.

Ich setze mich zu der Patientin und schnalle mich an. Zum Glück fährt Walter nicht so ruppig wie auf der Hinfahrt zum Altenheim.

»Wie geht es Ihnen, Frau Merzinger, alles in Ordnung?«, erkundige ich mich nach einer Weile.

Statt einer Antwort lächelt sie und nickt. Aber man sieht, dass ihr schon diese kleine Bewegung schwerfällt.

»Möchten Sie mit dem Kopf ein wenig höher liegen?«

»Nein, danke«, flüstert sie, »wir fahren ja nur ins Krankenhaus. Es wird ja nicht ewig gehen.«

»Ja«, sage ich.

Die alte Frau hat die Augen geschlossen, und ich betrachte ihr blasses, von tiefen Falten gezeichnetes Gesicht. Für einen Moment fällt das warme Abendlicht durch das Seitenfenster und bricht sich in ihren weißgrauen Locken. Sie hat eine angenehme Ausstrahlung, etwas Würdevolles, ja geradezu sonnig Heiteres. Mein Blick fällt wieder auf die Einweisungspapiere und das Geburtsjahr.

1894.

Ich überlege, wie diese alte Dame wohl mit Mitte zwanzig ausgesehen haben mag? Das war in den goldenen Zwanzigern. Als der Wagen um eine Kurve biegt, fällt noch einmal für einen kurzen Moment das Licht der tiefstehenden Sonne zu uns hinein und blendet mich. Für einen Moment scheint dort durch die Falten hindurch das Gesicht einer jungen Frau zu lächeln.

»Was ist?«, fragt Frau Merzinger.

Ertappt zucke ich zusammen.

»Sie schauen mich ja ganz verliebt an«, kokettiert sie.

Es ist mir unangenehm. Vor lauter Verlegenheit finde ich keine Antwort.

»Ja«, sagt sie leise und legt die Hände über der weißen Decke zusammen, »ich war mal eine hübsche Erscheinung. Jetzt können Sie sehen, was die Zeit aus einem macht.«

Sie schließt die Augen wieder. Faltige Lider.

»Alles ... alles geht schnell vorbei. Man kann nichts festhalten, junger Mann.«

Ich schaue aus dem Fenster, sehe aber nicht wirklich, was vorüberzieht. Ich wundere mich über diese Begegnung. Eine alte Dame, die wie aus einer anderen Welt zu kommen scheint, und wer weiß, vielleicht schon bald am Ende ihres Lebens angekommen ist. Und ich sitze jetzt neben ihr, wir beide sind für eine kurze Zeit am gleichen Ort und teilen diesen Lebensmoment. Doch schon in zehn, fünfzehn Minuten werden sich unsere Wege wieder trennen, jeder kehrt zurück in seine Welt, folgt seiner Bestimmung ...

»Wir sind da«, sage ich leise, als wir am Krankenhaus ankommen. Walter rangiert den RTW rückwärts die Rampe hinauf. Frau Merzinger zwinkert mir versonnen zu.

Zwei Ordensschwestern nehmen »unsere« Patientin in Empfang, aber Walter und ich heben sie noch von unserer Trage in das Bett, das die Schwestern bereitgestellt haben.

»Beeil dich mit der Anmeldung«, treibt mich Walter an.

»Ja!« Er geht mir auf die Nerven. Ich hebe rasch die Hand zum Abschied, aber Frau Merzinger wird bereits von den Schwestern in Beschlag genommen.

Keine zwei Minuten hat die Erledigung des Papierkrams gedauert. Als ich das Schreibbrett auf das Armaturenbrett lege und den Haltegriff ergreife, um einzusteigen, überlege ich es mir anders.

»Ich hab noch was vergessen, Walter!« Mit diesen Worten gehe ich auch schon Richtung Eingangshalle.

»Mein Gott noch mal ...!«, schickt mir Walter hinterher.

Aber ich wende mich nicht einmal um.

Neben einer der Säulen steht das Bett, in dem Frau Merzinger liegt. Mit einer Hand hält sie die Riemen der ledernen Tasche.

Ich gehe zu der alten Dame und lege meine Hand auf ihren Arm.

»Alles Gute, Frau Merzinger!«

Sie lächelt mir zu.

»Holen Sie mich wieder ab, wenn ich wieder gesund bin?«

»Gern. Dann hoffentlich bis bald«, sage ich.

Felix, der Ersatzmann für meine Schicht, ist inzwischen auch schon auf der Wache. Walter, der es die ganze Zeit so überaus eilig hatte, nimmt sich jetzt plötzlich die Zeit, zu erzählen, dass er den ganzen Tag über keinen Einsatz hatte, aber dann, als sein Feierabend beginnt, er für den fehlenden Kollegen Marc Dienst machen muss. Und dabei will er gerade heute doch grillen ... Ich will schon gar nicht mehr zuhören, als er lamentiert: »Und dann zum Schluss noch so ein Schmarrn. Ein ›eiliger Krankentransport‹, der hätte wirklich Zeit gehabt.«

Mich ärgert Walters Selbstbezogenheit, und ich bin froh, als er endlich zur Tür hinaus ist.

Während er über den Hof zu seinem Wagen eilt, zuckt ein erster Blitz über den Himmel, das Donnergrollen folgt wenige Sekunden später.

* * *

Am Samstag darauf sehe ich Walter wieder. Er sitzt in der Wache am Küchentisch in eine Zeitung versunken. Als ich ihn grüße, schaut er mich über die Gläser seiner Lesebrille hinweg an und nickt.

»Da«, sagt er, nachdem ich frischen Kaffee aufgesetzt habe, »den Teil kannst du haben.«

Während die Kaffeemaschine noch läuft, blättere ich ein wenig in dem Lokalteil. Auf der letzten Seite fliegt mein Blick über die Todesanzeigen. Weiter unten ist eine unauffällige Anzeige, vielleicht so groß wie zwei Streichholzschachteln. Ich lese:

KRESZENZIA MERZINGER
12.3.1894 – 2.9.1984

Wie lange dem einen ein paar Minuten erscheinen, die vor ihm liegen – und wie schnell neunzig Jahre vorbei sein können.

NOV 1983 · NACHTSCHICHT RETTUNGSWAGEN

EINSATZ # 01537 UND 01538

Kommen und Gehen

*I*ch sitze zu Hause am Fenster, trinke noch eine Tasse Kaffee, bevor ich zum Nachtdienst in die Wache fahre. Zum ersten Mal seit mehr als zwei Wochen fällt ein wenig Abendsonne durchs Fenster. Ein Novembertag, gelbe Blätter an der Birke vor dem Haus, ab und zu ein Windstoß. Mein Blick wandert zurück zu dem Polaroidfoto auf dem Tisch. Es hat etwas Magisches. Immer wieder nehme ich es in die Hand, um es zu betrachten.

Es war erst gestern, und ich habe alles noch ganz lebendig vor Augen. Das Praktikum in einer Klinik war zu Ende gegangen. Die letzten drei Tage hatte ich doch noch auf der Geburtsabteilung absolvieren können. Ich hatte mehrfach darum bitten müssen, hier in die Arbeit hineinschnuppern zu dürfen; aber erst, als ich schon nicht mehr damit gerechnet hatte, wurde ich tatsächlich dorthin geschickt.

Und hinter dieser klinikgrauen Glastür, die aussah wie viele andere in dem großen Gebäude, empfingen mich frisch gestrichene Wände mit fotokopierten und gedruckten Geburtsanzeigen, mit gerahmten Babyfotos und Dankesbriefen – und ein fröhliches Lachen junger Frauen.

Als die drei mich bemerkten, stoben sie auseinander.

»Hallo, bist du der Georg?«, fragte die Dunkelhaarige der drei und streckte mir ihre zierliche Hand entgegen.

»Ja, ich – ich soll mich hier für ein dreitägiges Praktikum melden«, antwortete ich

»Ich weiß, ich bin Claudia, ich arbeite als Hebamme auf

– 41 –

dieser Station, und du wirst mich die nächsten Tage begleiten.«

Trotz der vielen Arbeit nahm sich Claudia immer wieder Zeit, mir alle möglichen Dinge zu erklären. Zum Beispiel, welche Medikamente Wehen hemmen und welche sie fördern. Wie das mit dem APGAR-Schema funktioniert, mit dem man die Neugeborenen beurteilt, und welche Werte normal und welche bedenklich sind. Ich schaute zu, wie Patientinnen einen Wehenschreiber und Sonden für das Messen der kindlichen Herztöne angelegt bekamen. Claudia erklärte auch den hochschwangeren Frauen mit viel Geduld, was sie tat und wozu. Sie liebte ihren Beruf, das spürte man. Und sie hatte wirklich Ahnung.

»Also der Wehenknopf kommt auf die Stelle am Fundus, wo der Bauch in der Wehe am härtesten ist, und der Herztonknopf in den Bereich, wo der Rücken des Kindes ist – nicht mittig im Rückenbereich, sondern eher in Richtung Kopf. Du musst wissen: Die Herztöne des Babys können während der Wehe beeinträchtigt sein. Da ist ein immenser Druck auf dem Kopf des Kindes ... Es ist ganz normal, dass die Frequenz dann stark zurückgeht. Aber in den Pausen zwischen den Wehen muss sie wieder ansteigen.« Obwohl es im Rettungswagen keinen Wehenschreiber gibt, hörte ich interessiert zu.

»Klappt es, dass ich bei einer Geburt mal dabei bin?«, fragte ich, als wir für eine Viertelstunde Frühstückspause machten. Eine Geburt mitzuerleben, das wäre großartig. Schließlich ist das in der Theorie etwas ganz anderes. Auch wenn es im Rettungsdienst eher selten ist: Ich wäre gern auch darauf vorbereitet.

»Mal sehen«, sagte Claudia, »wir haben noch einen Medizinstudenten und eine Hebammenschülerin auf der Station, und es kann immer nur einer dabei sein. Die Patientinnen müssen natürlich auch einverstanden sein. Und bei manchen unserer Patienten kann es sich bis zur Geburt noch tagelang hinziehen.«

Am letzten Morgen meines Praktikums waren die Chancen, im Kreißsaal dabei zu sein, endgültig auf ein unwahrscheinliches Maß geschrumpft: Vier hochschwangere Patientinnen hatten in der Nacht entbunden. Nur drei Patientinnen standen jetzt noch vor der Geburt. Ich begleitete Claudia zu einer dieser Frauen, bei der die Herztöne des Kindes engmaschig untersucht werden mussten. Sie lag matt in ihrem Bett. »Meinem Baby geht es doch gut?«, fragte sie leise. Die fehlende Antwort von Claudia auf diese Frage hatte etwas Drückendes.

»Die Herztöne ... sind weg«, sagte sie stattdessen hektisch.

Ein flaues Gefühl in der Magengrube.

Die bevorstehende Geburt wurde von einer Sekunde auf die andere zu einem Notfall. Ein Notfall, der die ganze Aufmerksamkeit der diensthabenden Hebammen erforderte. Kurzerhand bat man mich, vorerst im Aufenthaltsraum zu warten.

Ich versuchte, mir die Zeit mit einer Tageszeitung und einer Zeitschrift zu vertreiben, aber die Gedanken an die junge Frau, ihren ängstlichen Blick und das Kind holten mich immer wieder ein. Und ich hoffte irgendwie, dass die Herztöne vielleicht lediglich nicht mehr messbar, aber in Wirklichkeit doch noch vorhanden waren. Schließlich blätterte ich in einer Krankenhausbroschüre, in der Informationen zur Geburt eines Kindes und zu den ersten Lebensmonaten mit einem Säugling standen. Mein Blick blieb am Bild eines strahlendes Paars mit einem Säugling hängen, der rundum zufrieden und glücklich ausschaute. Ich dachte unwillkürlich auch an Renate und unsere Familienpläne. Hoffentlich blieben wir von einer so dramatischen Geburt verschont.

– 43 –

»Georg?« Claudia gab mir ein Zeichen, dass ich wieder auf die Station kommen konnte. Sie sah erschöpft aus.

Im Pausenraum, den sonst muntere Stimmen erfüllten, herrschte bedrückende Stille. Diese Stille wog schwerer als irgendwelche Worte ... Das Kind war tot geboren worden.

Ein Pfarrer war noch bei der Patientin im Kreißsaal.

Unvorstellbar, dass sich der Tod selbst hier einschlich, wo das Leben doch seinen Anfang nehmen sollte.

Nach dem Mittagessen ordnete ich Material auf einer Ablage. Claudia stand irgendwann hinter mir und bemerkte nebenbei: »Stell dir vor, du freust dich neun Monate lang auf das Kind, und dann musst du es beerdigen.«

Aber kann man sich so etwas überhaupt vorstellen? Ein beklemmendes Gefühl: Ich schwieg.

Kurz darauf erschien die Schichtführerin in der Tür.

»Die auf der Vier wird wohl eine Sectio, das ist für unseren Sani eher uninteressant. Ich nehme den Medizinstudenten mit.«

Enttäuschung mischte sich in die sowieso niedergeschlagene Stimmung.

Wenig später kam wieder Leben in die Station, Stimmen waren in den Fluren zu hören, eilige Schritte hallten über die Korridore: Die nächste Geburt stand an, es ging weiter ... Und dazu dann auch noch ein Anruf aus der Notaufnahme: ein Neuzugang.

Eine junge türkische Frau wurde vom Rettungsdienst aus Friedberg hereingeschoben, gestresste Gesichter von Kollegen, nach der Übergabe etwas Entspannung, und dann ein erstaunter Blick in meine Richtung. »Was machst denn du hier?«

»Praktikum«, gab ich kurz zur Antwort. »Letzter Tag. Ab morgen habt ihr mich wieder.«

»Wehen im Abstand von zwei Minuten«, sagte Claudia und zeigte auf die Kreißsaaltür. »Gleich da rein.«

Elena, eine der Hebammenschülerinnen, öffnete die Tür.

»Ich kann aber nur einen von euch mitnehmen«, sagte Claudia.

Ich schaute zu Elena hinüber.

Sie zwinkerte mir lächelnd zu. »Geh du, wenn es dein letzter Tag ist. Ich bin noch länger hier und hab schon einige Geburten gesehen. Und – wir wollen ja nicht, dass du draußen mal eine Geburt begleiten musst und nicht weißt, was auf dich zukommt.«

Ich konnte gerade noch »Danke« sagen, dann stand ich auch schon neben dem Ehemann der niederkommenden Frau im Kreißsaal.

Als der Arzt keine Viertelstunde später dazukam, war die Geburt bereits in vollem Gang. Routiniert hatte Claudia der Patientin – die zwischen den Wehen in einem akzentfreien, wenngleich sehr schwäbischem Deutsch sprach – einen Zugang gelegt, leitete sie dazu an, zu pressen, und erklärte mir nebenbei, wie man den Kopf des Kindes etwas bremst, den Dammschutz macht und die Drehung der Schultern im Becken der Mutter unterstützt, ohne selbst etwas aktiv zu bewegen. Der Arzt dokumentierte alles und kontrollierte im Wechsel mit mir den Blutdruck und den Puls der Patientin.

Ein kurzer Blick durch die hohen Kreißsaalfenster nach draußen: bedeckter Himmel, der hier aus dem hell erleuchteten Raum heraus noch schwerer über der Landschaft zu hängen schien.

Nur unregelmäßig wurden die Herztöne angezeigt.

»Das ist schon okay«, sagte Claudia, die meine Anspannung bemerkt hatte, »in den Wehenpausen sind die Herztöne noch sichtbar.«

Und dann war es so weit. Der Moment, auf den wir alle gewartet hatten: Die Haare eines dunklen Köpfchens kamen zum Vorschein.

»Na also«, rief Claudia freudig, »da bist du ja!«

Der weitere Geburtsvorgang ging schneller und einfacher, als ich es mir vorgestellt hatte, nur eine gute halbe Stunde, nachdem wir in den Kreißsaal gekommen waren, hielt Claudia einen leicht blau gefärbten Säugling in die Höhe, ein Mädchen, das gerade mal doppelt so lang war wie eine von Claudias zierlichen Händen: Mit einem Schreien verkündete das winzige Wesen seine Ankunft.

Als Claudia der Mutter das Kind auf den Bauch legte, sagte der Vater: »Anneee ...«, und schaute seine Frau und das Kind mit glänzenden Augen an. »*Anne* ist türkisch und heißt ›Mama‹«, erklärte er, dann wischte er sich eine Träne aus dem Auge.

Die junge Mutter sah erschöpft aus – aber wenn das Wort Glück eine vollendete Form finden könnte, dann wäre es der Anblick dieser Frau und das Strahlen im Gesicht des Vaters gewesen.

Claudia notierte etwas und sagte: »Der erste APGAR ist 8.«

»Ist das schlecht oder gut?«, fragte ich.

»Für den ersten völlig in Ordnung. Der zweite, den wir nach ein paar Minuten machen, der wird sicher noch besser sein.«

Mein Blick fiel noch einmal auf die junge Familie, der Vater beugte sich immer wieder über das Kind, trat dann einen Schritt zurück, hüpfte fast vor Freude und beugte sich wieder vor.

»Und ich hatte schon gedacht, er ist vielleicht unzufrieden, dass es kein Sohn geworden ist«, flüsterte ich Claudia zu.

Aber der Mann, der im Gegensatz zu seiner Frau mit einem leichten Akzent sprach, hatte mich doch gehört. »Siehst du an *meine* Tochter! Sie ist so gut wie jeder Junge!«, rief er.

Claudia zog mich noch einmal zur Seite und erklärte mir, wie eine vollständige Nachgeburt auszusehen habe.

»Erst, wenn die Nachgeburt komplett ist, gratulieren wir

den Eltern. Das ist hier so Brauch. Erst dann ist sicher, dass es auch der Mutter gut geht.«

Schließlich durfte ich das Fotografieren übernehmen. Mit der Polaroidkamera der Entbindungsstation.

Das Baby im Arm der Mutter, eben noch wie im Schlaf, verzog im nächsten Moment verzweifelt das Gesicht und begann kläglich zu krähen. Ich drückte noch einmal ab.

»Na, jetzt ist es aber auch gut«, sagte Claudia lachend. »Man könnte ja fast meinen, du bist stolzer als die Eltern.«

Beim Abschied schenkte mir der Vater ein Foto.

»Damit du nicht vergisst«, sagte er und nahm mich in den Arm.

Die Novembersonne lässt das Gelb der Blätter an der Birke vor dem Haus leuchten. Noch einmal fällt mein Blick auf diesen kleinen schreienden Menschen auf dem Foto, einen Menschen, dem ich wohl nicht wieder begegnen werde.

So eine Geburt ist eine merkwürdige Sache, dachte ich. *Eine Freude, die durch und durch geht, wenn das Kind endlich da ist. Alle strahlen, sind glücklich. Selbst die Hebamme, die schon so viele Geburten erlebt hat, scheint irgendwie ergriffen.*

Aber das Kind? Wie mag es das Zur-Welt-Kommen erleben?

Ich versuche, in dem vom Schrei verzerrten Gesicht des Mädchens zu lesen: Du siehst verzweifelt aus, kleiner Mensch. Aber ist das ein Wunder? Niemand kann dir erklären, warum du die heile Welt im Bauch deiner Mutter, diesen warmen, geschützten Ort, an dem für alles gesorgt war, verlassen musstest.

Wie hat es sich wohl angefühlt, als dieser behütete Raum enger und enger wurde, dir keinen Platz mehr ließ und dich schließlich sogar ausspuckte in diese kalte Fremde, in eine ungewisse Zukunft? Jetzt musst du plötzlich so vieles lernen: zuerst das Atmen, dann, an der Brust deiner Mutter zu saugen, um satt zu werden. Das Gefühl von Hunger kanntest du noch gar nicht. Es ist wie ein Schmerz. Und du schreist in der Hoffnung, dass es irgendjemanden gibt, der dich hört und der dich versteht und für dich sorgt.

Das Schlagen einer Kirchturmuhr in der Ferne reißt mich aus meinen Gedanken. Wenn ich nicht zu spät zum Dienst kommen will, muss ich jetzt schleunigst los. Ich greife nach meiner Jacke an der Garderobe. Augenblicklich erinnere ich mich, wie ich am Tag zuvor beim Verlassen der Klinik noch einmal in meiner Jackentasche nachgeschaut hatte, ob das Foto noch da ist, und es dann so in die Tasche zurückgeschoben habe, dass der Schlüsselbund das Bild nicht zerkratzt.

* * *

Zwei Stunden nach Dienstbeginn rücke ich zu meinem ersten Einsatz aus. Hardy, ein Kollege, mit dem ich bisher nur wenige Male Dienst hatte, fährt. Die Adresse allerdings kennen wir beide: ein häuslicher Streit, wie so oft.

Der Mann, etwa Mitte fünfzig, öffnet uns. Er ist betrunken. Durch den mit Bierkästen und Tüten vollgestellten Flur führt er uns zu seiner Frau, die auf dem Sofa im Wohnzimmer sitzt. Sie hält sich mit beiden Händen den zu Boden geneigten Kopf. Auch in diesem Raum herrscht solch eine Unordnung, dass man aufpassen muss, wo man hintritt.

Hardy fragt die Frau, wie es ihr geht.

Sie regt sich nicht, jammert nur.

»Was ist denn passiert?«, frage ich den Mann.

»Ach, die is' doch nicht ganz richtig im Kopf«, lallt der. »Will mir das Bier verbieten.«

Nach und nach ergibt sich folgendes Bild: Der Mann und seine Frau haben wegen des Alkoholkonsums des Mannes Streit bekommen, der sich mit steigendem Alkoholpegel immer mehr hochgeschaukelt hat. Der Mann hat seine Frau mehrfach geschlagen.

»Am – am besten nehmen Sie die mit. Bei der stimmt's nicht richtig.«

Die Fahne des Mannes riecht man noch auf zwei Meter Entfernung.

Inzwischen hat sich die Frau auf dem Sofa zurückgelehnt, sodass Hardy sie untersuchen kann. Er schiebt ihr mit übergestreiften Untersuchungshandschuhen die strähnigen Haare aus dem Gesicht, und eine zwei Zentimeter große Platzwunde oberhalb des linken Auges kommt zum Vorschein.

»Machen Sie doch bitte mal das Fenster auf«, sagt Hardy und wendet sich kurz um. Ihm steht der Schweiß auf der Stirn. Diese warme, stickige Luft in der Wohnung ist wirklich kaum auszuhalten. Ich mache die oberen Knöpfe meiner Jacke auf.

Der Mann mault etwas Unverständliches, kippt dann aber doch die Balkontür. Ein leichter Luftzug streicht durch das Zimmer.

Ich reiche Hardy etwas zur Erstversorgung der Wunde an.

»Besser, Sie kommen mit uns, und ein Arzt im Krankenhaus wirft mal einen Blick darauf«, sagt Hardy.

»Nee, ich fahr nicht mit.« Ängstlich schaut sie zu ihrem Mann hinüber, der sich in einen der beiden schmuddeligen Sessel hat fallen lassen.

Die Schreibmappe in der Hand schaue ich mich nach einer geeigneten Unterlage um. Auf dem Esstisch ist jedoch kein Millimeter Platz, allenfalls auf dem Couchtisch könnte ich meine Papiere hinlegen, aber dazu müsste ich mich in den anderen schmuddeligen Sessel setzen.

Als Hardy dem Mann erklärt, dass wir seine Frau ohne ihr Einverständnis nicht mitnehmen können, wird dieser aggressiv und fuchtelt mit der Faust herum. »Jetzt macht endlich eure Arbeit!«, brüllt er, springt von dem Sessel auf und wankt auf mich zu.

»Los, Hardy, komm«, sage ich und schließe den Notfallkoffer. Unser fluchtartiger Rückzug irritiert den Mann, erst mit Verzögerung fängt er wieder an zu fluchen.

Draußen auf der Straße fährt gerade ein Streifenwagen vor. Den hatten wir gar nicht bestellt: Offenbar kam der Notruf über die 110.

»Wir waren schon drinnen. Mitfahren will keiner. Vital bedroht ist auch niemand«, erklärt Hardy den Polizisten. »Wir warten noch kurz bei uns im Auto. Nicht, dass sich die Dame es noch anders überlegt, und es so aussieht, als würden wir sie nicht gern ins Krankenhaus bringen.«

Der Ältere der beiden Polizisten nickt, der Jüngere schaut genervt.

Nach mehrfachem Klingeln der Polizisten steht wieder der Mann in der Tür. Erstaunt blickt er die Beamten an. Ich wende mich ab, um ihn nicht unnötig zu reizen, stelle den Notfallkoffer in den Rettungswagen und setze mich zu Hardy ins Auto, der bereits der Leitstelle Bescheid gibt, dass wir vermutlich in Kürze wieder einsatzklar sind.

»Hardy«, sage ich, »kannst du dir vorstellen, dass diese beiden mal nette kleine Babys waren, über die man sich gefreut hat?«

Hardy zieht die Augenbrauen zusammen.

»Sonst alles okay mit dir?«

»Ja.«

»Sicher?«

»Doch.«

»Na gut, um es mal so zu sagen: Nein, ich kann es mir nicht wirklich vorstellen. Aber vielleicht gebe ich mir auch nicht so wirklich Mühe. Also: Gesetzt den Fall, dass ich es mir vorstellen könnte, dann wollte ich es vielleicht gar nicht …«

»Ja, ja, Hardy, schon okay.«

Als die Polizisten wieder aus dem Haus kommen, steigen wir noch einmal kurz aus.

»Wir fahren wieder. Die müssen selbst wissen, was sie tun. Sie ...« – der ältere Polizist deutet in Richtung Wohnung – »... erzählt, sie sei gestolpert und mit dem Kopf gegen den Türrahmen geknallt. Und der Mann möchte uns alle wegen unterlassener Hilfeleistung anzeigen, weil wir seine Frau nicht in die Psychiatrie bringen. Die sollen machen, was sie wollen.«

»Und spätestens nächstes Wochenende sind wir dann wieder da«, sagt der Jüngere der beiden.

Wir machen uns auf den Rückweg, der über die Bundesstraße quer durch den Landkreis führt.

»Mal was wirklich Wichtiges«, beginnt Hardy. »Was essen wir heute Abend?«

»Ich hätte Lust auf Chinesisch.«

Hardy verzieht das Gesicht. »Nö, bitte nicht schon wieder. Was ist mit Döner?«

»Ja, Hardy, gern morgen. Aber kein Knoblauch im Dienst.«

Harte Verhandlungen beginnen.

»Italiener?«, fragt Hardy.

»Schon wieder?«

»Ja. Klar.«

»Na gut.«

Ich hole meinen Geldbeutel raus. »Können wir noch kurz bei einer Bank halten?«

Vor mir am Geldautomaten sind noch zwei weitere Kunden. Ein älterer Mann, der seine PIN-Nummer offenbar vergessen hat und nun laut überlegt, ob er es ein drittes Mal versuchen soll.

»Das würde ich nicht tun!«, sage ich. »Sonst zieht der Automat die Karte noch ein.«

Die Dame, die vor mir steht, nickt.

Dann, als der Mann gerade gehen will, bemerkt er, dass er nur die falsche Scheckkarte in den Automaten gesteckt hatte, und nun hebt er doch noch Geld ab. Als ich endlich an der Reihe bin, hupt es draußen vor der Bankfiliale laut. Hardy winkt mir aufgeregt zu und fuchtelt mit der Hand in einer Drehbewegung über seinem Kopf herum: »Notfalleinsatz« soll das wohl heißen. Ich renne zum RTW.

»Wo – geht's hin?«, will ich beim Einsteigen wissen. Ich bin etwas außer Atem.

»Nirgends.« Hardy lacht. »Das war ein kostenloser Probealarm.«

»Du A...«

Ich gehe zurück. Vor dem Geldautomaten im Vorraum stehen schon wieder zwei Leute. *Danke, Hardy, du bist ein echter Freund*, denke ich.

In diesem Moment hupt es wieder.

Ich drehe mich um und schüttle den Kopf.

Hardy ruft mir etwas zu, das ich aber nicht verstehe.

Warte nur ... – wenn das wieder nicht stimmt!

Als ich ins Auto springe, fährt Hardy schon an, biegt auf die Hauptstraße und schaltet das Blaulicht ein. Dann sagt er: »Tut mir echt sorry ... Wir müssen raus aufs Land: Wessiszell, einmal bewusstlos.«

Das Notarzteinsatzfahrzeug aus Aichach steht schon vor dem Anwesen. Ein alter Bauernhof. Dr. Stahlhaus und ein Sanitäter gehen gerade in das Haus. Wir nehmen EKG, Notfallkoffer, Beatmungsplatte und Absauggerät mit. Noch bevor wir an der Tür sind, ist sie wieder ins Schloss gefallen.

»Dankeschön«, sagt Hardy lakonisch und klingelt.

Es dauert, bis uns der Kollege öffnet.

»Solltet ihr mal unsere Hilfe brauchen, dann denkt dran, wir stehen brav vor der Tür und ...«, will Hardy die Situation kommentieren, stockt dann aber, weil uns auch Dr. Stahlhaus wieder entgegenkommt.

»Was ist?«, frage ich.

»Wir müssen in ein anderes Gebäude«, antwortet er und bittet dann den etwa vierzig Jahre alten Mann in grüner Arbeitshose, der hinter ihm aus dem Haus getreten ist, uns den Weg in die Wohnung seiner Mutter zu zeigen.

Der Bauer eilt voran und führt uns in einem Nebengebäude eine schmale Treppe hinauf. Es riecht nach frischer Farbe.

Durch die offene Tür sieht man schon den reglosen Körper einer älteren Frau, die im Bett liegt. Dr. Stahlhaus ist auch schon bei der Patientin, zieht die Bettdecke etwas zurück und fasst die Frau an der Schulter an.

»Na ja«, sagt er und dreht sich um. »Wann haben Sie Ihre Mutter denn das letzte Mal gesehen?«

»Vor etwa drei Stunden.«

»EKG?«, fragt der Aichacher Kollege.

Dr. Stahlhaus nickt.

Das EKG zeigt eine glatte Nulllinie. Um ganz sicherzugehen wackelt er noch einmal an den Elektroden.

»Ihre Mutter ist nicht bewusstlos, sie ist tot. Das haben Sie doch sicher selbst schon gedacht, oder?«

Der Bauer nickt.

»Wo kann ich mich denn einmal hinsetzen und mein Protokoll ausfüllen?«, fragt Dr. Stahlhaus.

Der Mann bringt den Doktor in ein Nebenzimmer. Der Aichacher Kollege nimmt das EKG und den Koffer und verschwindet über die knarrende Holztreppe nach unten. Hardy wendet sich, das Absauggerät und die Beatmungstasche in der Hand, ebenfalls zum Gehen.

Bevor ich zu dem Bett gehe, um die Verstorbene wieder zuzudecken, sehe mich einen Moment lang um: ein Schrank, ein Bett, ein Nachttisch – alles aus hellem Holz, alles sieht neu aus. In der Mitte über dem Bett ein Kruzifix, sonst kein Bild an der Wand. Nur auf und über dem Nachttisch stehen und hängen Fotos. Ein schwarzweißes Hochzeitsfoto hängt dort, dann eines mit dem gleichen Mann in einer Wehrmachtsuniform. Daneben noch eines, das etwas neuer zu sein scheint und eine dreiköpfige Familie zeigt, die stolz vor einem großen Traktor posiert. Auf dem Nachttisch ein Bilderrahmen mit farbigen ausgeblichenen Fotos.

Ich beuge mich über das Bett, und erst jetzt nehme ich den völlig entspannten Gesichtsausdruck der Verstorbenen wahr. Ausgeruht, friedlich. Fast etwas Zufriedenes und Leichtes liegt darin. Der Tod hat keinen Schmerz in diesem Gesicht hinterlassen. *Jemand, der alles einfach losgelassen hat und in Frieden gegangen zu sein scheint*, denke ich, während ich den Leichnam zudecke.

Zurück im Wagen sieht mich Hardy über seine Brille hinweg an. »Also Italiener?«, will er wissen.

Ich werde mich an seine dickhäutige Art wohl nie gewöhnen. Aber ich verkneife mir eine Bemerkung.

»Ja. Und noch einmal zum Bankautomaten, bitte«, antworte ich stattdessen.

Hardy grinst.

Mir geht der Anblick dieser alten Frau in diesem leeren Zimmer die ganze Zeit über nicht aus dem Kopf. *Dieses völlig gelöste Gesicht ... Vielleicht ist es leichter, das Leben loszulassen, wenn man nur wenig besitzt? Oder nicht so viel um sich herum ansammelt?*

Und dann fällt mir das Polaroid ein und der verzweifelte, schreiende Gesichtsausdruck des Neugeborenen.

Vielleicht ist das alles ganz anders, als wir es uns vorstellen.

Am Ende der Welt

*M*anches vergisst man nicht, weil es so schön war. Anderes kann man nicht vergessen, gerade deswegen, weil man sich am liebsten nie mehr daran erinnern möchte.

Dienst in der Außenwache in Mering: Hier ist alles etwas »gemütlicher«, es gibt ein kleines »Wohnzimmer« und eine Küche und statt einer großen Fahrzeughalle und Lagerräumen lediglich eine große Garage für den RTW. Aber die Büro- und Putzarbeit auf zwei Leute verteilt ist nicht weniger als in einer großen Wache. Josef schaut schon seit dem frühen Morgen Protokolle auf ihre Vollständigkeit durch und heftet sie ab. »Der Wagen könnte mal so richtig durchgewischt werden«, sagt er, als ich mir einen Kaffee einschenke. »Mal komplett alles aus- und wieder einräumen.«

Daran hatte ich selbst schon gedacht, aber ich dachte, nach dem Putzen der Küche wäre eine kleine Kaffeepause drin. Ich verkneife mir jede Bemerkung. Josef ist eben der Dienstältere, und das lässt er auch gern raushängen.

Ich nehme den Kaffeebecher mit in die Garage, in der es angenehm kühl ist.

Während ich den Putzlappen schwinge, schaut der ältere Herr aus dem Nachbarhaus vorbei. Er fängt an, über das Wetter zu reden – »früher gab es mehr solcher Hochsommertage wie heute«. Dann kommt er zur Ernte in diesem Jahr, zu seinem Garten und erzählt, wie es in der Gegend aussah, als er vor dreißig Jahren hierhergezogen war. Schließlich schlendert er pfeifend über den Hof wieder zum Tor hinaus.

Als im RTW alles gereinigt zurück an seinem Platz ist, gehe ich in die Küche, wo Josef bereits seine Semmeln auspackt. Die stickige Luft in dem kleinen Raum an diesem heißen Tag nimmt mir den Atem. Ich öffne das Fenster weit, bevor ich mich zu Josef an den Tisch setze.

»Nur noch drei Jahre bis zur Rente«, sagt er, während er jeweils eine Ecke der beiden Brötchen aufklappt, um zu sehen, mit was sie belegt sind. Schinken und Camembert. Seinem Lächeln nach ist er damit zufrieden.

Während die Schinkensemmel Bissen für Bissen in seinem Mund verschwindet, erzählt er mir, dass es im Rettungsdienst nichts gebe, was er nicht schon mal gesehen habe.

»Mach das Fenster wieder zu, Zivi, kommt doch nur warme Luft rein«, ordnet er nebenbei an.

»Ich bin schon seit mehr als vier Monaten nicht mehr Zivi, Josef«, sage ich.

»Ja, aber das Fenster kannst du trotzdem schließen.«

Nach der Mittagspause hängen wir rum. Josef macht Kreuzworträtsel, ich lese in Büchern über Michelangelo und die Toskana. Die Zeit will heute einfach nicht vergehen.

»Warst du schon dort?« Josef zeigt auf mein Toskana-Buch. Ich schüttle den Kopf.

»Du?«

»Nein. Ich fahre nie so weit in den Urlaub. Wir sind immer am Tegernsee.«

Das war es auch schon mit unserer Unterhaltung. Josef ist ein einfacher Mensch. Ich versuche mir vorzustellen, wie er lebt. *Sicher hängt in seiner Wohnung gleich über der Tür auf der weiß gestrichenen Raufasertapete eine dieser lackierten Holzscheiben mit einem frommen Spruch.* Beim Gedanken daran muss ich lächeln.

Am Nachmittag fragt Josef unvermittelt: »Kuchen?«

Ich werfe einen Blick in meinen Geldbeutel. »Für mich nicht.«

»Ich lade dich ein.«

Josef hat mich noch nie eingeladen.

»Sieh mich doch nicht so groß an ... ich lade dich ein«, wiederholt er.

»Hast du Geburtstag?«

Ein unfreundliches Brummen.

»Okay.«

Kurz darauf lenkt Josef den blitzblanken RTW über den Hof. »Bewegungsfahrt«, meldet er sich kurz bei der Leitstelle, um klarzumachen, dass wir nicht mehr per Telefon erreichbar sind.

»Wen wollt ihr denn bewegen, das Auto? Oder euch?« Ein Lachen am anderen Ende des Funks.

»Das Auto, zwei Mann Besatzung und ein paar Stück Kuchen.« Auf einmal ist Josef richtig vergnügt.

Minuten später halten wir vor der nächsten Bäckerei. Josef drückt mir ein paar Geldstücke in die Hand, da meldet sich die Leitstelle: »33/38.«

Josef ist damit beschäftigt, seinen Geldbeutel zu verschließen, also greife ich zum Funkhörer, doch dabei fallen mir die Geldstücke in den Fahrerraum. Der Leitstelle scheint es zu lang zu dauern, denn jetzt piepst sie uns auch noch an, und das Funkgerät pfeift uns in die Ohren.

Ich melde mich, ziehe so schnell es geht den Kugelschreiber aus der Tasche und versuche gleichzeitig, die Taste meines Piepsers zu drücken, um das lästige Pfeifen auszuschalten.

»33/38, Richtung Bobingen. Näheres folgt.« Die Stimme des Leitstellenmitarbeiters ist kalt und förmlich geworden.

»Mal wieder am Ende der Welt«, mault Josef. Seine gute Laune ist verflogen. »Wer weiß, ob wir es bis zum Dienstende wieder zurück auf die Wache schaffen.«

Einen Moment später schallt unser Martinshorn durch die engen Gassen von Mering.

»Verdacht auf zwei Mal Ableben«, teilt uns der Leitstellenfunk mit, nachdem er den genauen Einsatzort durchgegeben hat.

Ich wiederhole die Meldung und betone das »zwei Mal«. Ich bin mir nicht sicher, ob ich es vielleicht falsch verstanden habe.

Die Leitstelle bestätigt, dann ergänzt die Stimme am Funk: »Polizei vor Ort, wir versuchen, einen niedergelassenen Arzt dazu zu schicken.«

Ich habe den Straßenplan vor mir und dirigiere Josef zu der kleinen Ortschaft weit außerhalb unseres eigentlichen Einsatzgebietes. Ich komme nicht dazu, mir Gedanken über das zu machen, was uns erwartet. Und es hätte auch keinen Sinn. Solange wir keine genaueren Hinweise erhalten und uns nicht selbst ein Bild machen können, bringen solche Spekulationen nichts.

»Da vorn links, der nächste Ort ist es«, sage ich.

Sonnengelbe Kornfelder, Mähdrescher hier oder da, staubige, warme Sommerluft.

Ein Wetter, als ob nichts die Seele trüben könnte.

Josefs Finger umklammern das Lenkrad, auf der Haut bilden sich rote und weiße Flecken.

»Jetzt langsam …«, sage ich. Wir nehmen die weite Rechtskurve, in der sich zur Beifahrerseite ein Bauernhof befindet. Mehrere Polizeiautos stehen in dem großen Hof, in den Josef den Wagen lenkt. Ein Polizeibeamter lehnt in der Haustür. Nicht nur der Schatten verdunkelt sein Gesicht. Ein anderer sitzt mit gesenktem Kopf in der geöffneten Tür des Streifenwagens, hält einen Funkhörer auf dem Schoß.

Erst jetzt fällt mein Blick auf einen Mann, der zusammengekauert auf der Treppe zum Eingang hockt. Müssen wir ins Haus? Ich kann die Situation noch nicht einschätzen.

Josef lenkt den Wagen noch ein paar Meter weiter, der Kies arbeitet unter unseren Reifen, dann steigen wir aus. Ich schnappe mir den Notfallkoffer, während Josef bereits auf den Eingang zugeht. Ich höre, wie er den Polizisten fragt: »Ist der Arzt drinnen?«

Der Beamte schüttelt den Kopf und zeigt auf den Mann, der auf der Treppe sitzt.

»Es ist zu spät«, sagt dieser, als ich dazukomme. »Zu spät«, wiederholt er noch mehrere Male.

Erst jetzt sehe ich die lederne Arzttasche an seiner Seite.

Josef weist mit der Hand ins Haus. »Darf ich ...«

»Zu spät«, sagt der Mann ein letztes Mal. Ein angestrengter Blick, den ich nicht deuten kann. Blendet ihn die Sonne? In diesen angespannten Gesichtszügen lässt sich Lachen und Weinen nicht mehr unterscheiden.

»Gehen Sie da noch rein?«, fragt mich der Polizeibeamte und kommt, nachdem er Josef durchgelassen hat, an dem Doktor vorbei die Treppe hinauf.

»Was haben wir denn?«, möchte ich von ihm wissen.

»Der Vater hat seine Kinder erschossen. Zwei Buben.«

Die Worte nehmen mir die Luft zum Atmen.

»Dann bleibe ich hier und warte.«

Ich schaue mich um, auf dem Hof stehen ein paar Leute wie auch gegenüber vor der Bäckerei auf der anderen Straßenseite. Hilflose Blicke, hasserfüllte Gesten, verzweifelte Stimmen.

Auf einer halbhohen Betonmauer nicht weit vom Eingang entfernt sitzt eine ältere Frau, den Oberkörper tief nach vorn gebeugt. Ich gehe auf sie zu. »Wie geht es Ihnen? Kann ich Ihnen helfen?«

Sie murmelt etwas Unverständliches. Hat sie mich überhaupt gehört? Ich frage etwas lauter: »Kann ich Ihnen helfen?«

Jetzt sieht mich entgeistert an.

»Na. Wos wolln Se denn no haifa?«, fragt sie mich, dann senkt sie den Kopf wieder.

Von der Bäckerei gegenüber kommt eine Frau mit einem breiten geröteten Gesicht. Sie trägt einen weißen Kittel. »Es ist so schrecklich«, klagt sie. »Wir haben alle die Schüsse gehört, und dann ist das Auto davongerast.«

»I wor zerschta drinna ...« Weinen erstickt die Stimme der alten Frau.

»Wie kann man nur seine Kinder umbringen?«, sagt die Frau in dem weißen Kittel, setzt sich neben die alte Nachbarin und legt ihr tröstend den Arm um die Schultern. »Wie kann man denn ... Ja, wie geht denn so was überhaupt?«

Für einen Moment packt mich maßlose Wut.

Da tritt Josef aus dem Haus. Er ist blass.

Der Arzt steht auf, nimmt seine Ledertasche und will an mir und den Frauen vorbei zu seinem Auto gehen.

»Jetzt reicht's«, sagt er wie zu sich selbst.

Vielleicht sollte sich der Arzt noch um die alte Frau kümmern, denke ich und spreche ihn an. Doch er steigt wortlos in seinen Wagen.

»Können Sie vielleicht der älteren Dame helfen?«, versuche ich es noch einmal.

Nun blickt er mich an. »Heut nicht mehr, junger Mann.« Er holt hörbar Luft und sagt: »Für heute reicht's dann. Ich kann nicht mehr.« Er zieht die Fahrertür zu und fährt davon.

»Das war der Dorfarzt«, sagt die Frau in dem weißen Kittel. »Er kennt die Buben von klein auf. Die waren oft bei seinen Söhnen zum Spielen.«

Ich bewege meinen Fuß verlegen im Kies. Da, zwischen den Kieselsteinen, schaut etwas Rotes heraus. Ich schiebe die Steine beiseite. Ein verkratztes Spielzeugauto, es ist mehr vom blanken Metall als von der Farbe zu sehen, hinten keine Räder mehr. Ein Stück weiter, vor einer Mauer, sehe ich jetzt auch eine Plastikschaufel und ein paar kleine Kindersocken, die nebeneinander dort liegengeblieben sind.

Die Frau erzählt weiter, dass der Vater der Kinder schon

seit einiger Zeit arbeitslos war. Er habe sich im Obergeschoss des Bauernhofs eingemietet, nachdem er alles verloren hatte. Sein Haus und seine Arbeit. »Die Kinder kamen immer mal wieder zu uns in die Bäckerei und wollten sich eine Semmel oder eine Brezel kaufen.« Sie hört gar nicht mehr auf zu erzählen. »Meist hatten sie nicht genug Geld dabei, aber ich hab es nie genau nachgezählt. Ach ... wie oft hab ich ihnen noch eine Semmel dazugesteckt.«

Ein nicht enden wollender Schrei aus einem Nachbarhaus lässt die Bäckersfrau verstummen.

»Die sollen uns noch einmal einen Arzt schicken. Diese ganzen Leute, mir wird das zu viel«, sagt Josef. »Das schaffen wir nicht, und ... was sollen wir denen denn sagen?«

Er geht zum Rettungswagen und funkt in der offenen Tür. Immer noch hört man die Frau im Nachbarhaus schreien.

Das Atmen fällt mir immer noch schwer. In den Geruch nach Rindenmulch und Stall mischt sich der Gestank von Teer und etwas Saurem wie Milch, die in der Hitze gekippt ist.

»So etwas in unserem Ort«, klagt die Bäckersfrau fassungslos.

Ich konzentriere mich auf den Funk: »Leitstelle von 33/38, bitte schicken Sie uns einen Arzt raus«, wiederholt Josef.

»Da müsste doch noch der Hausarzt bei euch sein«, höre ich die Stimme aus dem Lautsprecher.

»Negativ«, sagt Josef. »Der ist schon gegangen.«

»Gut, wir rufen den Hausarzt noch einmal an.«

»Nein.« Josef überlegt.

»Bitte wiederholen«, dröhnt es blechern aus dem Funk.

»Nein, Moment ...«

»Was liegt denn an?«

»Moment«, sagt Josef noch einmal. »Ich komme über Draht: Ich rufe Sie an.«

Dann legt er das Funkgerät an seinen Platz und bittet einen Polizisten, im Haus telefonieren zu dürfen.

»Da drinnen nicht«, antwortet er knapp. »Wegen der Spurensicherung. Fragen Sie doch mal im Nachbarhaus.«

Josef geht zu dem Haus hinüber, dessen Tür offen steht. Ein Mietshaus, wie es scheint.

Das Spielzeugauto vor mir im Kies. Und diese stechende Wut in mir. Die Bäckersfrau, die hinter mir steht, redet immer noch auf mich ein.

Jetzt frage ich sie: »Und die Mutter?«

Sie schaut mich mit weit aufgerissenen Augen an.

»Die Mutter? Die Mutter?«

Ich sehe, wie sich ihre Hände zu Fäusten ballen.

»Die ist weg!«, schreit sie mir ins Gesicht. »Und das ist auch besser so! Die soll hier bloß nie wieder aufkreuzen!«

Ich frage nicht weiter, will die Frau nicht noch mehr aufregen.

»Wisst ihr, wo der Vater ist?«, frage ich einen der Polizisten.

»Nein«, sagt er, »den suchen wir auch.« Er zeigt nach oben. Erst jetzt bemerke ich, dass schon eine ganze Weile lang das Geräusch eines Hubschraubers zu hören ist.

Aus dem Nachbarhaus tritt Josef wieder vor die Tür. Sein Gesicht ist noch immer zornesrot.

»Ich hab mich mit denen doch tatsächlich streiten müssen«, sagt er. »Die meinten, sie wissen auch nicht, wo sie einen anderen Arzt herbekommen sollen. Die Betreuung der Leute hier sei keine Notarztindikation, und der Arzt, der da war, sei der einzige Hausarzt vor Ort. Und der Seelsorger ist nicht erreichbar ...«

»Und jetzt?«

»Ich hab den angeschrien und ihm gesagt, dass das nicht mein Problem sei und habe den Hörer ...«

Der Leitstellenfunk aus unserem offen stehenden Auto unterbricht Josef.

»Ich red nicht mehr mit dem«, regt sich Josef weiter auf. »Ich red nicht mehr mit dem!«

Also laufe ich zum Wagen und melde mich. Ich bin darauf gefasst, dass ich einen ärgerlichen Kollegen am Funk habe, aber er informiert mich sachlich und ruhig. Der praktische Arzt aus dem Nachbardorf sei unterwegs, und der Schwabmünchner Notarzt.

Endlich trifft der Schwabmünchner Notarzt ein. Er orientiert sich rasch über die Lage und gibt uns Bescheid, dass wir nicht mehr benötigt werden. Wir melden uns über Funk frei und machen uns auf den Rückweg zur Wache. Im ersten Moment eine große Erleichterung, von diesem Ort wegzukommen. Wenn ich die Gedanken an diese unfassbare Tat doch nur hierlassen könnte.

Wortlos fahren wir die Landstraßen zurück. Nur nicht an diese beiden toten Jungen denken! Zwei Kinder, die nie mehr lachen. Ob Josef die Bilder von den Buben aus dem Kopf bekommt? Wahrscheinlich auch nicht. Sein Blick ist starr auf die Straße gerichtet. Ich habe mir den Anblick erspart, hilflos davorzustehen und nichts mehr tun zu können, das ist das Schlimmste überhaupt ... Ich versuche, an etwas anderes zu denken.

Die Landstraße verschwimmt mir vor Augen. Irgendwie habe ich plötzlich den Highway aus meiner Kinderzeit vor mir, damals lebte ich mit meinen Eltern in den USA. Gary, ein Nachbarsjunge, und ich, zwei Fünfjährige, streunten häufig zusammen durch die Gegend. Manchmal auch hinter den Zäunen, die die Wohngegend von der nahegelegenen breiten Straße abtrennten. Und dann passierte eines Tages dieser grauenvolle Unfall. Während ich noch da war, wo wir durch die kleine Lücke zwischen den Zäunen durchschlüpften, lief Gary schon auf den Highway zu. An das, was dann passierte, kann ich mich nur noch dunkel erinnern. Ein dumpfer Schlag, Reifen quietschten, etwas flog durch die Luft. Ein Wagen bretterte in das Feld auf der anderen Straßenseite. Noch bevor ich hinlaufen konnte, hielt mich ein älteres Ehepaar zurück. Die beiden brachten mich zu ihrem Haus, das nicht weit von der Unfallstelle entfernt war. Von überall näherten sich amerikanische Polizeisirenen. Durch das Fenster sah ich die blauen und roten Lichter der Polizei- und Rettungswagen. Noch Jahre später fürchtete ich mich vor diesen Lichtern, vor den Sirenen. Eine Erinnerung, die ich fast verdrängt hatte.

Aber jetzt hat sie mich wieder eingeholt.

So wie jetzt die Realität. »33/38.« Das war die Leitstelle.

Ein Auto in einem Waldstück in unserer Nähe: eine bewusstlose Person. Mir schnürt sich die Kehle zu. Es ist sofort klar, was das bedeutet.

»So eine Scheiße!«, flucht Josef.

Josef wendet, an der nächsten Kreuzung biegen wir links ab und fahren wenige Kilometer auf den nahegelegenen Wald zu.

Ein Polizist am Waldrand gibt uns hektisch Zeichen, dass wir ihm folgen sollen. Er springt in seinen Wagen und fährt sehr zügig in einen Waldweg. Wir schaffen es kaum, dem Polizeiauto zu folgen. Zweige klatschen gegen unsere Windschutzscheibe, dann knallt ein Ast an den Außenspiegel und klappt ihn ein.

»Da vorn kommen wir nicht weiter, das wird immer enger!«, schimpft Josef. Doch dann bremst der Wagen vor uns ab.

Zwischen hochgewachsenem Farn leuchtet etwas orange. Ein Autodach. Josef stoppt. Den Notfallkoffer gegriffen sind wir auch schon an der geöffneten Wagentür des rostverbeulten Pkw. Ein lebloser Männerkörper hängt vornüber auf dem

Lenkrad, man sieht einen Schlauch, der vom Auspuff ins Wageninnere geleitet wurde.

»Puls?«, fragt Josef.

Ich stehe vor dem Mann. Aber ich kann den Mann nicht anfassen ... *Los Georg, neben dem Kehlkopf den Carotis-Puls tasten ... Es geht nicht. Los, Georg!!!* Was ist das, das mich blockiert? Dann ein anderer Gedanke, der mir fast wie eine Stimme durch den Kopf schießt. *Mörder!* Tränen vor mir. *Du bist ein Kindsmörder!!!* Und dann auch der Gedanke: *Wer gibt mir das Recht, diesen Mann zu verurteilen ...* Gedanken wie Blitze, so schnell, jetzt wie Stimmen von allen Seiten ... Mir wird schwindelig.

Ich schaffe es nicht, den Mann anzusehen. Ihn anzufassen.

»Den Puls!!! Herrgott noch mal, du sollst den Puls tasten, wird's bald?!?«, schreit jemand dicht an meinem Ohr.

Es ist Josef.

Ich fühle den Puls des Mannes, immer noch, ohne ihn richtig anzusehen, die Hautfarbe nehme ich wahr, das Gesicht blende ich aus. Ich bin mir aber nicht sicher, ob ich wirklich etwas ertastet habe.

»Los, komm«, sagt Josef, »wir ziehen ihn hier raus.«

Weitere Fahrzeuge nähern sich. Wir legen den Patienten vor dem Auto ab, und Josef fühlt noch einmal an der Halsschlagader. »Puls ist noch da«, zischt er. Ich öffne den Notfallkoffer, aber da steht der Notarztsani bereits mit dem EKG neben dem Patienten. »Zugang, schnell ...«, ruft er schon, bevor er beim Patienten angekommen ist.

Keine zwanzig Minuten später sind wir mit dem bewusstlosen Mann auf dem Weg in die Augsburger Klinik. Die ganze Fahrt über schaue ich auf das EKG, überwache die Beatmung und vermeide es dennoch, diesem Mann ins Gesicht zu schauen. Dort empfangen uns mehrere Polizisten, die uns mit dem Patienten auf der Trage ins Haus begleiten.

Als wir kurz darauf wieder herauskommen, ist längst Feierabend.

»Was für ein Einsatz!«, sagt ein Polizeibeamter, der rauchend auf dem Parkplatz auf seine Kollegen wartet, und schaut uns zu, wie wir die leere Trage im Wagen verstauen. »Ihr habt für heute sicher auch genug ...«

»Man kann es sich nicht aussuchen«, sagt Josef.

»Ich – ich möchte mal wissen«, beginne ich, »warum der Mann seine Kinder erschossen hat und sich selbst dann mit Autoabgasen umbringen wollte.«

»Vielleicht war er zu feig dazu«, versucht der Polizist eine Antwort. »Vielleicht braucht's mehr Mut, sich zu erschießen.«

Josef zuckt mit den Schultern und gibt mir ein Zeichen, dass wir jetzt fahren.

»Mich würde noch interessieren, weshalb ihr es geschafft habt, den Mann zu retten?«, sagt der Polizist, es klingt keinesfalls vorwurfsvoll.

Josef und ich schauen uns kurz an.

Der Polizist redet wie zu sich selbst weiter.

»Was für ein Leben auf den noch wartet? Der war doch schon am Ende der Welt angekommen ...«, höre ich ihn noch, während Josef mich schon an meiner Jacke fasst und wegzieht.

»Los, es wird Zeit zu fahren.« Und beim Gehen fügt er hinzu: »Dienstende.«

Was kann einen Menschen dazu bringen, seine eigenen Kinder umzubringen? Welcher Weg bleibt einem noch, wenn sich die Zukunft so verbaut hat? Wir haben ein Leben gerettet, aber was wird nun daraus werden?

Als wir die Notaufnahme verlassen, um zurück zur Wache zu fahren, tritt Josef aufs Gas, als ob wir einen neuen Notfall bekommen hätten.

Weg. Nichts wie weg hier, scheint auch er zu denken.

Ich versuche zu verdrängen, was ich am Einsatzort gedacht und gefühlt habe. Und auch das, was ich noch am Nachmittag über Josef gedacht hatte, ist mir jetzt peinlich. Ich blinzle zu ihm hinüber. Ob er etwas bemerkt hat?

»Heute Abend trinke ich ein Weißbier«, sagt er. »Ich freu mich schon auf die Hefe, die immer am Boden schwimmt.«

Josef. Der ist ein einfacher Mensch.

Und vielleicht ist das sehr gut so.

```
AUG 1985 · NACHTSCHICHT
    RETTUNGSWAGEN
EINSATZ # 03014 UND 03015
```

Conny

*E*in warmer Sommerabend kurz nach einundzwanzig Uhr. Lindenblütenduftende Böen, die hin und wieder kühlend durch meine Dienstkleidung wehen ... Es wird bald dunkel.

Wir stehen mit dem Friedberger Rettungswagen vor dem Meringer Krankenhaus. Eine halbe Stunde ist es her, dass wir eine junge Frau von einer Party hierhergefahren haben. Offenbar ist es nichts Schlimmes, eben habe ich mitbekommen, dass sie die Notaufnahme schon wieder verlassen hat und auf die Station gebracht wurde.

Die Patientin, eine junge Frau, siebzehn Jahre alt, war am Tag zuvor mit einer Freundin zusammen aus Linz nach Bayern gekommen. Die beiden besuchten übers Wochenende einen früheren Klassenkameraden, der zusammen mit einigen Kumpels eine Party veranstaltete, wohin wir gegen zwanzig Uhr gerufen worden waren: ein gemischtes Publikum, laute Rockmusik, irgendwie psychedelisch, wie man es zurzeit oft hört, Bier und Tanz, und irgendwo sah ich bei unserer Ankunft noch schnell einen Joint verschwinden.

Als wir eintrafen, war die Patientin bereits wieder bei Bewusstsein und erzählte, dass sie schon den ganzen Abend Bauchschmerzen gehabt habe. Plötzlich sei ihr schlecht geworden und schwarz vor Augen, dann sei sie umgekippt. Die Freunde hatten versucht, sie wieder auf die Beine zu stellen, aber sie sei gleich noch ein zweites Mal zusammengebrochen. Da hatten die Freunde den Rettungsdienst gerufen.

Das kommt immer wieder vor: dass Umstehende eine Person, die kurzzeitig zusammenklappt, schnellstmöglich wieder aufrichten. Kopfschüttelnd hatte der Notarzt gemeint, dass man die betroffene Patientin erst einmal im Liegen wieder hätte zu sich kommen lassen sollen.

Noch während des wiederholten Blutdruckmessens besserten sich die Werte der jungen Frau. Der Notarzt aus Fürstenfeldbruck, den die Leitstelle vorsichtshalber mit an den Einsatzort geschickt hatte, legte noch eine Infusionskanüle, wurde dann aber von dort weg gleich zu einem Folgeeinsatz in seinem Gebiet gerufen, sodass wir die junge Frau ohne Arztbegleitung ins Krankenhaus brachten.

Jetzt ist unsere Arbeit getan, auch den Papierkram habe ich erledigt, während meine beiden Kollegen vor dem Krankenhauseingang bei einer Zigarette auf mich warten. – Ich bin inzwischen nicht mehr Zivi, sondern als ehrenamtlicher Rettungsdiensthelfer im Einsatz. Mein Fahrer, Sebastian, ebenfalls ein Ehrenamtler, arbeitet hauptberuflich als Krankenpfleger im Klinikum. Wir waren in der letzten Zeit häufiger zusammen unterwegs, was bei über fünfzig Ehrenamtlern, die sieben Hauptberufler in der Friedberger Wache unterstützen, nur am Wochenende häufiger vorkommt. Mit Sebastian ist der Dienst mehr als angenehm: Er ist meist gut gelaunt, dennoch besonnen und fachlich sehr sicher. Besonders mag ich, dass er sich selbst nicht zu ernst nimmt. »Immer der Nase nach«, ist einer seiner Sprüche. Und dabei funkeln seine Augen fröhlich über der vorstehenden Hakennase.

Und dann haben wir noch Andreas – einen Praktikanten – dabei. Wir nennen ihn »Biberle«, nach seinem Nachnamen Biber. Andreas ist mit seinen neunzehn Jahren weiter als viele andere in seinem Alter, er ist bereits seit zwei Jahren Mitglied in der Wasserwacht, beim Jugendrotkreuz. Ein eher kleiner, gedrungener Kerl, der sich aber flink bewegt, mit Pilzkopffrisur. Bei uns macht er ein Praktikum im Rettungsdienst. »Vielleicht ist das ja etwas für mich, also mal hauptamtlich«, hatte er beim Kennenlernen im »Wohnzimmer« der Wache gesagt.

In dem Moment, in dem ich mich zu Sebastian und Biberle vor den Eingang des Krankenhauses stelle, kommt die Freundin der Patientin, die sie in die Klinik begleitet hat, ebenfalls zur Eingangstür hinaus.

»Hi. Ich bin übrigens die Conny«, sagt sie, während sie sich eine Zigarette anzündet. Ein paar Strahlen der tiefstehenden Sonne fallen auf ihr engelhaftes Haar, wie ein wehender Heiligenschein im Sommerwind – und dazu lässig die Zigarette im Mundwinkel.

Ich schaue sie an, sie lacht.

»Georg«, »Sebastian«, stellen wir uns vor. »Andreas«, setzt Biberle noch dazu.

»Ob wir Alexandra morgen wohl wieder abholen können?«, fragt Conny. »Die Ärzte sagen nicht so recht etwas dazu.«

»Wir können es noch weniger einschätzen. Aber persönlich würde ich vermuten, schon ...«, sagt Sebastian und schenkt Conny sein strahlendstes Lächeln.

»Wir müssen nämlich spätestens morgen Mittag zurück. Sind ja auch über vier Stunden Fahrt.«

»Wo kommt ihr genau her?«, frage ich.

»Linz.« Sie zeigt auf einen olivgrün lackierten, rostigen alten Golf mit einem österreichischen Kennzeichen.

»Wo liegt das denn?«, fragt Biberle.

»Irgendwo in Richtung Innsbruck«, höre ich mich sagen, obwohl ich mir gar nicht sicher bin, dass das stimmt. Auch ich lächle zu meinen Worten.

Conny lacht.

Sie hat wunderschöne olivgrüne Augen, eine schmale, zierliche Nase.

»Das stimmt nicht ganz«, sagt sie. »Außer man akzeptiert, dass Augsburg in der Nähe von Straßburg liegt.«

Peinlich, dass ich mich *so* vertan habe.

»So ...? Und wo liegt Linz?« Mit meiner Frage versuche ich meine Unwissenheit zu überspielen.

»Eher wenn man Richtung Salzburg und Passau fährt, Richtung Wien.«

Jetzt bin ich nicht viel schlauer ...

»Du weißt doch wohl, wo Salzburg liegt?«, hakt Conny nach.

»Ja, klar«, antworte ich rasch. »Irgendwo in der Nähe von Wien.«

Conny und meine beiden Kollegen lachen.

»Genau«, sagt sie, »man merkt gleich: Du kennst dich *richtig* gut aus.«

Im Hintergrund geht die Eingangstür der Klinik wieder auf.

»Mann, so ein Scheiß!« Der junge Mann, der auf uns zukommt, schaut genervt.

»Das ist Moritz.«

»Hi«, grüßt Moritz lässig in die Runde.

Er durchsucht die Taschen seiner Jeansjacke. »Ach komm, nee, gibt's doch nicht«, jammert er. »Hab die Kippen vergessen. Oder im Auto?«

»Lass gut sein.« Sebastian bietet ihm eine Zigarette an. »Du bist Connys Freund?«, fragt er.

»Nee. Ich bin der Freund von Alexandra. Die ihr gerade hergebracht habt. Danke übrigens. Aber es ist echt voll übel, ich hab die ganze Woche mit ihrer Mutter verhandelt, dass sie mitfahren darf. Wir haben noch gar nicht zu Hause Bescheid gegeben. Wenn ihre Eltern das erfahren, darf Alex das nächste Mal sicher nicht mehr mit.«

»Wieso?«, meint Sebastian. »Das hätte ihr zu Hause genauso passieren können.«

»Oh Mann, ja klar, aber – erzähl das mal ihrer Mom.«

»Ich rede schon mit ihr«, mischt sich jetzt Conny ein. »Ich kann ganz gut mit ihr.«

»Ach, wenn Alex morgen früh aus der Klinik kommt, dann müssen wir ihr jetzt eigentlich noch gar nichts sagen.«

»Mo, mach dir keine Gedanken. Ich telefoniere morgen mit Alex' Mutter. Da kann ja wirklich keiner von uns was dafür.«

Conny trägt ein graues T-Shirt in solch einem verwaschenen Look, der gerade in ist, und eine dieser dunkel- und hellgrau gestreiften Hosen. Um den Hals hat sie eine lederne Kette mit kleinen geschnitzten Holzelementen. In der Mitte ist ein Kreuz. Als ich es betrachte, bemerkt Conny meinen Blick und sagt: »Hat Mo gemacht. Der kann so was.«

Wir unterhalten uns noch eine Weile über den Schmuck, über das Kreuz und dann auch über den Glauben. Sie sagt, dass sie nicht in die Kirche gehe. Aber das Kreuz habe sie sich von Mo gewünscht.

»Einfach so …« Sie lacht. Conny strahlt etwas Unbeschwertes aus, und mir gefällt ihre Schlagfertigkeit.

»Ich meld uns schon mal frei«, sagt Sebastian und verschwindet kurz im RTW.

Es kommt uns nicht ungelegen, dass die Leitstelle uns zur ›Gebietsabdeckung‹ für die nächste halbe Stunde hier in Mering stehen lassen will.

»Ihr könnt ja nachher noch auf unserer Party vorbeischauen«, schlägt Conny vor und sieht mich dabei an. »Nach eurem Dienst.«

»Das wird leider nichts, unsere Schicht dauert bis in den Morgen.«

»Was hört ihr denn für Musik?«, fragt Andreas, der anscheinend hofft, dass die Party auch so lange geht.

»Reggae«, sagt Moritz, »aber auf der Party läuft auch anderes.«

»Zum Tanzen«, sagt Conny. »Am liebsten höre ich aber die alten Songs der Stones.« Sie erzählt, dass sie Klavier spielt und auch klassische Musik liebt. »Bei Bach muss ich oft heulen«, sagt sie und lacht wieder dabei, aber ihre Augen sind für den Hauch einer Sekunde von Traurigkeit erfüllt.

Immer wieder begegnen sich unsere Blicke.

Conny bastelt gern selbst Schmuck, was sie von Mo gelernt habe, der sich damit nebenbei ein wenig verdiene. Und sie fliege gern Drachen, erzählt sie.

»Drachenfliegen?« Ich kann mein Erstaunen nicht unterdrücken. »Ist das nicht gefährlich?«

»Ach was«, sagt sie und zupft mir etwas von meinem Hemd. Es ist ein kleines Pusteblumenschirmchen.

»Ich bin einmal mitgeflogen. Du fühlst dich so frei ... Das gibt es in keinem Flugzeug. Du fliegst einfach so durch die Luft. Und fühlst den Luftstrom, der dich trägt, in deinem Gesicht. – Und überhaupt, anderswo kann dir ja auch etwas passieren.«

»Jetzt müssen wir aber mal wieder los«, sagt Mo.

Conny will ihm widersprechen, aber dann kommt eine Frau an uns vorbei, die völlig verweint aussieht, und unser Gespräch verstummt für einen Augenblick.

Durch die halb offene Fahrzeugtür dringt der Leitstellenfunk zu uns herüber. Wir bekommen die Order, demnächst zurück zur Wache zu fahren. Sebastian schindet mit einem »Gut, wir rauchen noch kurz fertig« einen Moment Zeit raus und zündet sich eine letzte Zigarette an.

Aber Moritz hat es offenbar eilig, zur Party zurückzukommen. »Jetzt komm, Conny, sonst fahr ich alleine und hole dich später.«

Einen Moment später sitzt Conny in diesem tarnfarbenen Golf und winkt noch kurz aus dem offenen Beifahrerfenster.

Sebastian und Andreas sind der Meinung, das Winken hat ihnen gegolten, aber ich bin mir sicher, sie hat mich dabei angeschaut. Als wir in unseren Einsatzwagen steigen, hören wir, wie Moritz mit quietschenden Reifen aus der Krankenhauseinfahrt schießt. Ich sehe noch, wie Conny lacht, als sie in der Kurve zur Seite geworfen wird.

»Tu mal langsam, Junge«, flüstert Sebastian und blickt ihm hinterher. Weiter vorn, in der nächsten Doppelkurve, hört man die Reifen abermals quietschen. Sebastian schüttelt den Kopf, und Andreas sagt scherzhaft: »Wir retten alle!«

Auf dem Weg zurück zur Wache sehen wir die beiden noch einmal an einer Tankstelle stehen. Conny winkt uns sogar zu, Moritz geht gerade bezahlen.

»Die war nett«, meint Biberle.

Ja, denke ich, *und mehr als das*. Ihre lebensfrohe Art mischte sich mit etwas anderem. Etwas Bekümmertes, Tiefgründiges lag in ihren Augen. Vielleicht war es gerade dieser Kontrast, der mich so fasziniert hatte.

***

Wenn Leerlauf ist, vertreiben wir uns die Zeit in den Nachtschichten oft noch vor dem Fernseher. Aber heute habe ich keine Lust dazu und gehe direkt nach oben in den Schlafraum, um mich eine Weile hinzulegen.

Noch während ich darüber nachdenke, warum man manche Menschen einfach spontan mag und andere nicht, geht der Piepser. Ich habe das Ding schon ein paar tausend Mal in meinem Leben gehört, aber manchmal klingt es anders als sonst. Beinahe unheimlich. Oder zumindest kommt es mir so vor.

Ich spurte nach unten und sehe, wie am anderen Ende des Gangs Sebastian schon hinter der blauen Feuerschutztür verschwindet. Als ich halb durch bin, öffnet sich die Klotür, und Andreas kommt angelaufen. »Rennst du wegen dem Gestank so?«, frage ich ihn, und er kontert: »Du Volldepp!«

Der Funk hat Störungen. Als wir im Auto sitzen, verstehen wir nur Bruchstücke. Wir rollen raus und lassen uns die Einsatzmeldung noch einmal durchgeben. »Auf der Staatsstraße bei Zillenberg Richtung München Verkehrsunfall – schwer – mit eingeklemmter Person«, hören wir. »Ebenfalls zu Ihnen unterwegs der RTW aus Odelzhausen, der Notarztwagen aus Fürstenfeldbruck und die Feuerwehr.«

Sebastian und ich schauen uns an.

»Na, da hätten wir besser am Krankenhaus stehen bleiben sollen, dann wären wir jetzt schon vor Ort ...« Biberle, der als dritter Mann hinten im Patientenraum mitfährt, streckt lachend seinen Kopf durch die Luke.

Ich kenne die Gegend zwar ganz gut, hole zur Sicherheit aber auch die Karte raus. »Staatsstraße ... Richtung München ...«

Für einen Moment lang ist da eine diffuse Angst, der drückende Gedanke, es könnten Mo und Conny sein.

Aber es gibt keinen Grund dazu, versuche ich mich zu beruhigen: Diese Staatsstraße, auf der der gemeldete Verkehrsunfall passiert ist, führt nicht nach Baindlkirch, also nicht zu dem Grundstück, auf dem die Party stattfindet.

Als ein paar Minuten später das Ortsschild »Friedberg« hinter uns verschwindet, hören wir eine Streife, die sich am Funk meldet: »Rettungsleitstelle Augsburg für Lech, der VU ist nicht auf der Staatsstraße, sondern auf der Verbindungsstraße von Sirchenried nach Baindlkirch, etwa ein Kilometer vor Baindlkirch.«

Schlagartig ist dieses beklemmende Gefühl wieder da.

Keiner von uns dreien sagt etwas, wir denken wohl alle dasselbe. Der Leitstellenfunk läuft noch, alle anfahrenden Fahrzeuge werden informiert. Sebastian quält unser Auto durch die Nacht: Der Drehzahlmesser ist am Anschlag. Wir rasen auf eine Kurve zu. Mir ist unwohl. *Sebastian, du fährst viel zu schnell*, denke ich, aber ich halte meinen Mund. Ich werfe einen kurzen Blick auf Biberle, auch ihm ist das Scherzen vergangen. Er hat sich hingesetzt und angeschnallt. Sebastian blickt starr nach vorn, immer wieder streift ihn das Licht eines entgegenkommenden Fahrzeugs.

»Es kann auch jemand anderes sein«, sage ich in Sebastians Richtung. Ich bin mir nicht sicher, ob er mich gehört oder etwas geantwortet hat. Ich wiederhole noch einmal lauter: »Es kann auch jemand anderes sein!«

»Ich habe nichts gesagt.« Sebastians Stimme hat etwas Tonloses.

Weiter vorn auf der Strecke sehen wir immer wieder Blaulichter zwischen Hügeln auftauchen, vielleicht sind es mehrere Fahrzeuge, es lässt sich aus der Entfernung nicht ausmachen.

Etwa drei Kilometer vor dem Einsatzort steht ein Mopedfahrer an den rechten Straßenrand gedrängt, um uns die ganze Bahn freizulassen; er winkt uns in Richtung des Einsatzortes. Für einen kurzen Moment erhellt zuerst unser Scheinwerfer und dann diese stroboskopartigen blauen Reflexionen unserer Blaulichter sein Gesicht. Sein Blick zeigt Panik.

Dann taucht vor uns das Notarzteinsatzfahrzeug auf und noch etwas weiter am Straßenrand zwei Streifenwagen. Ein verunglücktes Fahrzeug können wir nicht erkennen. Es riecht nach verbranntem Motoröl, aber auch der Gestank unserer heißgelaufenen Bremsbeläge liegt in der Luft.

Von der Straße aus führen Spuren in den Wald. Weiter hinten leuchten einige Handscheinwerfer auf das Wrack eines Autos und auf den Körper einer leblosen Person. Ich renne mit einer Taschenlampe in der einen und dem Notfallkoffer in der anderen Hand dorthin, es knirscht unter meinen Füßen. Entlang der rindenlosen, abgeschabten Stellen an den Bäumen, die das Licht meiner Taschenlampe einfangen, ist das Wrack nicht zu verfehlen. Hier und da liegen Musikkassetten, ein Kissen, eine Tasche, Splitter von einem Blinkerglas. Und ein abgerissenes Kennzeichen – eine österreichische Nummer.

Der Notarzt ist schon vor mir. In der Hocke kniet er bei dieser leblosen Person, aber dann richtet er sich auch schon wieder auf. Dieses Kopfschütteln, das meint: nichts mehr zu machen.

Der Oberkörper des Unfallopfers ist blutüberströmt, das Gesicht ist entstellt. Aber die grau in grau gestreifte Hose erkenne ich sofort. Mir wird schwindelig, ich stolpere ein paar Schritte zur Seite und muss mich übergeben. Etwa zehn Meter vom Wrack des Autos entfernt ist ein Baumstumpf, der mir Halt verspricht. Auf den setze ich mich, abgewendet von der Unfallstelle. »Zu spät«, höre ich noch von irgendwoher die Stimme des Notarztes.

Ich würde gern weinen, aber es geht nicht. Es ist nicht das erste Mal, dass ich so etwas bei einem Einsatz sehe, aber es ist das erste Mal, dass ein Mensch betroffen ist, den ich kenne. Ich höre, wie jemand dem Notarzt zuruft, dass der andere nur leicht verletzt sei. Den Motorgeräuschen im Hintergrund entnehme ich, dass nach und nach alle Fahrzeuge eintreffen, die auf der Anfahrt hierher waren. Ein Kollege von einer anderen Wache, den ich nicht kenne, beugt sich zu mir herunter.

»He, alles okay mit dir?«, fragt er.

»Nein«, sage ich und hoffe, dass er mich in Ruhe lässt.

Der Notarzt kommt dazu. Es ist der gleiche, mit dem wir bei dem Party-Einsatz zusammengearbeitet hatten, bei dem wir Connys Freundin mitgenommen hatten.

»Die aus dem Auto gehören wohl zu der Patientin, die wir vor einer Stunde ins Krankenhaus eingewiesen hatten. Der junge Praktikant dort hat mir erzählt, dass die Friedberger sich vorhin noch mit der ...«, der Notarzt schweigt einen Moment lang, dann redet er leise weiter, »... Toten länger unterhalten haben.«

»Dir geht's nicht gut, ja?«, wendet sich der Arzt jetzt an mich.

Ich nicke. Er sieht mir ins Gesicht.

»Pass auf, du fährst nicht weiter. Die sollen dir eine Ablöse organisieren«, ordnet er an.

»Nein ..., wird schon gehen«, erwidere ich, weil ich nicht möchte, dass jemand mit mir oder über mich redet.

Ich will nichts gefragt werden. Ich kann nicht reden. Ich kann ja nicht einmal weinen. Mir ist nur übel.

»Da ist ein Seelsorger unterwegs. Für den Fahrer. Der soll auch mal nach dir sehen.«

Ich will keinen *Seelsorger*. Was soll das?

»Nein«, sage ich. »Lass mich jetzt einfach in Ruhe. Verstanden? Es geht gleich wieder.«

Ich möchte hier und jetzt mit niemandem reden. Vielleicht kann ich zu Hause darüber sprechen, aber im Moment noch nicht. Und ich möchte auch nicht, dass es die große Runde macht, dass man mich morgen oder beim nächsten Dienst vielleicht noch fragt, ob es mir wieder besser geht.

»Hör mal ...«, fängt er noch einmal an.

Ich werde ein wenig lauter, meine Stimme klingt ungewollt aggressiv. »Nein!«, sage ich. »Jetzt passt mal alle gut auf: Ihr lasst mich hier einfach einen Moment sitzen, okay? Ich hab kein Problem, verstanden?! Und ihr kümmert euch um den Fahrer!«

Der Notarzt zuckt mit den Schultern und wendet sich ab. Ich sehe, wie die Kollegen aus Fürstenfeldbruck Moritz aus einem Polizeiauto heraushelfen und zu ihrem Rettungswagen bringen. Vielleicht ein kurzes Gefühl von verzweifelter Wut, die mich streift, aber dann ist da nur wieder diese Kraftlosigkeit und Müdigkeit, die die Gedanken durchdringt. Der Notarzt und ein Polizist steigen mit ihm in den Wagen. *Mo ...* Hat er in meine Richtung geschaut?

Ich denke nichts. Nur langsam geht es mir etwas besser.

– 78 –

Ich stehe auf, suche unseren Notfallkoffer. Ein Feuerwehrmann kommt auf mich zu. »Suchst du den Koffer? Der ist schon wieder bei euch im Auto.«

»Du kannst nichts machen. Manchmal kannst du einfach nichts machen«, sagt Sebastian, als ich kurz darauf neben ihm in unserem Rettungswagen sitze. Er redet und redet, ich höre ihm nicht zu, versuche eher Andreas' Schweigen zu folgen. Er schaut ins Leere, als ich mich zu ihm umdrehe.

»Für uns ein Blinder«, meldet Sebastian der Leitstelle, während er langsam losrollt, Richtung Wache.

Er hat recht: blinder Alarm.

Wir haben nichts mehr tun können.

Ich denke an das kleine Pusteblumenschirmchen.

»Ich bin einmal mitgeflogen«, habe ich Connys Stimme auf einmal im Ohr. So deutlich, dass ich fast das Gefühl habe, sie muss hier neben mir sitzen.

»Du fühlst dich so frei ... Das gibt es in keinem Flugzeug. Du fliegst einfach so durch die Luft. Und fühlst den Luftstrom, der dich trägt, in deinem Gesicht. – Und überhaupt, anderswo kann dir ja auch etwas passieren.«

```
APR 1988 · NACHTSCHICHT
NOTARZTEINSATZFAHRZEUG
EINSATZ # 05056
```

Ein verregneter
erster Mai

Es ist Mitternacht. Die Fahrzeughalle vor der Notaufnahme:
Dicht an dicht stehen hier die Rettungswagen in dieser Nacht
vor dem ersten Mai. Die meisten Seitenfenster der Fahrzeuge sind halb heruntergelassen, es ist noch warm an diesem Abend, unerwartet sommerliche Temperaturen. Ich stehe
mit David vor dem RTW, auf dem er und Martin Dienst haben,
und helfe ihm, die Trage frisch zu beziehen. Während er ein
neues Laken besorgt, fällt mein Blick auf die Armada der mit
Leuchtstreifen dekorierten Blechkästen auf der gegenüberliegenden Seite, die sich ein Stück weit entfernt von meinem
NEF, einem VW Passat, dem ersten Notarzteinsatzfahrzeug unserer Wache, aufgebaut haben. Die Hecktüren der Rettungsfahrzeuge stehen offen und geben den Blick in die Patienten-
räume frei, in denen kurz davor noch Menschen in das Licht
der Neonlampen über sich geschaut und gehofft haben, dass
die, die sich über sie beugen, das Beste für sie tun.

In eine gerade erst freigewordene Lücke drängt sich schon
wieder ein ankommendes Fahrzeug hinein, rangiert rückwärts in den knappen Raum. Für den nächsten RTW, der he-
reingerollt kommt, ist kein Platz mehr frei. Kurzerhand stoppt
der Fahrer im Wendebereich, noch bevor er ganz zum Stillstand gekommen ist, springt ein Kollege schon heraus, um
die hintere Tür zu öffnen. Ein Mann, dessen Rückenschild die
Aufschrift »Notarzt« trägt, sowie die beiden Sanitäter eilen
mit einer hochschwangeren, laut stöhnenden Patientin an
David und mir vorbei.

»Auweia, die haben's eilig«, sagt David, als die vier auf den

– 80 –

Eingang der Notaufnahme zugehen. Langsam nimmt David ein wenig vom bayerischen Dialekt an, auch wenn man immer noch hört, dass er aus dem Norden kommt, sobald er nur einen Satz beginnt. Unsere Blicke folgen den vieren bis zur Schiebetür. Als sie aufgeht, erscheint auch Martin, der diesem eiligen Einsatz gerade noch ausweichen kann, nur den Kakaobecher in seiner rechten Hand muss er dabei spektakulär balancieren, damit nichts überschwappt. *Selbst schuld, wenn man in derselben Hand unbedingt auch noch eine Zigarette halten muss*, denke ich.

Martin stellt sich zu uns, und wir unterhalten uns über die ältere Frau, die wir gerade eben in die Klinik gebracht haben. Sie war in ihrer Wohnung zusammengebrochen und gestürzt. Zu ihrem Glück hörte eine Nachbarin das Klirren eines Blumentopfes, den sie beim Fallen umgerissen hatte. Diese Nachbarin hatte auch einen Schlüssel zur Wohnung und schaute gleich nach, was passiert war. Warum die Frau gefallen war, hatte Max, unser Notarzt, vor Ort nicht gänzlich klären können: Vielleicht war es ihr schlechter Kreislauf, vielleicht lag es auch an ihren schlechten Augen.

»Hey, hier dürfen Sie nicht halten!«, ruft Martin mitten im Gespräch, als ein Pkw nahe dem Eingang zur Wartehalle stoppt. Das »Hey« ist ein wenig zu laut, die Stimme nicht nur vom Rauchen so rau. Martin fühlt sich mal wieder zuständig.

Aus dem Auto steigt eine etwa fünfzigjährige Dame in cremefarbenem Kostüm. Eine Spannung wie unsichtbare Fäden kurz vor dem Reißen scheint sich durch die Luft zu ziehen. Der zischende Ton will nicht so ganz zu ihrem Äußeren passen. »Das überlassen Sie mal uns.« Sie öffnet eine der hinteren Türen. Eine jüngere Frau, fast noch ein Mädchen, vielleicht gerade mal volljährig, steigt ebenfalls aus. Vermutlich ihre Tochter. Diese hält sich mit schmerzverzerrtem Gesicht ihren Arm.

»Kann ich Ihnen helfen?«, frage ich und gehe auf die beiden zu.

»Pffff«, höre ich Martin in meinem Rücken.

Ohne Antwort zu geben, geht die Dame mit ihrer Tochter durch die Schiebetür und führt sie Richtung Aufnahmekabinen.

»Sie sollten sich zuerst dort vorn anmelden!«, rufe ich ihnen hinterher.

Die Dame dreht sich um. »Sind Sie Arzt oder Sanitäter?«

»Sanitäter«, sage ich.

»Sehen Sie: Und wir wollen einen Arzt sprechen.«

Unbeirrt setzt sie ihren Weg fort. Ich stehe einen Moment lang perplex da.

Zur Entschädigung ein Kakao, beschließe ich, und gebe David und Martin ein Zeichen, dass ich mal kurz reingehe.

Was kurz darauf aus dem Getränkeautomaten rauskommt, ist jedoch nicht viel mehr als trübes, leicht eingefärbtes heißes Wasser. *Na, super!*

Ich gehe zu dem nächsten Anmeldeschalter, hinter dem eine Dame mit sommersprossigem Gesicht sitzt.

»Ihr solltet einen Zettel an den Automaten hängen, da kommt nur noch heißes Wasser raus«, sage ich.

»Ach, schon wieder, das ist in der letzten Zeit fast jeden Sonntag so«, sagt sie und reicht mir ein weißes Blatt Papier, einen schwarzen Filzstift und eine Rolle Tesafilm.

»Achtung!!!
Kakao ist LEER,
es kommt nur
heißes Wasser.«

Ich umrahme mein Schild und klebe es neben den Münzeinwurf. Noch ein kurzer Smalltalk mit der Dame am Schalter, dann gehe ich zurück Richtung Fahrzeughalle.

Max ist hoffentlich noch nicht am Auto. Der ist eigentlich unkompliziert, einer von denen, der mit uns Sanis per Du ist, wenn aber andere Ärzte dabei sind, kann es schon mal passieren, dass er uns schlichtweg übersieht. Aber mit ihm unterwegs zu sein ist okay, und es ergeben sich gute Gespräche. Er ist ein angenehmer Typ und vor allem ein guter Notarzt.

Noch bevor ich die Fahrzeughalle erreicht habe, stellt sich mir die Dame mit ihrer Tochter in den Weg und fragt: »Wo ist denn nun die Anmeldung?«

Ich will mir den Spaß erst verkneifen, aber dann platzt die Bemerkung auch schon aus mir heraus. »Schauen Sie doch mal da drüben. Das ist sicher ein Arzt. Der kann Ihnen das viel kompetenter erklären.«

Sie schaut mich groß an.

Dann deute ich doch noch mit dem Kopf auf das große Schild über der Anmeldung ein paar Meter weiter.

Noch bevor sie sich hätte bedanken können, pfeift mein Melder, und ich eile im Laufschritt in die Fahrzeughalle zurück. Vor dem NEF steht Max. Wir haben einen Notfall:

Fieberkrampf bei einem Kleinkind.

Der Einsatzort gehört eigentlich nicht mehr zu unserem Gebiet, Max liest die Karte, ich fahre schon mal in die ungefähre Richtung. »Da ...« Max zeigt auf ein Gebäude, das im nächsten Moment schon wieder hinter uns liegt. »Da hab ich als Student mal gejobbt. War eine schöne Zeit. Die hatten ein nettes Betriebsklima. Aber die Firma war dann pleite, ist inzwischen übernommen worden.«

»Aha. Haben sie dir zu viel bezahlt, oder hast du zu schlecht gearbeitet?«

»Sicherlich beides«, antwortet er und lacht über meinen frechen Kommentar.

Kurz darauf müssten wir meinem Gefühl nach da sein, befinden uns aber immer noch irgendwo in einer Gegend zwischen Fabrikgebäuden und Lagerhallen. Und die Hausnummer 6a, die wir suchen, gibt es in der Straße nicht.

»Fahr da noch mal etwas weiter.« Max zeigt auf den Weg vor uns, ein Stück Straße, das auf eine Kuppe zuführt. »Ich meine, dass ein Stück weiter noch einmal Wohnhäuser stehen. Die Straße führt da in den eigentlichen Ort, das hier ist ja nur das Gewerbegebiet.«

Tatsächlich, wenig weiter stehen noch ein paar ältere Mehrfamilienhäuser. Und dann sehen wir auch schon einen Rettungswagen unter einer Straßenlaterne stehen und brauchen keine Hausnummer mehr zu suchen.

Ich schnappe mir beim Aussteigen noch die Schreibmappe und vorsichtshalber den Kindernotfallkoffer.

Die Namensschilder neben den Klingeln liegen im Dunkeln: Das Licht im Eingang ist wohl kaputt. Meine neue Minitaschenlampe, die ich wenige Tage zuvor geschenkt bekommen habe, ist zum ersten Mal im Einsatz.

»Im zweiten Stock«, höre ich eine Stimme aus der Sprechanlage, dann ein summendes Geräusch, und wir machen uns auf den Weg nach oben. Hinter uns fällt die Haustür laut ins Schloss.

Sofort schallt eine Stimme von oben durch das Treppenhaus: »Wenn da jetzt nicht gleich Ruhe ist, dann komme ich runter und knall dir eine.«

Es klingt eher wie die Stimme einer älteren Person, aber ob es sich um einen Mann oder einer Frau handelt, könnte ich nicht sagen.

»Huiuiui ...«, bemerkt Max.

»Schon gut!«, rufe ich nach oben. »Wir haben einen Einsatz hier und wussten nicht, dass die Tür so laut zufällt.«

»Gar nichts ist gut! Ich hab das jetzt schon oft genug gesagt, verdammt noch mal! Ich komm gleich runter und verpass dir eine!«

Aber als wir im zweiten Stock sind, knallt oben eine Wohnungstür zu, und es bleibt ruhig.

»Das war aber noch lauter als die Eingangstür«, sagt Max, während wir durch die offene Tür in die Wohnung gehen, wo uns ein Kollege, die Augen verdrehend, empfängt.

»Der hat wohl irgendwie ein Problem, der hat sich bei uns auch so aufgeführt«, sagt er. Auf seiner Dienstjacke ist sein Name aufgenäht: »L. Müller«.

Ich weiß nicht, was mich mehr irritiert, die schwarz gestrichenen Wände der Diele oder die Geruchsmischung aus Zigarettenrauch und Katzenklo. Wir zwängen uns an einer Garderobe, einem Schuhschrank, einer Kommode und einem Computertisch mit Drucker vorbei. Vor uns ein Zimmer mit einer modernen Glastür in einer Metallzarge, in dem matten Glas bricht sich das flackernde Licht eines Fernsehgerätes. Aber der Kollege deutet nach rechts.

»Sind jetzt die Katzen rausgelaufen?«, ruft eine Frau aus dem Zimmer, noch bevor wir es betreten habe.

»Nein, Frau Gebhardt. Ich hab schon aufgepasst«, beruhigt der Kollege. Tatsächlich schleichen zwei Katzen um mich herum, und als ich in das Wohnzimmer komme, sehe ich noch eine dritte, die auf einem Katzenbaum von einer auf die andere Ebene springt.

An einem Gitterbett steht eine Sanitäterin, die uns gleich alles Wichtige mitteilt. Das Kind ist noch sehr klein, ein Baby, es liegt ruhig in seinem Bett.

Auch in diesem Zimmer läuft ein Fernsehgerät – mit einer Rateshow. »Können wir das vielleicht mal ausmachen?«, fragt Max die Mutter.

Sie verzieht gequält ihr Gesicht, nimmt aber die Fernbedienung und schaltet das Gerät aus.

»Als wir eintrafen, war der Fieberkrampf schon vorbei«, wiederholt die Sanitäterin.

»Wie heißt denn das Kind?« Max schaut die Mutter an, die sich in einem Sessel niedergelassen hat.

»Heinrich.«

»Aha, ein Junge.« Mit diesen Worten wendet er sich dem Kleinen zu.

»Vermutlich, wenn er Heinrich heißt, oder?«, sagt die Mutter. Schnippisch wäre untertrieben, um diesen Ton zu beschreiben, er ist herausfordernd, fast aggressiv.

Max ignoriert sie. Er schaut sich das Baby an, die Pupillen, dann Mund und Rachen und den Körper, vorerst ohne es auszuziehen.

Mit seinem Zeigefinger berührt er die Innenflächen der kleinen Hand. Langsam schließen sich die winzigen Fingerchen um den im Gegensatz dazu fast riesig anmutenden Finger, der in einem blauen Untersuchungshandschuh steckt.

»Habt ihr schon Fieber gemessen?«, fragt er die Kollegin.

»Ja. 38,4«, sagt sie.

Er nickt.

»Und die letzten Tage, wie war es da? Haben Sie gestern auch mal gemessen?« Die Frage gilt der Mutter.

»Das Fieber hat er schon seit gestern, da war es am Abend bei 39 Grad. Aber das habe ich alles schon Ihrer Kollegin erzählt. Vielleicht stimmen Sie sich untereinander ab?«

Max geht auch auf diesen patzigen Kommentar nicht ein.

»Habt ihr schon die Personalien aufgenommen?«, frage ich die Kollegin.

»Nein, bisher noch nicht.«

»Haben Sie die Krankenversicherungskarte zur Hand?«, frage ich die Mutter.

»Ja.« Sie sucht nach ihrem Geldbeutel, der sich dann in einem Regal findet.

Sie hält mir die Karte hin.

»Darf ich mich bitte kurz hinsetzen?« Ich deute auf einen freien Sessel.

»Ja, sicher.« Ein vorwurfsvoller Blick, als ob ich eine völlig unangemessene Frage gestellt hätte.

Während ich schreibe und dazu immer wieder auch etwas nachfrage und auf eine Antwort warte, schaue ich mich um. Überall Videokassetten in den Regalen. An einer Wand ein übergroßes Bild: eine breite Straße, die in die Ferne führt, alles dunkel in dunkel, am Horizont ein feuerfarbenes Licht, darüber ein infernaler Wolkenhimmel, der sich zu einem Totenschädel formt. Daneben ein Poster in dunklen Blautönen: eine leicht bekleidete, engelsähnliche Frauengestalt mit schwarzen Flügeln, der dunkles Blut aus dem Mund fließt. Daneben wirkt Heinrichs Mutter, die ein Dirndl mit weißer Bluse trägt, skurril. Nur das Piercing, das ihr Gesicht mehr oder weniger schmückt, und dieses Dutzend Ohrringe passen dann doch zur Anmutung der Poster.

Ich notiere Heinrichs Geburtsdatum: Er ist knapp ein halbes Jahr alt.

Max gibt dem Baby ein fiebersenkendes Zäpfchen. Dann erklärt er der Mutter, dass es gut wäre, das Kind für eine Nacht in die Kinderklinik zu bringen.

»Das müssen *Sie* doch wissen, oder bin ich der Arzt?«, erwidert sie und lässt sich wieder in ihren Sessel fallen.

»Gut«, sagt Max, »dann nehmen wir den Kleinen zur Überwachung mit.«

Durch die offene Tür sieht man einen kahlgeschorenen Mann mit einem kantig geschnittenen Bart durch den Flur in die gegenüberliegende Küche schlappen. Ohne uns zu begrüßen. Er trägt eine weite Jogginghose und ein Unterhemd, zwei der Katzen laufen ihm hinterher.

»Wollen Sie noch ein paar Sachen packen?«, helfe ich der Mutter auf die Sprünge. Schwerfällig und mit vorwurfsvollem Gesichtsausdruck erhebt sie sich und verschwindet durch den Flur in das andere Zimmer, vermutlich das Schlafzimmer.

Durch die offenen Türen sehe ich den Mann, wie er sich eine Bierflasche öffnet. Eine der Katzen streicht ihm am Bein entlang. Der Mann tritt nach dem Tier, das laut aufjault. »Weg da, du Drecksviech!« Er wischt sich mit dem Handrücken über den Mund. »Und dass es euch nicht einfällt, wieder auf den Tisch zu springen.«

Ich hole tief Luft. Es fällt schwer, sich zurückzuhalten.

Die Mutter kommt mit einer Sporttasche zurück, der Mann kommt mit der Bierflasche in der Hand hinterher.

»Und?«, sagt er und sieht seine Frau fragend an.

»Die nehmen ihn mit«, sagt sie.

»Fahren Sie nicht mit uns mit, Frau Gebhardt?«, fragt meine Kollegin erstaunt.

»Nein, wieso? Kommen die in der Kinderklinik nicht ohne mich klar? Sie hatten doch gesagt, dass ihm nicht viel fehlt und er nur zur Beobachtung über Nacht bleibt, oder hab ich da was falsch verstanden?« Dieser Unterton in allem. Dieses Verdrehen der Augen: Ich könnte platzen.

Aber Max bleibt ruhig, zieht nur die Augenbrauen ein wenig hoch.

»Ja, sicher, es ist nur zur Beobachtung«, sagt er.

»Gut, ich rufe dann morgen an und hole ihn wieder ab, wenn es so weit ist. Wo ist denn da bitte das Problem?«

»Kein Problem, Frau Gebhardt. Es steht Ihnen natürlich frei, Ihren Sohn dann morgen wieder abzuholen.« Auch Max' Gesichtsmuskeln zucken jetzt angespannt.

Der Mann verschwindet wortlos im Nebenraum.

Wenig später trägt die Kollegin den Kindersitz mit dem kleinen Heinrich aus der Wohnung.

»Passen Sie auf, dass die Katzen nicht rausrennen!«, sagt die Mutter, statt uns zu verabschieden.

»Vorsicht!«, ruft der Kollege Müller. Fast wäre die Tür unten wieder krachend zugefallen, im letzten Moment erwische ich sie noch. Die Kollegin bringt den Kleinen in den RTW. Max steigt ebenfalls in den Patientenraum.

Mir fällt auf, dass meine Taschenlampe fehlt. »Ich muss

noch mal zurück«, gebe ich den anderen Bescheid. »Meine Taschenlampe ...«

Es dauert eine Weile, bis sich jemand an der Sprechanlage meldet. Wieder diese gereizte Stimme. »Ja, was ist denn jetzt noch?«

»Ich wollte fragen, ob meine Taschenlampe noch irgendwo bei Ihnen rumliegt. Schwarz, aus Metall, ungefähr 12 Zentimeter lang. Im Sessel vielleicht?«

»Nein.«

Die Antwort ist so knapp und unverbindlich, dass es mir fast die Sprache verschlägt, aber dann hake ich noch einmal nach: »Könnten Sie bitte im oder neben dem Sessel schauen?«

»Nein, das brauche ich nicht, da liegt nichts.«

Es klickt, und die Stimme ist weg.

Gut, dann ist sie eben verloren, die Taschenlampe, lässt sich wohl nicht ändern, versuche ich mich selbst zu beruhigen.

»Kinderklinik!«, ruft mir der Kollege Müller zu, als ich zurückkomme. Er steigt gerade auf der Fahrerseite in den RTW. Kurz darauf fahren sie mit dem Kind ab.

Es ist bereits nach Mitternacht. 00.13 Uhr zeigt die Uhr im Auto an. Im Licht der Straßenlaternen sind hier und da schon geschmückte Maibäume zu sehen. Vor einer Kneipe wird noch Freinacht gefeiert. Renate und ich waren auch bei Freunden eingeladen, aber der Dienstplan stand schon fest. Allein wollte Renate nicht ausgehen. »Ich leg mich lieber früh hin«, hatte sie gesagt. Renate braucht seit ein paar Wochen mehr Schlaf als sonst. Und aus gutem Grund. »Wir« sind schwanger. Im Oktober soll unser erstes Kind kommen. Wir planen schon fleißig. Möchten, dass alles für das Baby passt. Ein seltsamer, mir »fremder« Gedanke, das eigene Baby von irgendwelchen Unbekannten in ein Krankenhaus einliefern zu lassen und nicht zu begleiten. Was die Eltern jetzt wohl machen? Ob sie auch nur eine Sekunde an den kleinen Heinrich denken?

In der Klinik kommen mir die Kollegen entgegen, jetzt erst tauschen wir unsere Namen aus. Lars und Klara heißen die beiden. Sie sind von der Wache Gersthofen.

»Der Kleine kann einem echt leidtun!«, sagt Klara.

»Puh. Das war jetzt irgendwie alles heftig«, stimme ich zu.

»Wo ist er denn jetzt?«

»Dein Doc ist mit dem Jungen noch auf 3«, sagt sie.

Wir verabschieden uns, und ich gebe zuerst die Personalien weiter, dann suche ich Max und das Baby in der Aufnahmekabine 3.

Der Junge liegt noch dort auf der Untersuchungsliege. Eine junge Ärztin schaut ihn sich gerade an. Auch ohne seine Kleidung sind keinerlei Spuren irgendwelcher Verletzungen festzustellen. Er sei in keiner Weise ungepflegt oder verwahrlost, sagt die Ärztin.

»Zumindest nicht, was das Körperliche angeht«, fügt Max hinzu.

Die junge Kollegin nickt.

***

Draußen ist es bereits hell, es regnet in Strömen, als ich nach Hause komme. Leise schleiche ich ins Haus, lege im Badezimmer meine Sachen ab, um Renate nicht zu wecken. Nach einem blinden Alarm – immerhin keine Betrunkenen, Verletzten oder Schlimmeres – habe ich den Rest der Nacht nicht mehr einschlafen können, obwohl ich richtig müde war.

»War viel los?«, murmelt Renate im Halbschlaf, als ich ins Schlafzimmer trete, und dreht sich auf die andere Seite.

»Nein, nicht viel«, antworte ich.

»Schlimm?«

Ich überlege.

»Schlimme Sachen?«, murmelt sie.

»Ja, doch«, sage ich. »*Schlimm*.«

»Unfälle, heute in der Freinacht ...?«, will sie wissen.

»Nein, keine Unfälle«, antworte ich.

»Aha«, sagt sie. Dann schläft sie weiter.

Schlimm? Was ist eigentlich schlimm? Eine Krankheit? Ein verletzter Körper? Eine verletze Seele? Eine fehlende Zukunft?

Ich denke an unser Kind. Und noch einmal an Heinrich. Und daran, wie schwer es ist, einem Kind gerecht zu werden. Und noch immer kann ich nicht einschlafen.

```
AUG 1989 · TAGSCHICHT
RETTUNGSWAGEN
EINSATZ # 05998
```

Advent im August

Kaffeeduft und das leise Rasseln der Kaffeemaschine. »Erinnert irgendwie an ein Lungenödem«, hatte Pit, ein neuer junger Kollege, während der letzten Wochenendschicht gesagt. Ich hatte laut lachen müssen. Pit schenkte sich von dem Kaffee ein und betrachtete die gefüllte Tasse mit gespieltem Argwohn. Pit ist wirklich komisch.

Auch dieses Wochenende haben wir zusammen Dienst, aber wo steckt er jetzt bloß? Im »Wohnzimmer« und der Küche jedenfalls nicht. Noch beim Umkleiden oder schon beim Wagen?

»Pit?«, rufe ich im Gang Richtung Fahrzeughalle. Aber zu meiner Überraschung kommt mir Felix entgegen.

»Morgen, Felix«, begrüße ich ihn.

»Morgen«, sagt er knapp.

»Hattest du Nachtschicht? Wo ist Pit?«

»Nee. Ich hab Tagdienst mit dir zusammen.«

»Ah.«

Schade. Ich hatte mich auf den Dienst mit Pit gefreut. Ich gehe noch einmal ins »Wohnzimmer« und schaue auf den Dienstplan: Tatsächlich, Pit steht nicht drin, ich muss in der Zeile verrutscht sein.

Felix hat schon das Fahrtenschreiberblatt gewechselt, das Fahrtenbuch geschrieben und sich als Fahrer eingetragen.

»Ich hab Öl nachgefüllt«, sagt er.

Es klingt beinahe vorwurfsvoll, als ob es ihn nervt, dass etwas gefehlt hat.

»Hat viel gefehlt?«, frage ich.

– 92 –

»Hm. Ja, etwa ein Viertel.«

»Wie lange bist du denn schon da?«

»Kurz vor sieben.«

Felix ist ein Frühmensch, ich ein Abendtyp.

Immerhin kann ich ihn noch beim Checken des Patientenraums unterstützen. Mehr oder weniger wortlos sehen wir alles durch. Ich prüfe das EKG, er den Koffer. Er schreibt auf, was nicht in Ordnung ist. Dann schüttelt er den Kopf. »Eine 5er-Spritze fehlt, dafür ist eine 10er zu viel. Statt vier nur drei große Verbandspäckchen. Und sehr viele Tupfer sind auch nicht mehr im Beutel.«

Eigentlich alles kein Problem.

»Außerdem läuft das hier …« – er hält eine Ampulle in der Hand – »… nächsten Monat ab, da müssen wir aufpassen.«

Natürlich ist es gut, dass Felix es so genau nimmt. Aber ich habe den Eindruck, er sucht geradezu immer etwas, mit dem er unzufrieden sein kann.

»Der Kaffee schmeckt gut. Besser als sonst«, sage ich, als wir etwas später im »Wohnzimmer« sitzen.

»Ich hab mehr Kaffeepulver reingetan als sonst«, sagt er. »Außerdem habe ich die Kanne mal richtig geputzt.«

Dieser vorwurfsvolle Unterton, ich kann mich nicht daran gewöhnen.

Ich liege fast mehr auf der Couch als dass ich sitze, und zappe durch die Kanäle, aber außer ein paar Musikvideoclips und alten Spielfilmen, die ich alle schon kenne, ist das Programm zum Weglaufen. Felix liest in einem medizinischen Fachbuch, das so neu ist, dass man die Druckfarbe noch riechen kann.

Ich döse ein wenig.

»Scheißsommer«, sagt er plötzlich laut.

»Mmh«, gebe ich statt einer Antwort zurück und blinzle zum Fenster. Draußen nieselt es. Es ist kurz nach acht.

Sonntagmorgens ist selten viel los. Ab halb zehn oder zehn Uhr ist man meist unterwegs. Bis dahin versuche ich mich noch etwas auszuruhen. Aber immer wenn ich gerade eingenickt bin, fällt Felix irgendeine Bemerkung ein.

Als ich mich aufsetze und beschließe, auch etwas zu lesen, zeigt die Wanduhr schon halb elf.

»Hinten steht noch ein KTW von der Spätschicht gestern. Die sind erst kurz vor Mitternacht reingekommen. Der sollte noch geputzt werden.« Ein fragender Blick von Felix in meine Richtung.

»Ich mach schon«, sage ich. In der Waschhalle bin ich wenigstens für mich.

Aber gerade als ich mir die Gummistiefel angezogen habe und die Waschbürste greife, höre ich das Leitstellentelefon und lege die Bürste wieder aus der Hand.

»Notfall ...!«, ruft Felix.

Ich ziehe mir schnell wieder meine Sicherheitsschuhe an.

»... eine Wohnungsöffnung.«

Kurz darauf brausen wir die Berliner Allee hinunter. Felix fährt anständig und – was für den Beifahrer besonders angenehm ist – sehr vorausschauend. Wenn er sich nur nicht andauernd so furchtbar aufregen würde.

»Du Handlampe ...«, schimpft er vor sich hin, weil ein Pkw vor uns plötzlich abbremst. »Mein Gott noch mal, hast du keine Augen im Kopf?« Ohne zu blinken, zieht der Pkw nach links, um an einer Stelle abzubiegen, wo es gar nicht erlaubt ist. Ausnahmsweise stimme ich Felix zu: »Wenn er hier schon abbiegt, dann sollte er ja wenigstens in den Rückspiegel schauen.«

Felix zetert weiter.

Die Streife vor dem Haus 3b im Elsenweg erspart uns die Suche.

Der ältere der beiden Polizisten, die mit einem Herrn in einem grauen Kittel aus dem Haus kommen, informiert uns. »Der Briefkasten von Frau Maier wurde anscheinend längere Zeit nicht geleert. Und die alte Dame ist auch seit Längerem nicht mehr gesehen worden ... kein Lebenszeichen.«

»Wer hat denn angerufen?«, fragt Felix.

Der Polizist zeigt auf den Herrn im Arbeitskittel.

»Der Hausmeister«, stellt er ihn vor.

Dieser tritt wie zur Entschuldigung ein paar Schritte zurück. »Vielleicht ist Frau Maier ja auch verreist. Vielleicht ... ist ja auch gar nichts. Aber ich musste doch ...«

»Gibt es denn einen Schlüssel zu der Wohnung?«, frage ich den Polizisten.

»Nein, der Hausmeister hat keinen ... Und auch sonst niemand im Haus, soweit wir das bisher prüfen konnten.«

»Ist ja heute nicht mehr so wie früher«, mischt sich der Hausmeister ein, »als man seine Nachbarn noch kannte und sich gegenseitig gekümmert hat.«

»Na, dann gehen wir doch schon mal hinauf«, schlägt Felix vor. »Die Kollegen von der Feuerwehr, die die Tür öffnen können, kommen sicher gleich. Wir holen nur noch schnell unsere Sachen aus dem Wagen.«

Mit Notfallkoffer, Sauerstofftasche und EKG machen wir uns auf den Weg in den vierten Stock. Der Hausmeister und der ältere Polizist gehen vor. Der jüngere ist unten geblieben, um auf die Feuerwehr zu warten.

Beim Treppensteigen scheint das Gepäck noch schwerer zu werden, man hat das Gefühl, man kann beim Atmen merken, wie die Luft dünner wird. Es scheint ein grundlegendes Gesetz zu geben, das sagt: Wann immer du einen Einsatz im Parterre hast, hat das Haus einen Aufzug, wenn die Patientenwohnung aber im vierten Stock liegt, gibt es keinen oder er ist außer Betrieb.

Nicht nur ich komme keuchend vor der Wohnungstür der alten Dame zum Stehen. Als ich meine, hinter mir etwas gehört zu haben, drehe ich mich zu der gegenüberliegenden Wohnungstür um, sie steht einen Spaltbreit offen. Als ich gerade: »Hallo, ist da wer?« rufen will, wird die Tür geschlossen.

Das Klingeln, Felix hat dreimal hintereinander auf die Schelle neben dem altmodischen Messingschild gedrückt, lenkt meine Aufmerksamkeit wieder nach vorn.

Nichts tut sich. Niemand öffnet. Alles still.

Ich blicke aus dem Flurfenster auf halber Treppe auf die Straße hinunter. Dort hat gerade der rote Pkw der Feuerwehr hinter unserem RTW angehalten. Und noch bevor der Feuerwehrmann unten im Haus verschwunden ist, sehe ich auch den Notarztwagen anhalten. Der Arzt, der aussteigt, ist mir nicht mit Namen bekannt, aber ich habe ihn schon einmal gesehen. Einen weißen Vollbart tragen nicht viele. Den Notarztsani kenne ich von einer Fortbildung, die ich vor einigen Monaten besucht habe. Sein Name will mir aber nicht einfallen.

»Hallo miteinand«, grüßt der Feuerwehrmann, als er die letzten Stufen zu uns heraufsteigt. Gleichzeitig öffnet sich die Wohnungstür neben der Wohnung von Frau Maier. Eine junge Frau schaut heraus, leicht verschlafen, aber freundlich. »Was ist ...«, beginnt sie und schaut uns groß an. »Was ist denn los?«

Statt eine Antwort zu bekommen, stellt ihr der Polizeibeamte eine Gegenfrage.

»Kennen Sie die alte Dame, die hier wohnt?«

Die junge Frau schüttelt den Kopf.

Wir lassen den Feuerwehrmann zur Tür vor, wo er seinen Werkzeugkoffer abstellt.

Gleich wird er die Tür aufhebeln, das Holz der Tür und des Rahmens wird wegsplittern, und mit einem mehr oder weniger lauten Krachen wird die Tür aufspringen, geht es mir durch den Kopf.

»Wissen Sie, ich wohne erst seit zwei Monaten hier. Ich kenne noch kaum jemanden«, erklärt die junge Frau dem Polizisten. Sie bleibt in der halb offenen Tür stehen. Dann schauen alle gebannt der Türöffnung zu.

Entgegen meiner Erwartung splittert und kracht nichts. Geschickt hantiert der Feuerwehrmann mit ein paar Schlüsseln herum.

»Geht das nicht anders schneller?«, fragt Felix.

In dem Augenblick, in dem nun auch der Notarzt und sein Sani die letzten Stufen zu uns heraufgestiegen sind, springt die Tür auf. *Cooles Timing*, geht es mir durch den Kopf.

»Hoffentlich ist der nachts nicht heimlich mit dem Werkzeug unterwegs ...«, sagt Felix jetzt leise und grinst mich an.

Aber sein Grinsen verschwindet im nächsten Moment hinter seiner Armbeuge. Und auch ich halte mir instinktiv die Handfläche vor die Nase. In einem warmen Schwall strömt ein leichter Verwesungsgeruch aus der Wohnung.

Nur wenige Sekunden, und alle haben sich wieder gefasst. Der Feuerwehrmann packt sein Werkzeug ein.

»So ...«, sagt der Notarzt, zieht sich wie wir alle Untersuchungshandschuhe an und geht als Erster in die Wohnung. »Na, dann wollen wir mal sehen.«

Nach dem Polizisten, dem Notarzt und seinem Sanitäter betreten auch Felix und ich die Wohnung. Der Verwesungsgeruch und die Wärme in der Wohnung lassen ahnen, was wir zu sehen bekommen werden.

Wir teilen uns auf, ich gehe mit dem Notarzt und seinem Sani in Richtung einer Tür, aus der leise klassische Musik dringt, den Notfallkoffer in der Hand. Mist, der Name des Sanis will mir einfach nicht einfallen, obwohl er mich kurz mit Namen begrüßt hatte. Die Musik kommt aus einem Schlafzimmer. Ein ordentlich gemachtes, leeres Bett. Auf dem Nachttisch ein paar Bücher. Ein tragbares Radio auf einem Tischchen mit Sessel, die in einer Ecke am Fenster stehen, ist eingeschaltet, wir lassen es weiterlaufen. Ohne darüber zu sprechen, vermeiden wir alle drei, irgendetwas anzufassen, man weiß ja nie ... Mit dem Klassiksender im Hintergrund ist es jedoch, als ob hier jemand zu Hause sein müsste, auch wenn es ansonsten still ist und niemand auf unser Rufen antwortet.

Ich meine sogar, dieser penetrante Geruch würde nachlassen ... Haben wir Glück, und es ist alles anders, als wir vermuten?

Im Hinausgehen halte ich mit etwas Abstand meine Hand über einen Heizkörper, der doch tatsächlich ein wenig Wärme abstrahlt. Im Sommer die Schlafzimmerheizung anschalten? Wer macht das denn?

»Keine Eile mehr ...!«, ruft Felix aus einem anderen Zimmer. Der Notarzt, sein Sani und ich eilen trotzdem in den Wohnraum hinüber, dessen Milchglastür jetzt weit geöffnet ist. Beim Übertreten der Schwelle verstärkt sich der furchtbare Geruch wieder, und ich muss husten.

»Ja, der Zeitpunkt des Todes ist eindeutig schon länger her. Da sind wir wohl viel zu spät«, höre ich den Notarzt.

Statt in Richtung des Körpers auf dem Sofa, vor dem auch schon der Arzt und die Kollegen von der Feuerwehr stehen, halte ich meinen Blick auf den Tisch davor gerichtet. Ein Adventskranz, oder das, was davon übrig ist, ein vertrocknetes Etwas, darum abgefallene braune Nadeln. Nur drei der vier Kerzendochte sind schwarz, die dritte Kerze ist noch unversehrt.

Jetzt ist es Ende August.

Neben dem Kranz erkenne ich ein rotes Sprühfläschchen mit einem Nitropräparat und ein Wasserglas. Letzteres ist kalkig beschlagen und leer. Der jüngere Polizist, der nun ebenfalls in die Wohnung hinaufgekommen ist, schiebt sich an mir vorbei und fragt: »Kann man schon sagen, wann der Tod wohl ungefähr ...« Es klingt wie auswendig gelernt. Dann fällt auch sein Blick auf den Adventskranz, und er verstummt.

Ich bin schon im Begriff, zum Wagen zu gehen, für Felix und mich gibt es hier nichts zu tun, aber dann fällt mein Blick noch auf diesen Vogelkäfig, der vor dem weihnachtlich geschmückten Fenster steht. Ich trete einen Schritt vor: Der Käfig ist leer. Der Wasserbehälter ebenfalls. Ich beuge mich ein wenig vor: Am Boden des Käfigs liegt etwas, das wie ein kleiner Haufen grünlicher Federn mit weißem Schimmel darauf aussieht.

»Ich glaube, den Koffer brauchen wir nicht mehr. Ich gehe dann mal runter«, murmele ich mehr für mich, dann wende ich mich der Tür zu.

An der halb liegenden Leiche auf dem Sofa versuche ich auch jetzt vorbeizusehen, aber es gelingt mir nicht ganz. Aus dem Augenwinkel nehme ich sie schemenhaft wahr.

»Und?«, fragt mich die junge Frau aus der Nachbarwohnung, als ich in den Flur hinaustrete. »Nicht so gut, oder?«

Ich nicke und zucke gleichzeitig mit den Schultern. »Wissen Sie, ich darf Ihnen nichts sagen. Na ja: Sie werden es dann ja sowieso mitbekommen.«

»Ich kann es mir auch schon denken«, sagt sie leise.

Am Rettungswagen angekommen stelle ich den Notfallkoffer in sein Fach, ziehe meine Schutzhandschuhe aus und stecke sie in den Müllbehälter im Wagen. *Händewaschen* ist mein nächster Gedanke. *Waschen und desinfizieren*. Ich steige ein, klappe dieses kleine Waschbecken unter der Arbeitsfläche im Patientenraum auf.

Erst danach melde ich mich bei der Leitstelle: »Patient ex. Es wird noch ein paar Minuten dauern, dann sind wir wieder klar.«

»Haben Sie schon einen Namen?«, fragt die Leitstelle.

»Machen wir dann später über Draht«, funke ich zurück. Ich will die Einzelheiten lieber am Telefon durchgeben.

Es klopft an mein Beifahrerfenster. Der Kollege von der Feuerwehr steht neben dem RTW.

Als ich die Wagentür öffne, sagt er, dass er noch meinen Namen und den Namen meines Kollegen notieren müsse.

Er schreibt sie auf.

Dann sagt er: »Schon die zweite Wohnungsöffnung mit einem Ex hier im Viertel. In nur drei Wochen. Der andere lag auch schon eine Woche lang.«

»Ach?«, sage ich. Ich will davon eigentlich nichts hören.

»Ja«, sagt er. »Ein Fixer.«

Was Felix da oben so lange macht?, denke ich, während der Feuerwehrmann weiterredet. Ich lasse meinen Blick an dem Haus hinaufwandern ... Würde ich nicht wissen, dass es Weihnachtsschmuck an dem Fenster in der vierten Etage ist, ich hätte es von hier unten nicht erkannt.

Der Feuerwehrmann verabschiedet sich.

Ich schließe die Beifahrertür wieder und warte auf Felix ... Immer wieder denke ich, wie traurig das ist, dass Menschen in einem Haus zusammenleben und sich nicht kennen, sich nicht umeinander kümmern. Sich nicht einmal frohe Weihnachten wünschen. Die Mauern zwischen ihren Wohnungen scheinen unüberwindbare Hindernisse zu sein. Was diese Menschen wohl empfinden, wenn sie erfahren, dass sie monatelang ihr Haus mit einer Leiche geteilt haben. Und wie einsam muss diese alte Frau doch gewesen sein, wenn niemand sie vermisst hat. Keine Menschenseele ...

Endlich kommt Felix. Er packt die restlichen Sachen an ihren Platz im Patientenraum, dann zieht er die Schutzhandschuhe aus und wäscht sich die Hände. Als er vorn in den Wagen einsteigt, meine ich wieder diesen Geruch von Verwesung in der Nase zu haben, obwohl es völliger Blödsinn ist.

– 100 –

Auf dem Rückweg reden wir nicht viel. Ich sehe aus dem Fenster und betrachte die Menschen, die auf den Gehwegen unterwegs sind, und überlege mir, wie viele von ihnen hier inmitten hunderter anderer herumlaufen und doch einsam sind. Wie viele Menschen gibt es wohl, die keiner vermissen würde?

»Ich hätte mir das Gesicht nicht ansehen sollen«, höre ich Felix unvermittelt sagen. »Sie hat ...«

»Schon gut, Felix, ich will es nicht wissen, okay?«

»Ja«, sagt er. Und nach einer Weile: »Brauchst du was zum Mittagessen?« Er klingt fast fürsorglich.

Ich schüttle den Kopf. »Keinen Hunger. Später vielleicht.«

Zurück in der Wache stehen Felix und ich minutenlang nebeneinander am Waschbecken, waschen und desinfizieren uns noch einmal die Hände. Dieses unangenehme Gefühl, dass etwas von allem an einem haften bleibt ...

SEP 1991 · NACHTSCHICHT
RETTUNGSWAGEN
EINSATZ # 07418

Irgendwo in der Welt plötzlich allein

*P*latzregen. In der Ferne hört man es donnern. Als ich gut zwanzig Minuten vor Beginn der Nachtschicht an den Garagen vorbeifahre, sehe ich, dass der Rettungswagen fehlt. Die von der Tagschicht sind offenbar noch im Einsatz.

Das bedeutet für mich: Ich kann mich ganz in Ruhe umziehen. Ich stelle meinen Wagen auf dem Parkplatz vor der Wache ab. Der Regen trommelt auf das Autodach ... Ganz sicher bin ich mir nicht, aber ich meine, auch Martinshörner zu hören.

Als ich die Autotür öffne, ist es deutlicher: von irgendwoher der Widerhall der Pressluftfanfaren. Das könnten sie sein, die von der Tagschicht.

Kurz darauf ganz in der Nähe das schneidende Geräusch eines elektronischen Martinshorns und die Signale von ein oder zwei anderen Fahrzeugen. Durch das Echo, das sich zwischen den Straßenzügen der Umgebung bildet, hört man nicht genau, wie viele Wagen sind. Vielleicht die Feuerwehr? Oder die Polizei? Oder andere Fahrzeuge des Rettungsdienstes, die hier im Ort sind? Scheinbar ein größerer Einsatz in der Nähe.

Im Gang, der die Garage und die Fahrzeughalle verbindet, kommt mir Hardy entgegen. Er hat Dienst auf dem NEF und läuft schon in Richtung Garage. Durch die zufallende Tür sehe ich für einen Moment Frank, er steht am Telefon. Er hat mir zugewunken, also beeile ich mich. Laufe in die Umkleide und werfe meine Tasche in den Schrank. Ich habe heute Morgen ein weißes Sweatshirt angezogen, das muss genügen, also ziehe ich mir nur rasch die leuchtend rote Arbeitshose über und schnappe mir eine der Rettungsdienstjacken. Irgendwo knallen Türen, woanders gehen welche auf, sogar das klackernde Geräusch des Rolltors dringt bis in den Keller.

»Es geht raus auf die Autobahn, wir nehmen den Ersatz-RTW.« Franks Stimme hallt durch den Gang.

Im Laufen ziehe ich mir noch den Gürtel durch die Schlaufen der Hose.

»... kurz nach der Auffahrt Dasing«, höre ich noch den Rest der Einsatzmeldung am Funk, als ich mich auf den Fahrersitz schwinge. Das Tor ist schon offen, ich fahre sofort los.

»Anschnallen!«, mahnt mich Frank. Er ist »Ehrenamtlicher« wie ich, über zehn Jahre kennen wir uns jetzt schon. Meine erste Schicht auf dem RTW als Fahrer habe ich mit Frank absolviert, es war ein guter Einstieg – das verbindet.

Ich ziehe den Sicherheitsgurt zu ihm rüber, und er steckt ihn in die Halterung.

»Wir wissen nichts Genaues, nur Verkehrsunfall bei der Auffahrt Dasing«, informiert er mich.

»Okay, ist von den anderen denn noch keiner angekommen?«

»Mh, die sind alle zu der anderen Auffahrt unterwegs, nach Augsburg Ost. Da hat es wohl auch einen VU gegeben.«

An zwei Auffahrten etwa zur gleichen Zeit? Zufälle gibt's. Aber der Regen war bis eben auch wirklich heftig, jetzt lässt er etwas nach.

»Ach, übrigens: Wir haben kein EKG an Bord. Das ist kaputt«, sagt Frank.

Bestimmt war dieser Wagen deswegen stillgelegt und stand auf dem Reserveparkplatz.

»Es wird doch sowieso der Notarzt dazukommen, oder?«, sage ich.

»Ja, der Aichacher. Und wohl auch noch ein anderer RTW ...«

– 103 –

Ein zischendes Geräusch beim Fahren auf den regennassen Straßen, die Reifen greifen bei dem Wetter nicht so gut. Immerhin ist die Sicht in Ordnung. Die Autos vor uns fahren bereits in einiger Entfernung zur Seite, sodass wir problemlos aus der Stadt herauskommen.

Über Funk hören wir, dass die Kollegen, die zur Auffahrt Augsburg Ost gefahren sind, keinen Einsatz finden. Die Leitstelle versucht, Klarheit zu schaffen, ist bemüht, den genauen Ort zu ermitteln. Ich meine, dass uns die Leitstelle ruft, aber man versteht die Meldungen nicht so recht, wenn das Martinshorn dröhnt. Und ich brauche die Hände am Lenkrad.

»He, Frank, ich glaube, die rufen uns.«

Frank nimmt den Hörer des Funkgeräts und meldet sich.

»Ihr VU, vermutlich schwer, mit Motorradfahrer«, hören wir die Disponentin der Leitstelle über den Lautsprecher, und dann fügt sie hinzu: »Sie geben mir sofort einen Lagebericht, wenn Sie am Einsatz sind.«

»Mit Lage wenn Einsatz an«, bestätigt Frank. Das wäre sowieso klar gewesen.

Wenig später meldet sich die Leitstelle schon wieder. »Für alle Fahrzeuge, die zum Einsatz an der Auffahrt Dasing unterwegs sind: Meldung von der Polizei, neuer Einsatzort ist vermutlich nahe der Auffahrt Odelzhausen.«

Frank bestätigt auch den geänderten Einsatzort.

Während der weiteren Anfahrt hören wir in den Pausen, in denen das Martinshorn nicht läuft, immer wieder die Stimme der Leitstelle. Jetzt ruft die Mitarbeiterin die Fahrzeuge, die zur Auffahrt Ost unterwegs sind: »Schauen Sie noch einmal, ob auf dem Parkplatz zwischen Ost und West etwas ist, und brechen Sie ab, falls Sie nichts sehen, wir vermuten inzwischen, dass es sich bei beiden Unfällen um ein und denselben Einsatz handelt.«

»Na prima ...«, murmelt Frank. Ich ahne, was er meint. Das Problem ist weniger, dass jetzt einige der Kollegen vergeblich angefahren sind, sondern dass die zugrunde liegende Einsatzmeldung offenbar recht chaotisch war. Ich muss daran denken, als ich vor ein paar Jahren Telefondienste in der Leitstelle übernommen habe: Es rief jemand an, schrie panisch etwas ins Telefon und legte wieder auf, bevor die wichtigen Dinge geklärt waren, zum Beispiel, wo genau sich der Einsatzort befand. Dann saß ich da und musste versuchen, die Kollegen im Einsatz bestmöglich irgendwohin zu lotsen. Manchmal verhalten sich Unfallbeteiligte einfach nur hysterisch, je nachdem eine verständliche Reaktion, aber nicht sehr hilfreich. Doch möglicherweise erleben diese Menschen auch einen fürchterlichen Höllentrip, und ihre chaotische Einsatzmeldung gibt einen Vorgeschmack auf das, was uns am Einsatz erwartet.

Wir sind mittlerweile auf die Autobahnauffahrt gefahren, die meisten Autos, die wir überholen, fahren sehr vorsichtig hinter uns weiter, nicht ganz falsch, denn hinter jeder Kurve könnte der Verkehr unerwartet stehen. Nur eine dunkle Limousine überholt uns noch, als wir einmal auf die rechte Spur wechseln, ein ausländisches Kennzeichen. »Na klasse, bei denen darfst du nur 120 fahren, die haben richtig drastische Strafen – und hier lassen sie die Sau raus ...«, ereifert sich Frank.

»Staut es sich da schon?«, überlege ich laut. Angestrengt versuche ich zu erkennen, was hinter der Kuppe liegt, über die wir gerade fahren. Aber der Verkehr dahinter fließt anscheinend noch.

Am Funk hören wir, dass die Kollegen, die zur Auffahrt Ost gefahren sind, auch auf dem Parkplatz nichts gefunden haben. »Sie bleiben vor Ort auf Abruf stehen, bis klar ist, ob wir Sie nicht noch bei Odelzhausen brauchen«, ordnet die Leitstellendisponentin an.

Dann, nachdem wir die nächste Ausfahrt schon weit hinter uns gelassen haben, steht der Verkehr doch plötzlich still.

Obwohl ich darauf gefasst war, muss ich heftig in die Eisen steigen.

Etwas mehr als einen Kilometer vor der Ausfahrt Odelzhausen sehe ich, wie sich der Verkehr an einer Engstelle vorbeizwängt. In der schmalen Gasse, die sich vor uns gebildet hat, steht immer wieder ein Auto im Weg. Auch die schwarze Limousine, die uns überholt hatte, verstellt den Weg und schafft es kaum, den Platz freizumachen. Ein kurzer Blick in den Seitenspiegel, als ich wieder abbremsen muss: Der Notarztwagen hinter uns scheint fast an unserer Stoßstange zu kleben.

»Scheiße!« Frank schaut in Richtung der Unfallstelle. Während ich den Wagen am Rand der Fahrbahn langsam nach vorn manövriere, kann auch ich mir ein erstes Bild machen: Das Polizeiauto hat sich mittlerweile quer gestellt, die Autobahn ist gesperrt. Dahinter stehen einige Autos mit eingeschalteten Warnblinkern. Die Fahrzeuge sehen alle intakt aus. Daneben liegt ein Motorrad, etwa dreißig Meter davon entfernt an der Leitplanke liegt jemand in einer dunklen Lederkombi. Ein paar Leute stehen dabei. Jetzt sehe ich, was Frank gemeint hat: Einer kniet und hat offenbar mit der Herzdruckmassage begonnen.

Dann entdecke ich, nahe beim Motorrad, noch eine Person in einer Lederkombi, die sich auf die Leitplanke stützt. Einen Moment später stoppe ich den Wagen. Frank hat den Koffer in der Hand, noch bevor ich die Handbremse angezogen habe, dann treffen wir gleichzeitig mit dem Notarzt und seinem Sanitäter bei der Patientin ein, die am Boden liegt.

Ich befrage, so schnell es geht, die Umstehenden.

Auf meine Frage, ob sonst noch jemand verletzt sei, zucken zwei Leute unsicher mit den Schultern, eine Frau deutet auf den jungen Mann, der an der Leitplanke lehnt.

»Sonst noch jemand?«, frage ich.

»Nein«, sagt die Frau, »es war nur das Motorrad.«

Ich eile zu dem jungen Mann hinüber. Er hat seinen Helm in der Hand, seine langen Haare sind zum Pferdeschwanz zusammengebunden.

Ich fasse ihn an der Schulter. »Fehlt Ihnen etwas?«

Der junge Mann hat verweinte Augen. Er schüttelt den Kopf.

»Alles okay mit Ihnen?«

Er schaut mich fassungslos an.

»Haben Sie Schmerzen?«

Keine Antwort.

»Tut Ihnen etwas weh?«

Ich fühle seinen Puls, inspiziere seine Pupillen.

Er schüttelt immer wieder bloß den Kopf.

»Claire«, sagt er dann, »Claire.«

Mit schwacher Geste zeigt er auf die Frau, die am Boden liegt.

»Ich habe das Motorrad doch nur leicht berührt, ich bin doch gar nicht richtig reingefahren«, sagt auf einmal jemand hinter mir. Ich drehe mich um. Das fahle Gesicht einer Frau, die etwa fünfzig Jahre alt ist.

»Das ... das ... das kann doch nicht ..., verstehen Sie, ich bin doch nur ...«

Sie zittert. »Ich wollte doch nur auf die rechte Spur ..., ich ... ich hatte noch nie einen Unfall«, stammelt sie.

Einer der Polizisten kommt dazu.

»Cavakatheter ...!«, schreit Frank in meine Richtung.

»Setzen Sie die Frau bitte irgendwo hin, und bleiben Sie bitte bei ihr, die darf nicht stehen, ich komme gleich«, sage ich zu dem Polizeibeamten, dann steige ich in den RTW und rufe in den Funkhörer.

»33/37 mit Lage: So wie es im Moment aussieht, einmal Reanimation, zweimal leicht verletzt ...«

Während ich den Cavakatheter hole, einen dünnen Schlauch, der über die Vene im Hals gelegt wird und direkt zum Herzen eines Patienten führt, damit die Medikamente, die wir geben, zentral verteilt werden, höre ich noch die Leitstelle, die wissen will, ob sicher ist, dass die Krankentransportwagen reichen oder Rettungswagen für die beiden anderen Patienten benötigt werden, aber das sollen die jetzt selbst entscheiden: Ich habe zu tun.

»Lös mich mal ab«, keucht der Aichacher Notarztsani, der gerade mit der Herzdruckmassage beschäftigt ist.

Ich übernehme. Unter meinen Händen eine leblose Frau mit nassem, halblangem Haar. Im Gesicht an verschiedenen Stellen kleine herausgerissene Hautfetzen, aber es blutet nichts, obwohl durch die Herzdruckmassage doch längst wieder Blut in den Adern fließen könnte.

»Irgendwann muss noch mal jemand funken und nachhaken, was die uns jetzt noch schicken«, sage ich. »Ich hab nur kurz eine vorläufige Lage gegeben. Einmal Rea und zweimal leicht.« Einer in einer leuchtend roten Jacke, den ich noch nicht gesehen habe, steht hinter mir und wiederholt: »Einmal Rea und zweimal leicht?« Er schaut dabei in Richtung des Arztes, aber der antwortet ihm nicht, sondern schreit stattdessen Frank an. »Adrenalin, 4 Milligramm auf 10 Milliliter, funken können wir auch später noch!«

Er zieht den Führungsmandrin aus dem Cavakatheter.

Der Kollege, der sich um den Funk kümmert, verschwindet im Führerhaus unseres RTW, auf seinem Rücken sehe ich das Schild »Einsatzleiter«.

»Sollen wir …?«, fängt der Notarztsanitäter aus Aichach an.

»Los, weg da!« Der Notarzt schiebt mich ziemlich unsanft zur Seite und macht selbst für ein paar Minuten lang die Herzdruckmassage in einem schnelleren Rhythmus, als wir es gelernt haben, und auch etwas tiefer.

»Komm, Junge, Schock …!«, ruft er seinem Sani zu.

Einen Moment später lädt der Defibrillator und pfeift, als er betriebsbereit ist.

Der Arzt nimmt die Defipaddels selbst in die Hand. »Weg vom Patienten!«, ruft er.

Ein Martinshorn, wenige Meter vor mir, es peitscht mir in die Ohren, ich richte meinen Blick kurz nach hinten und sehe einen weiteren Rettungswagen, der gerade anhält.

Dann der Elektroschock des Defi, 360 kJoule, der Körper bäumt sich kurz auf.

»Na los, weitermachen!«, ordnet der Arzt an.

Frank macht jetzt die Herzdruckmassage, ich beatme über den Tubus, den der Arzt gleich zu Beginn gelegt hatte. »Sollen wir ...?«, fängt der Notarztsanitäter noch einmal an. Er hat eine Schere in der Hand und deutet auf die Lederhose der Motorradkombi. Eigentlich sollte man jeden Patienten genau inspizieren und dazu die Kleidung entfernen. Aber der Notarzt winkt ab.

»Lass bloß die Hose an«, sagt er. »Schau doch mal ...«

Die Hose ist rundherum prall gespannt.

»Wenn jetzt noch die Kompression von außen fehlt, hat sie noch weniger Blut im Kreislauf.«

Wir schauen auf den EKG-Monitor. Der Notarzt hebt die Hand, Frank stoppt die Herzdruckmassage. Für einen kurzen Moment sieht man ein paar Ausschläge. Fünf oder sechs Zacken, die nicht einmal aussehen wie normale EKG-Kurven, dann noch einmal ein oder zwei, unregelmäßig, dann verebben diese Ausschläge auch schon wieder.

»Weitermachen.« Die Stimme des Arztes ist leiser geworden, er dreht sich um, schaut in Richtung unseres Rettungswagens: »Los, auf geht's. Schauen wir, dass wir hier wegkommen, wir fahren jetzt unter Reanimation rein. Das wird wohl sowieso nichts mehr, aber wenn wir überhaupt noch was wollen, dann müssen wir schnellstmöglich los.«

Wir schließen die Beatmungsplatte, auf dem die Sauerstoffflasche und das Beatmungsgerät zusammengefasst sind, an. Frank setzt die Herzdruckmassage fort. Der Notarztsani und ich holen die Trage aus unserem Rettungswagen, neben uns läuft keuchend der Kollege, auf dessen Jacke hinten die Aufschrift »Einsatzleiter« steht, und der jetzt ein Handfunkgerät hat. »Ich kläre das mit der Zielklinik für euch ab ...«

Inzwischen ist noch ein weiterer Rettungswagen angekommen, ein Krankentransportwagen und mehrere Streifenwagen. Überall auf der nassen Straße reflektieren die Blaulichter. Durch die Fenster des Krankentransportwagens sieht man einen Kollegen, der sich über einen Patienten beugt, vermutlich hat er den Motorradfahrer an Bord; zwei andere Kollegen bringen jetzt die Fahrerin des Pkws in einen Rettungswagen.

Als wir die Trage neben unsere Patientin schieben, kommt einer der Kollegen zu uns. »Die Fahrerin des Pkws hat einen Druck von unter 100, die Frequenz ist bei 115, sonst fehlt ihr wohl nichts. Verletzungen kann sie eigentlich keine haben, sie saß im Auto.« Zu unserem Notarzt gewandt sagt er: »Wollen Sie sie noch mal sehen, oder sollen wir gleich losfahren?«

»Nein, fahrt los!« Mit einer Handbewegung unterstreicht er, dass er sich im Moment um nichts anderes kümmern möchte.

Der Einsatzleiter hat inzwischen abgeklärt, welcher Patient wo hinkommt, die leicht verletzte Patientin wird in ein kleines Krankenhaus gebracht, wir fahren in eine Klinik außerhalb unseres normalen Einsatzgebietes.

»Ihr seid schon für den Schockraum angemeldet, wenn ihr losfahrt, gebt noch mal eure voraussichtliche Fahrzeit durch.«

Der Arzt, der das auch mitbekommen hat, nickt. Dann dreht er sich wieder zu uns um.

Wir heben die Patientin auf unsere Trage, dann schieben wir sie zügig in Richtung Rettungswagen, auch jetzt macht Frank mit den Herzdruckmassagen weiter.

Einer der Polizisten geht neben uns her. »Wie sieht es denn aus?«, fragt er mich.

»Na ja. Schlecht«, sage ich.

»Ist damit zu rechnen, dass sie ...«

»Ja!«, unterbricht ihn der Arzt bestimmt, ohne die vollständige Frage abzuwarten. »Wer ist der andere?«, will er nun wiederum wissen und nickt in Richtung Krankentransportwagen, in dem der Motorradfahrer behandelt wird.

»Er ist gefahren, beim Sturz auf dem Seitenstreifen gelandet, sie ist in die Streben unter der Leitplanke gerutscht.«

Wir laden die Patientin ein und sind noch nicht einmal ganz im Auto, als Frank mich anschreit: »Komm, jetzt fahr endlich los!«

Als ich Gas gebe, blitzt am regendunklen Himmel auf einmal die Abendsonne zwischen zwei Wolken hervor. Wie ein Hoffnungsschimmer spiegelt sich ihr gelbes Licht in der Nässe der Umgebung. Ich fahre mit Blaulicht und Martinshorn los.

Eine knappe Viertelstunde später erreichen wir die Klinik, wo man uns bereits die Türen aufhält. Frank und der Notarzt haben die ganze Fahrt über weiter reanimiert ... Eine Krankenschwester läuft voraus. »SCHOCKRAUM. Hier kein Durchgang!« steht auf den Glastüren, die sich vor uns öffnen. Der »Schockraum«: Hier kümmern sich mehrere Ärzte um Patienten, die sich in einem lebensbedrohlichen Zustand befinden, der schnellstmöglich weitergehende Eingriffe erfordert. Fachärzte für Anästhesie, Unfallchirurgie sowie Bauch-, Thorax- und Neurochirurgen etwa werden vorher angepiepst und kommen zusammen, die nötigen Geräte und Materialien stehen hier auf engstem Raum bereit, sobald eine entsprechende Voranmeldung an die Klinik weitergegeben wird.

Als wir die Trage durch die schwere Metalltür des Schockraums schieben, stehen wir etwa zehn Ärzten und Pflegekräften gegenüber. Wir helfen noch, die Patientin auf eine Liege zu heben, unser Notarzt teilt das Wichtigste mit. Vor allem ein Arzt tut sich hervor, dem die anderen Platz gemacht haben: ein gedrungener Typ, nur noch wenige Haare auf dem Kopf, die in alle Richtungen abstehen. Sein rundliches Gesicht zeigt keine Regung, harsch gibt er seine Anordnungen. Was ist das für einer? Der Oberarzt? Der Chef?

Der Notarzt bleibt drinnen. Zügig machen wir Platz, schieben unsere Trage hinaus auf den Gang: Sie ist von Feuchtigkeit durchdrungen und schmutzig, nur hier und da Blutflecken. Wir reißen den Einmalbezug von der Trage und legen die ebenfalls verschmutzte Decke zur Seite.

Immer mal wieder geht die schwere, metallene Schiebetür zum Schockraum auf, Lärm dringt heraus und durchbricht die Stille, die im Gang herrscht, wenn man vom leisen Rauschen einer Lüftung absieht.

Keine drei Minuten später ist es offiziell: Claire, die junge Frau, ist tot.

Unsere Versuche, noch etwas für sie zu tun, waren vergebens.

Wie mechanisch setze ich meine Arbeit fort und ziehe unter dem Kopfteil der Trage ein frisches Einmaltuch heraus.

Gerade als Frank vorschlägt: »Komm, schieb raus, wir beziehen draußen in der Halle beim Auto«, geht die Tür wieder auf und der Arzt, der sich schon drinnen hervorgetan hatte, erscheint. Das Gesicht knallrot.

»Was bringen Sie mir hier rein? Was bringen Sie mir hier für einen Mist? Was soll diese Scheiße?«

Der Notarzt im Schockraum steht sprachlos vor ihm.

»Die Frau hat ein Schädelhirntrauma und eine HWS-Fraktur, beide Oberschenkel sind gebrochen und die Schlagader ist ab, und so was reanimieren Sie? Schauen Sie mal hier ...« Er hält unserem Notarzt einen Stapel Papiere unter die Nase und schreit: »Diesen ganzen Müll kann ich jetzt ausfüllen. Glauben Sie, ich habe keine andere Arbeit hier?«

Ich gebe Frank ein Zeichen, und wir ziehen uns zurück, bevor wir auch noch in die Schusslinie geraten. Langsam schieben wir unsere Trage Richtung Auto.

»Mein Gott, so ein Volldepp«, sagt Frank, als wir in die

Fahrzeughalle kommen. »Der hat hier drinnen alles: Röntgen, Ultraschall, sonst was. Und nichts davon haben wir draußen zur Verfügung.« Er schüttelt immer mal wieder fassungslos mit dem Kopf, dann sagt er: »Ich brauch jetzt erst mal 'n Kaffee und Zigarette. Und du?«

»Einen Kakao, wenn du hier einen Automaten findest, der so was hat.«

Während ich auf Frank warte, kommt der Notarzt aus der Klinik in die Fahrzeughalle.

»Hat er noch weiter gestresst?«, frage ich geradeheraus.

»Ach ...«, sagt er nur und winkt ab.

Aber sein schnaufender Atem verrät, dass er mehr als verärgert ist.

Ich halte den Transportschein in der Hand, den der Arzt unterschreiben muss. Erst jetzt fällt mir auf, dass ich seinen Namen immer noch nicht kenne. Bei einem Einsatz stellen sich die Ärzte in der Regel nicht vor, und bei so einem Einsatz ist für Förmlichkeiten sowieso keine Zeit. Ich strecke ihm den Zettel hin, er setzt sein Autogramm unten auf das Papier. Einen Namen kann ich trotzdem nicht entziffern.

Als er mir das Papier gibt, platzt es aus ihm heraus: »*Mit dem* bin ich schon mal so zusammengestoßen. Das einzige Mal, dass ich hier schon mal einen Patienten abgegeben habe. Der ist wohl immer schlauer als alle anderen. Aber das war jetzt zu viel. Ich werde mich beschweren. Beim Chef hier. Den kenne ich nämlich noch vom Studium.«

Bevor ich verlegen nicke, weil ich nichts zu erwidern weiß, kommt Frank mit dem Kaffee und dem Kakao.

»HWS«, sagt er, schaut aber nicht den Doktor an, sondern mich. »Wenn sie die Halswirbelsäule gebrochen hatte, dann hätte die womöglich gar nichts mehr bewegen können ...«

»Das haben wir ja nicht gewusst«, unterbreche ich ihn harsch. »Und selbst wenn: Was willst du damit sagen?«

Ich sehe Frank direkt in die Augen, aber er antwortet nicht. Erst jetzt ergreift mich eine ungeheuerliche Wut. Dieser ganze Einsatz, dieser Empfang in der Klinik. Ich wiederhole es, provozierender: »Frank, hallo, was willst du damit sagen?«

Er wendet sich von mir ab, geht ein Stück auf Abstand und nimmt einen Schluck Kaffee.

Als ob der mich nicht gehört hätte. Aber bevor ich noch etwas sagen kann, beruhigt der Notarzt die Situation.

»Dass das vermutlich nichts mehr wird, haben wir doch alle gewusst. Wie fast immer, wenn man einen Traumapatienten reanimiert.« Er faltet sein Notarztprotokoll zusammen.

»Und vermutlich war es jetzt auch besser so. Sie hätte einen hohen Querschnitt gehabt, und wer weiß, was sie im Kopf noch alles abbekommen hat. Aber die Frau war dreiundzwanzig. Und dass man es zumindest probiert …? Und dann noch ihr Mann, der danebensteht. Soll ich dem sagen: Wir versuchen es gar nicht mehr, weil die meisten Reanimationen in so einem Fall sowieso nichts werden? Ohne dass wir überhaupt wissen, was die Frau wirklich hat?«

Aus der Schiebetür der Klinik kommt eine Frau, der Kleidung nach eine Verwaltungsangestellte. »Wo ist der Belgier jetzt?«

Frank wendet sich ihr zu. »Welcher Belgier? Wir haben nur eine Frau reingefahren.«

»Der Motorradfahrer«, sagt sie. Und dann fügt sie noch hinzu: »Schlimm, auf der Hochzeitsreise die Frau zu verlieren.«

»Bitte? … Hochzeitsreise?« Ich meine mich verhört zu haben.

»Ja, die beiden Belgier waren frisch verheiratet und quer durch Europa auf Hochzeitsreise unterwegs.«

Ich stelle meinen Kakao irgendwo ab.

»… na ja, der Unfall ist wohl bei einem Spurwechsel passiert«, fährt sie fort.

»Ja, das wussten wir, wir waren ja draußen. Aber ... das andere wussten wir nicht.«

Der Kakao.

Er steht vor einer Scheibe und spiegelt sich. Und unser Rettungswagen spiegelt sich auch. Und auch der Notarzt und Frank, die beide danebenstehen. Und diese Frau, die einfach immer weiterredet. Ich höre nicht mehr hin.

Dann drehe ich mich um und gehe einfach.

Ich schnappe mir unseren Beatmungsbeutel und verschwinde damit in einem Reinigungsraum der Klinik, um ihn zu säubern und vorab schon einmal grob zu desinfizieren.

Als ich nach einer Weile zum Wagen komme, ist der Notarzt bereits von seinem Sani abgeholt worden. Frank sieht gerade den Koffer durch, füllt Material auf und schreibt dazu die übliche Liste, was wir später aus dem Materiallager besorgen müssen.

Schließlich wischen wir noch gemeinsam den Boden im Patientenraum. »Du hast da Blut«, sagt er irgendwann.

Ich schaue an mir runter. Tatsächlich: Mein Sweatshirt hat etwas abbekommen.

Eine halbe Stunde haben wir gebraucht, um das Auto wieder einigermaßen klarzubekommen. Frank meldet uns bei der Leitstelle frei, sagt aber gleich dazu, dass wir nicht wirklich »klar« sind und jetzt zuerst zum Auffüllen zur Wache fahren.

»Cool, dass du gleich hergefunden hast«, sagt er, als ich den Wagen in Bewegung setze.

»Ich war doch schon ein paarmal hier«, tue ich es ab. »Und es gibt jede Menge Schilder, die den Weg zum Krankenhaus leiten.«

Seine Komplimente kann er sich sparen.

Ich bin noch nicht ganz aus der Notaufnahme rausgefahren, draußen ist es bereits dunkel, da bremse ich auch schon wieder ab. Wenige Meter vor uns sitzt der junge Motorradfahrer unter einer Laterne auf dem Rand eines Blumenkastens, den Oberkörper tief nach vorn gebeugt. Den Kopf hat er zwischen den Händen aufgestützt, sodass man sein Gesicht nicht sehen kann. Aber an der Motorradkombi und dem Pferdeschwanz erkenne ich ihn sofort wieder.

»Und jetzt?«, will Frank wissen. »Was jetzt?«

»Weiß nicht«, sage ich. »Aber sollen wir ihn vielleicht hier einfach so sitzen lassen?«

Er schaut sich um, holt tief Luft.

Aber dann kommt eine Krankenschwester aus dem hellerleuchteten Klinikgebäude angelaufen und setzt sich zu ihm. *Gott sei Dank.*

Was hätten wir ihm denn sagen können? ... »Es tut uns leid?« ... Wir fahren weiter.

Ein paar Minuten später kommt uns »mit Blau« ein Rettungswagen entgegen. Frank schaut gar nicht hoch. Er hat die ganze Zeit leise fluchend nach seinem Feuerzeug gesucht, die Zigarette schon im Mundwinkel, das Fenster bereits geöffnet. Ein schweres, teures Metallfeuerzeug. Jetzt will es nicht anspringen. »Mist. Verfluchter Dreck!« Er schreit richtig und schmeißt das Ding mit voller Wucht auf das Armaturenbrett.

»He, spinnst du? Was ist los?«, rege ich mich auf.

Er antwortet nicht.

Wir fahren schweigend weiter. Man hört nur den Motor und ab und zu den Funk. Frank schließt das Fenster.

Dann passieren wir die Stelle, wo gegenüber dieser Unfall war. Wo wir noch vor etwa einer knappen Stunde gehofft hatten, noch etwas für diese junge Frau tun zu können. Der Himmel ist grau, so grau wie diese Metalltür in der Klinik. Für den Bruchteil einer Sekunde habe ich noch einmal den jungen Mann in der Motorradkluft vor meinen Augen. Aber in meiner Vorstellung sehe ich ihn wie von irgendwo weit oben. Wie schrecklich einsam er ausschaut. Eine Einsamkeit, die gerade erst entstanden ist. Eine Einsamkeit ohne Hoffnung.

Frank reißt mich aus meinen Gedanken.

»Mein Gott, diese dumme Kuh!!! Diese blöde Kuh!«, schimpft er lautstark, als wir die A8 gerade wieder verlassen. »Was muss die ihre Hochzeitsreise mit dem Motorrad machen! So ein Shit! Diese Scheißmotorradfahrer! Scheiße! Verdammte Scheiße. Das gibt's doch nicht. Ja, so eine blöde Nuss!«

Ich bremse ab, bleibe an einer Ampel stehen, obwohl Grün ist. Es kommt lauter und ungehaltener aus mir heraus, als ich es wollte: »Weißt du was, Frank? Halt doch einfach dein Maul!«

Er sagt nichts mehr. Wir fahren wieder. Vermutlich ist er jetzt beleidigt. Okay. Soll er beleidigt sein.

Kurz bevor wir die Wache erreichen, sagt er in versöhnlichem Ton: »Danke.«

In dieser Nacht haben Frank und ich erst einmal keinen weiteren Einsatz, und während ich im Schlafraum liege, denke ich immer wieder über die Ereignisse nach und auch darüber, was diese Erlebnisse mit einem machen.

Ob das vielleicht auch eine Art ist, damit umzugehen? Diese Aggressivität von Frank. Meine Wut. Der Ausraster des Arztes vor dem Schockraum ...

Wobei das für die Klinikärzte doch viel leichter Routine sein könnte ... Sie haben den Unfallort nicht gesehen. Sie haben die junge Frau nicht dort liegen sehen, nur einige Meter entfernt von ihrem Mann.

Die Klinikärzte werden angepiepst, vielleicht bei der Visite, vielleicht bei einer Behandlung, vielleicht in den einzigen fünf ruhigen Minuten des Tages. Sie brechen ihre Arbeit ab, ihr Durchatmen, und eilen in den Schockraum. Irgendwann öffnet sich dann die metallene Tür, und es wird eine noch warme Leiche hereingeschoben. Ein Mensch, oder jemand, der noch kurz zuvor ein Mensch war. Mit einer Akte, auf der zum Beispiel steht: »Claire, weiblich, ca. 25 Jahre«. Genaues Geburtsdatum unbekannt. Nachname unbekannt. Wohnort unbekannt.

Aber kann das Routine werden?

Und dann kommen wir in unserer leuchtend roten Kleidung. Wir sind es, die ihnen immer wieder diese Halbtoten in den Schockraum schieben. Patienten, die manchmal schon tot sind. Andere, die hier noch ein paar Minuten, Stunden oder Tage leben. Einige, die man wieder entlässt. Manche gesund. Andere, deren Verletzungen nie mehr heilen werden. Die vielleicht als Apalliker enden, mit schwersten Hirnschäden. Menschen, von denen man nicht einmal weiß, ob sie noch etwas denken oder fühlen können, weil sie es ihrer Umgebung nicht mitteilen können. Schicksale, von denen man lieber nichts erfahren will, weil man es nicht ertragen könnte.

Wie kann man da jederzeit Ruhe bewahren, den Nimbus des Professionellen erhalten? Ist Herumschreien in so einem Fall vielleicht auch nur eine Wand, hinter der man sich verstecken will? Eine der vielen Masken, die einem Halt bieten, so wie Zynismus oder Gleichgültigkeit, schwarzer Humor, Verbissenheit oder Wichtigtuerei: ein Schutz, den man braucht?

Manchmal fällt es schwer, zu entscheiden, was unmenschlich ist und was menschlich.

```
JAN 1992 · TAGSCHICHT
RETTUNGSWAGEN
EINSATZ # 08881 UND 08882
```

Was ist eigentlich Liebe?

Die winterlichen Straßen sind menschenleer. Nur die Reflexionen des Blaulichts stören den scheinbar friedlichen Tagesanbruch. Vor keiner halben Stunde wurden wir zu einer bewusstlosen Person in Ottmaring, Hafnergasse 22, gerufen; ein Notarzt war gerade nicht frei.

Ich fahre Schritttempo. Das graue Morgenlicht reicht nicht aus, um die Hausnummern entziffern zu können. Felix schaltet den Suchscheinwerfer ein und leuchtet die weiß überzogenen Hecken und Zäune und die Hauswände entlang. 12, 14 – dann keine Hausnummer mehr zu sehen.

»Das ist hier nicht mehr die Hafnergasse, das muss schon der Gartenweg sein«, sagt Felix.

Ich widerspreche ihm nicht, obwohl ich sicher bin, dass wir fast da sein müssen. Felix war einer der Ersten, die ich als Zivi zu einem Einsatz begleitet habe. Er wirkt immer wie eine Mischung aus Fuchs und Kampfstier. Und wenn ich in den Schichten mit ihm eines gelernt habe, dann Widerspruch nur, wenn unbedingt nötig.

Ich schalte das Blaulicht aus.

Irgendwie kommt es mir so vor, als wäre ich hier schon einmal gewesen. Ich lasse meinen Blick schweifen. »Dort ist die 28«, sage ich.

»Na klasse, dreh um.« Felix stöhnt genervt. »Wenn endlich mal jemand kapieren würde, dass Hausnummern keine Verschönerungsmaßnahme sind und sie nicht nur dem Briefträger von Nutzen sind; der weiß doch sowieso, wo jedes Haus in seinem Zustellbezirk steht ...«

Ich wende den Wagen. Auf dem Gehweg vor uns steht ein Trolley. *Wo kommt denn der plötzlich her?*

Im nächsten Moment tritt eine Zeitungsfrau aus einem Hausgang hervor. »Die 22 müsste dort sein«, hilft sie uns weiter.

Ich lenke den Wagen an den Rand, greife mir den Notfallkoffer und ziehe das EKG aus der Halterung, Felix hat die Sauerstofftasche und das Absauggerät unter dem Arm, so stehen wir kurz darauf vor der Tür des Hauses, in dem ein Notfall-Patient auf uns warten soll.

Nichts regt sich nach unserem Klingeln. Die Jalousien vor den Fenstern sind heruntergelassen.

»Bist du sicher, dass wir in Ottmaring richtig sind?«, fragt Felix.

»Ja, schon.«

Ich stelle den Koffer und das EKG auf der überdachten Treppe ab. Felix klingelt noch einmal.

»Wie nett, dass wir uns so beeilt haben. Und wie nett, dass es keine Hausnummer an dem Haus gibt. Aber am nettesten ist es wohl, dass man uns nun vor der Tür stehen lässt ...«

»Vielleicht kann uns der Patient nicht aufmachen«, halte ich Felix' Spott entgegen.

»Ja, klar«, sagt er angriffslustig. »Ein Bewusstloser, der den Notruf selbst abgesetzt hat.«

Ich ignoriere seine Bemerkung. Ich meine, diesen Hauseingang mit dem Windlicht neben der Tür wiederzuerkennen und überlege angestrengt, ob ich schon einmal zu einem Einsatz hier war. Aber es stellt sich keine Erinnerung ein.

Gerade als sich Felix zum Gehen wenden will, öffnet sich doch noch die Tür.

Eine Frau in einem glänzenden weißen Morgenmantel mit silberner Stickerei steht mit einem Telefon am Ohr im Türrahmen. Kaugummi kauend beendet sie ihr Telefonat. Eilig scheint sie es nicht zu haben.

»Wären Sie so freundlich, uns zu dem Patienten zu bringen?« Felix ist geladen, und das will er auch gar nicht verbergen.

Die Frau deutet auf eine Tür, die von dem kleinen Flur links abgeht, da schiebt Felix sie auch schon zur Seite.

In der Küche ist auf den ersten Blick – außer jeder Menge Puppen, die auf der Fensterbank, in Regalfächern und auf den Schränken dekoriert sind – niemand zu sehen.

Felix und bückt sich. »Schnell!«, ruft er. Jetzt fällt auch mein Blick auf die Füße in den grau karierten Pantoffeln, die unter dem Tisch hervorschauen. Wir heben den Tisch zur Seite.

»Hallo? Hallo?« Felix klopft ein paarmal mit der flachen Hand gegen die Wange des Patienten, der einen alten, gestreiften Pyjama trägt.

Ich drücke den tragbaren Fernseher, der am Ende der Arbeitsplatte vor sich hin flimmert, aus.

»Keine gute Gesichtsfarbe«, sagt Felix. Er fühlt am Hals nach dem Puls des Mannes. »Ist noch da«, sagt er.

Die Frau steht in der Küchentür. Dieses zähe, desinteressierte Kaugummikauen bringt mich für den Bruchteil einer Sekunde völlig aus dem Tritt. Als ob es der Kaugummi ist, der das Gesicht der Frau in einer klebrigen Zeitlupe hin- und herschiebt.

»Georg, hallo?« Felix holt mich zurück. »Hier ist der Patient!«

Rasch öffne ich das Pyjama-Oberteil, einer der oberen Knöpfe fehlt, und klebe die Elektroden des EKGs auf den fahlen Brustkorb des Mannes. Felix misst den Blutdruck und kontrolliert den Puls.

»Der Druck ist irgendwo bei 70, der Puls ... na ja, irgendwo bei 120 oder so.«

Ist der Blutdruck erst einmal deutlich unter 80, dann wird es schwieriger, ihn genau zu bestimmen.

Felix beugt sich zu dem Patienten hinunter und schnüffelt. Aber dann schüttelt er den Kopf. »Kein Alkohol.«

»Notarzt?«, frage ich mehr der Form halber. Felix nickt.

Die Frau steht nicht mehr im Türrahmen.

»Heeee! Kommen Sie bitte noch einmal!«, brüllt Felix, während ich zum Auto laufe und bei der Leitstelle einen Arzt anfordere.

Erst beim erneuten Betreten der Wohnung fällt mir der zusammengeklappte Rollstuhl auf, der an einer Wand im Flur lehnt, und jetzt ist auch die Erinnerung wieder da. Der Patient leidet an Multipler Sklerose.

Wieder im Haus höre ich Felix.

»Das ist doch Ihr Mann, oder?«

Ich sehe wie das Kaugummigesicht nickt.

»Ich kenne den Patienten«, unterbreche ich Felix' Befragung. »Ich habe ihn vor einigen Monaten schon einmal in die Klinik nach Augsburg gefahren. Wegen seiner MS.«

Felix wendet sich wieder der Frau zu.

»Können Sie uns sagen, wie das passiert ist?«

»Keine Ahnung«, sagt sie. Und dann: »Ich weiß es wirklich nicht.«

»Und wie lange liegt er schon hier?«

»Mh.« Sie zieht die Schultern hoch, schaut auf die Küchenuhr. »Eine knappe Stunde ... oder so?«

»Wie bitte?«, frage ich. »Und warum haben Sie uns nicht sofort angerufen?«

»Ich dachte, er steht wieder auf.«

Felix und ich blicken uns für den Bruchteil einer Sekunde ungläubig an.

»Komm, ab ins Auto. Keine Zeit verlieren«, sagt Felix. Er bleibt beim Patienten, ich laufe erneut zum Wagen.

»Brauchen Sie mich noch?«, fragt die Frau, als ich mit der Trage zurückkomme. »Ich müsste noch mal telefonieren.«

Mir fehlen die Worte.

»Nein!«, ruft Felix aus der Küche. »Sie brauchen wir garantiert nicht mehr, ganz herzlichen Dank.«

Auf dem Weg zum Telefon dreht sie sich noch einmal um. »Ach ja, er hatte vor Kurzem mehrere Schübe hintereinander ... lange wird das sicher nicht mehr gehen.«

Während wir den Mann auf unsere Trage legen und hinaustransportieren, ist die Frau bereits wieder in ein Telefonat vertieft.

Der Himmel draußen hat mittlerweile eine hellblaue Farbe angenommen, ein Auto fährt umständlich an unserem Rettungswagen vorbei.

Felix steigt hinten zum Patienten ein, ich muss noch einmal zurück zum Haus, unsere Ausrüstung holen. Die Haustür wurde bereits geschlossen, und ich muss auch diesmal mehrfach klingeln, bis die Frau öffnet.

»Unsere Sachen«, sage ich, während sie weitertelefoniert. Als ich mich, den Koffer in der einen, das EKG in der anderen Hand, die Sauerstofftasche über die Schultern gehängt und das Absauggerät unter den rechten Arm geklemmt an ihr vorbeizwänge, hält sie kurz den Hörer zu und verabschiedet mich mit: »Die Klinik wird sich ja sicher bei mir melden, wenn es was Neues gibt?«

»Ja, ganz sicher«, antworte ich.

Felix hat die Seitentür des Rettungswagens geöffnet und nimmt mir einen Teil der Sachen ab. »Fahr zu, wir bekommen keinen Notarzt.«

Zehn Minuten später in der Klinik ist der Patient immer noch bewusstlos, der Druck ist auf dem niedrigen Niveau stabil geblieben. Felix informiert den aufnehmenden Arzt über das, was wir wissen. Der Arzt hätte gern mehr Informationen, wir können nicht weiterhelfen.

Wir warten einen Moment, dann sagt man uns, dass der Patient in die größere Klinik nach Augsburg verlegt wird, den Transport wird der Augsburger Notarztwagen, der gerade in Lechhausen frei wird, übernehmen. Für uns ist der Einsatz beendet.

Felix holt uns im Supermarkt neben der Wache etwas zum Frühstücken, und wir machen es uns im »Wohnzimmer« gemütlich, zum Glück bleibt das Leitstellentelefon ruhig. Um zehn kommt Christian, der Leiter unserer Wache, mit seinem Fahrer von einem Krankentransport zurück. Sofort ist Schluss mit der Nichtstuerei für diesen Samstagvormittag, wir werden zum Lagerräumen und -putzen verdonnert. Felix geht in die hinteren Räume, ich arbeite im großen Lager gleich vorn, das mehr Fläche, aber weniger Regale hat. Das stupide Reinemachen lässt meine Gedanken schweifen. Wie es dem MS-Patienten wohl ergeht, wenn er aufwacht und niemand Vertrautes bei ihm ist? Aber er kennt das vermutlich schon. Mit dem Besen in der Hand schiebe ich diesen deprimierenden Gedanken zur Seite ... Was Renate wohl gerade macht? Heute kommen meine Eltern zu Besuch. Laura, unsere Ältere, sie ist drei, plappert bestimmt schon den ganzen Morgen von nichts anderem, als dass Oma und Opa kommen. Unser Baby, Teresa, zahnt gerade und braucht viel Zuwendung. Nach ihrer Geburt hatte ich zusammen mit Renate schon mal überlegt, ob ich das Ehrenamt aufgeben soll. Die Familie braucht mich mindestens genau so sehr. Aber dann war es gerade Renate, die zögerte. »Wenn du damit aufhörst, fehlt dir doch etwas!« Ja, sie hatte recht. Ich hasse das frühe Aufstehen, ärgere mich hin und wieder auch mal über einen Kollegen. Und dennoch habe ich das Gefühl, diese Arbeit macht Sinn. Vielleicht mehr als so vieles andere, was ich tue ...

Am frühen Nachmittag, Felix und ich wollen uns nach dem Aufräumen und Putzen im Lager einen Kaffee genehmigen, bekommen wir »Besuch«: Sonja von der Geschäftsstelle, eine zierliche

Person mit langen roten Haaren. Bis vor Kurzem zumindest. Jetzt steht sie mit einer Kurzhaarfrisur in Lila vor uns.

Lispelnd erklärt sie, dass etwas mehr als tausend Briefe einkuvertiert, adressiert und freigestempelt werden müssen.

»Das schaffen wir heute nicht mehr«, sagt Felix. Damit ist die Sache für ihn erledigt.

Aber nicht für Sonja. Sie drückt Felix den Freistempler in die Hand.

»Deswegen ist es ja auch so nett, dass ihr gleich damit anfangt. Ich hab euch auch meinen Kassettenrecorder mitgebracht.«

»Nicht, dass ich jemandem etwas Schlechtes wünsche«, sagt Felix, nachdem Sonja wieder gegangen ist. »Aber jetzt käme mir ein Einsatz gelegen. Von mir aus darf es auch ein blinder Alarm sein.« Er greift in den Karton mit den Umschlägen. »Hast du ihre Haare gesehen?«

»Nein, Felix, ich bin blind«, witzele ich. Aber Felix ist nicht nach Scherzen.

Zwei Stunden später läuft die einzige Kassette, die wir haben – nämlich die, die in Sonjas Kassettenrecorder steckte –, zum dritten Mal. Vielleicht liegt es auch an den vielen Umschlägen, aber Cat Stevens geht mir langsam auf die Nerven.

Und Felix' Reden über seine neue Geschäftsidee auch.

Ein Strukturvertrieb, mit dem er demnächst ein Hautpflegemittel, das völlig neu auf dem Markt ist, vertreiben möchte. »Das kriegst du sonst nirgends«, sagt er. »Und diese Art von Geschäft ist die Zukunft, Georg. Das wird alle anderen Vertriebswege nach und nach ablösen. Das könnte auch etwas für dich sein, glaub mir!«

»Wenn du einen Werbefachmann brauchst, dann helfe ich dir gern ...«, sage ich.

»Nein, du solltest in das Geschäft mit einsteigen. Wenn du bei dieser ›Produktlinie‹ gleich zu Beginn dabei bist, kannst du jede Menge Geld verdienen. Du bekommst Riesenboni. Und eine Stunde am Tag hat doch jeder übrig, du telefonierst ein wenig und schon hast du nebenbei ...«

»Also wildfremde Menschen anrufen, um ihnen etwas zu verkaufen, ne, das ist nicht mein Ding.«

»Aber nach einem Jahr oder anderthalb bis du schon bei 4.000 Mark pro Monat. So leicht kannst du dein Geld sonst nirgends verdienen. Du ...«

Ich lasse Felix' Gerede in mein eines Ohr hinein und durch das andere hinaus. Ein Blick auf meine Armbanduhr. Noch eine Viertelstunde, dann haben wir es geschafft. Vielleicht sogar vorher, denn die Kollegen von der Nachtschicht sind bestimmt jeden Moment da.

Das Leitstellentelefon reißt mich aus meinen Feierabendgedanken und beendet ebenfalls schlagartig Felix' Monolog.

Ein Suizidversuch in einem der Hochhäuser im Herrenbachviertel. »Der Einsatz kam über die 110 rein«, informiert uns die Leitstelle zusätzlich zur eigentlichen Meldung. »Die ›Streife‹ ist ebenfalls unterwegs.«

Während ich den Wagen in der Abenddämmerung über die teils glatten Straßen kämpfe, erklärt mir Felix, dass er die Kollegen, die uns ablösen, so richtig zur Sau machen werde. Es sei unkollegial, erst so kurz vor Dienstbeginn einzutrudeln. »Wären die einen Moment früher dagewesen ...«

»Sei mal still ...« Ich kann bei dem ganzen Lamentieren den Funk nicht verstehen, und gerade in dem Moment, in dem wir vor dem Hochhaus anhalten, meldet die Leitstelle noch, dass der Notarztwagen vom Klinikum verzögert nachkommt.

Fünfzig oder mehr Namen stehen auf dem großen Klingelschild, die Etagennummern fehlen, Reihe für Reihe lasse ich meinen Finger die Namen entlangwandern, endlich der Name: »Y. Stabo«.

Die Geräusche der Stadt, ein wellenartiges Rauschen, aus dem sich nur die Motorgeräusche vereinzelt herausheben, irgendwo weiter weg ein Martinshorn, vielleicht schon der Notarzt, der auch hierher unterwegs ist, dazu der Widerhall von den glatten Betonwänden: Felix und ich beugen uns runter zum Lautsprecher der Sprechanlage, um besser verstehen zu können, wenn sich jemand meldet, aber stattdessen summt gleich der Türöffner. Wir laufen zum Fahrstuhl. Im Vorraum penetranter Uringeruch, ein Mann kommt nach uns durch die Eingangstür. Als sich die Aufzugtür öffnet, schiebt er sich mit in die Kabine. »Wir haben einen Notfall«, sagt Felix und drückt auf die Zwölf. »Warten Sie bitte draußen und nehmen den nächsten Aufzug, oder lassen Sie uns zuerst nach oben fahren.«

Der Mann, der etwa Mitte dreißig sein wird, könnte dem Typ nach aus dem Balkan stammen. Er drückt ungerührt die Fünf.

»Das meinte ich eben, dass Sie damit bitte warten ...« Felix stöhnt.

»Nicht wiss«, sagt der Mann. »Nicht verstehn.« Der Mann schaut uns groß an.

Da kommt noch eine jüngere Frau auf den Aufzug zu, aber die Türen schließen sich, bevor sie ihn erreicht, und die Kabine setzt sich in Bewegung.

»Der hat uns ganz genau verstanden«, sagt Felix, als der Mann in der fünften Etage ausgestiegen ist.

»Ach, Felix ...«, sage ich.

»Wenn du das überlegst, das war hier mal als Wohnblock für die oberen Zehntausend gedacht, sündhaft teure Wohnungen, entsprechende Geschäfte und Läden alle in der Nähe ...« Felix redet sich in Fahrt, doch dann erreichen wir die zwölfte Etage. Endlose Gänge nach rechts und links, keine Ahnung, auf welcher Seite sich die Wohnung befindet.

»Du hier lang, ich da«, sagt Felix.

Plötzlich geht das Licht aus, man sieht nur noch die Notbeleuchtung der Lichtschalter, die grünen Schilder für die Notausgänge und die verwaschenen Reflexionen davon auf den glatten Linoleumböden. Trostlosigkeit, die sich spiegelt.

Die Deckenlampen beginnen zu flackern, dann ist alles wieder hell ausgeleuchtet. Aus einer Wohnung höre ich ein Kind rufen oder schreien, so genau kann ich es nicht ausmachen, dann bricht das Kindergeschrei ab und die schimpfende Stimme einer Frau dringt dumpf in den Flur.

»Hierher ...«, hallt Felix' Stimme durch die Gänge.

Felix drückt die Klingel zum zweiten oder dritten Mal, als ich fast bei ihm bin.

Süßlicher, schwerer Moschusduft schlägt uns entgegen. Eine Dame im Bademantel, die uns öffnet. Sie hat sehr kurzes blondes Haar, fast zur Glatze geschnitten, trägt auffallend große Kreolen. Ihr Lippenstift leuchtet selbst bei dem gedämpften Licht in der Wohnung.

»Gut, dass Sie sind da«, sagt sie in leicht gebrochenem Deutsch. »Bitte ...« Sie deutet auf eine Tür am Ende des langen Wohnungsflurs.

»Ich glaube, heute ist Bademanteltag«, flüstert Felix mir zu, als wir der Dame folgen. Ich nehme die orangefarbenen Wände und die schwarzweißen Fotografien mit erotischen Motiven nur am Rande wahr, dann schweift mein Blick im Vorbeigehen durch eines der Zimmer, dessen Tür offen steht, eine dunkelrote Tapete, ein großes verwühltes Bett, ein Stuhl, eine Kommode. Sonst nichts.

Hinter uns bringt eine Frau, die sich ein Handtuch umgewickelt hat, jemanden eilig zur Wohnungstür.

»Glotz nicht so«, zischt mir Felix über seine Schulter hinweg zu.

Ich glotze doch gar nicht, denke ich.

Die Wohnung ist extrem aufgeheizt, und erst als ich mir

den Schweiß von der Stirn wische, dämmert es mir endlich. »Tagsüber?«, flüstere ich Felix ungläubig zu.

Felix grinst. »Hast du in deiner Einfalt gedacht, dieses Geschäft läuft nur abends?«, zischt er mir von der Seite her zu.

Jetzt komme ich mir richtig dämlich vor.

Die Dame führt uns durch ein Zimmer in eine Art Wintergarten. Auf einer Liege vor uns der Patient, ein etwa fünfundzwanzigjähriger Mann in Unterhose, der laut vor sich hin jammert.

Dem ersten Anschein nach kann ihm nicht viel fehlen: Er ist bei Bewusstsein, redet, hat eine klare Sprache, gestikuliert beim Reden. Als ich seinen Puls fühle, stelle ich schon vor dem Blutdruckmessen fest, dass er kräftig und regelmäßig ist, ich zähle kurz mit: 76.

Nach und nach bekommt Felix heraus, dass der Mann versucht hat, sich mit Tabletten das Leben zu nehmen.

»Wie viele und welche genau?«, fragt Felix, aber der junge Mann klagt nur weiter, dass es ihm wirklich nicht gut gehe. Ich messe den Blutdruck, fühle noch einmal den Puls, keine besonderen Anzeichen.

Ein Klingeln an der Wohnungstür, zwei weitere Damen, ebenfalls in Bademäntel gehüllt, führen zwei Polizeibeamte und den Notarzt aus Augsburg, Dr. Framm, mit seinem Sanitäter in den kleinen Raum. Alle drängen sich zum Patienten hin. Ich mache Platz.

»Meine Güte, das ist ja wie in einer Sauna hier ...«, sagt Dr. Framm.

Eine der Damen bittet mich, zur Seite zu gehen und öffnet ein Schiebefenster hinter mir. Jetzt stehe ich direkt neben dem etwa vierzig Zentimeter breiten Spalt, durch den winterkalte Luft hineinströmt. Ich bin nicht schwindelfrei, blicke aber trotzdem kurz in die Tiefe: verschneite Blumenkästen unter mir und Reihen von Waschbetonplatten, die die Balkone der unteren Stockwerke verkleiden. Dieser Raum war also auch einmal ein Balkon, geistert es mir durch den Kopf. Ein Blick nach unten: schon beim Hinunterschauen ein Gefühl von endlosem Fallen. Rasch trete ich etwas vor und konzentriere mich wieder auf den Patienten und die Umstehenden.

»Die hier eben ...« Der Patient hält dem Notarzt mehrere leere Blisterpackungen entgegen, verschiedene Größen und wohl unterschiedliche Präparate.

»Sie haben alle genommen, ja?«, fragt Dr. Framm.

»Ja, Herr Doktor.«

»Aha«, schmunzelt der Arzt. »Da haben Sie den Mädels die komplette Verhütung für vier Monate weggefuttert. Wie hat's denn geschmeckt?«

Der Patient reißt erstaunt die Augen auf.

»Wie, Verhütung ...?« Völlig perplex hat er sein Jammern eingestellt.

»Und? Gefährlich?«, möchte einer der beiden Polizeibeamten wissen. Diese Frage interessiert mich auch. Einzelne Tabletten sind sicher nicht gefährlich, aber in so großer Menge? Ich zähle die leeren Vertiefungen in den Blisterstreifen: Bis zu 84 Tabletten könnte er theoretisch geschluckt haben.

»Ja, wirklich sehr gefährlich«, sagt der Arzt trocken. »Fast so schlimm wie der Genuss von Dosenfleisch.«

Und dann wendet er sich wieder dem Patienten zu. »Es kann sein, dass Sie Kopfschmerzen bekommen. Oder Ihnen schlecht wird und Sie sich übergeben müssen ... Aber nun sagen Sie mal, warum Sie das gemacht haben?«

»Ich? – Wegen Angie«, sagt der Mann und zeigt auf die Dame, die uns die Tür geöffnet hatte.

»Aha. Verstehe. Liebeskummer?«

»Ja«, sagt er leise.

»Was ist das hier überhaupt ... für eine Wohnung?«, platzt es auf einmal aus einem der Polizeibeamten heraus. Er schaut dabei Felix an.

»Also, also da sollten Sie besser die Damen fragen«, stottert dieser.

Stattdessen fragt der Beamte die drei Bademantelschönheiten jedoch: »Wer ist denn nun der junge Mann überhaupt?«, und macht eine Handbewegung in Richtung des Patienten.

»Mein Verlobter«, sagen die drei beinahe wie aus einem Mund.

»Soso.« Das Grinsen des Beamten scheint jetzt fast breiter zu sein als sein Gesicht.

Nachdem der Notarztsanitäter die Personalien aufgenommen hat, wählt er die Nummer des Giftnotrufs und gibt den genauen Namen der Präparate durch.

»Also, die beiden Herren nehmen Sie jetzt mal mit«, sagt Dr. Framm. Er nickt mir und Felix kurz zu. »Auch wenn keine schlimme Reaktion zu befürchten ist, lassen wir Sie besser durchchecken. Auch vom Psychiater. Schon allein wegen der abstrusen Idee, sich auf einem Balkon im zwölften Stock Tabletten einzuwerfen, um sich das Leben zu nehmen.«

Der Patient nickt zustimmend.

»Nun, dann machen Sie sich mal reisefertig.«

»Wie meinen Sie das?«

»Verlangsamt Östrogen das Denken?«, flüstert Felix mir ins Ohr.

»Na, haben Sie denn vielleicht eine Hose dabei und ein Hemd, oder sind Sie in der Unterhose hierhergekommen?«, wird Dr. Framm deutlicher.

»Ach so, verstehe. Muss ich denn unbedingt mitkommen?«

»Harald«, mischt sich die Dame, die sich »Angie« nennt, ein, »jetzt stell dich nicht auch noch an.«

Jetzt rappelt sich der junge Mann auf. Einer der Polizisten begleitet ihn in eines der anderen Zimmer.

»Können wir mitfahren?«, fragt »Angie«.

Ich bin nun doch etwas überrascht.

– 131 –

Felix schüttelt schon den Kopf.

»Na ja, alle drei nicht«, sage ich. »Eine von Ihnen schon, wenn Sie möchten – und es dem Patienten recht ist.«

»Angie« verständigt sich mit ihren Kolleginnen und eilt nun ebenfalls in eines der anderen Zimmer. Ungeschminkt und in grauer Hose mit schwarzem Pullover und kariertem Anorak über dem Arm kommt sie wieder in den Wintergarten zurück. Die Kreolen hat sie durch kleine Ohrstecker ersetzt, über die kurzen Haare zieht sie eine dunkelrote Wollmütze, die ihre Gesichtszüge viel weicher erscheinen lässt.

Dr. Framm verabschiedet sich mit: »Da muss ich jetzt wirklich nicht mitfahren, das schafft ihr allein.«

Bevor wir mit dem Patienten und seiner Begleiterin die Wohnung verlassen, nehmen die beiden Polizisten dem jungen Mann noch den Führerschein ab. »Vorläufig. Zu Ihrer eigenen Sicherheit«, erklärt der Beamte.

Vor der Abfahrt in die Klinik streicht »Angie« dem jungen Mann wie zur Beruhigung über den Arm. Dann lassen wir sie nach vorn auf den Beifahrersitz Platz nehmen. Ich vermeide es, ein Gespräch zu beginnen. Aber als sie mich nach einer Weile fragt, wie sie denn vom Krankenhaus zurückkomme, bin ich erleichtert, dass das angespannte Schweigen ein Ende hat.

»Da fährt bestimmt ein Bus«, sage ich. »Aber welcher genau – keine Ahnung. Fragen Sie am besten in der Klinik nach. Die haben oft sogar einen Busfahrplan an der Information. Oder Sie schauen an einer Haltestelle.«

»Danke«, sagt sie höflich. »Ich kenne mich hier nicht aus.«

»Sind Sie denn neu hier in Augsburg?«

»Neu …, nein«, antwortet sie mir zögernd. »Bin schon mehr als ein Jahr hier. Aber ich komme nicht raus. Nur manchmal holt mich mein Freund ab. Wir gehen an den Kuhsee spazieren. Sonntags.«

»Ihr Freund?«, frage ich und sehe kurz zu dem Patienten nach hinten, der gedankenverloren auf seine Hände starrt.

»Nein«, sagt sie leise, »ein anderer.«

Als ich Felix auf der Fahrt zur Wache erzähle, dass die Frau bereits seit über einem Jahr in Augsburg lebt, aber weder das nahegelegene Rote Tor noch die Gögginger Eisenbahnbrücke kennt, spottet er: »Du hättest dich ja als Stadtführer anbieten können.«

Typisch Felix.

»Du Idiot«, sage ich nur kurz.

Jetzt lächelt er mich versöhnlich an.

»Hätte ich nicht gedacht, dass eine von denen so besorgt ist, dass sie noch mit ins Krankenhaus fährt.« Felix schüttelt den Kopf.

»Ja, und denk nur mal ... – die Ehefrau von heute früh«, füge ich hinzu.

»Ja, da möchte man ja fast lieber solo sein.« Und dann blickt Felix plötzlich drein, als wäre ihm ein Geistesblitz gekommen. »Im Strukturvertrieb könnten diese armen Dinger ihr Geld viel leichter verdienen.«

Oh nein, nicht schon wieder!

»Du, Felix ...«

»Ja?«

»Dieses Thema bitte nur mit Cat-Stevens-Begleitung.«

Jetzt lächelt Felix nicht mehr versöhnlich. Für den Rest der Strecke ist er still.

Aber seltsam: Felix so still, das ist irgendwie genauso anstrengend.

```
SEP 1994 · NACHTSCHICHT
RETTUNGSWAGEN
EINSATZ # 09285 UND 09286
```

Schneller als der Tod erlaubt

Meine Güte, was ist das nur wieder für ein Drama.« Fabian neben mir stößt hörbar seinen Atem aus.

Wir stehen im neunten Stock eines Hochhauses. Ein angedrohter Suizid, die Notfallmeldung kam über die 110. Fast zeitgleich mit den Kollegen von der Polizei und nur kurz nach dem Notarzt sind wir am Einsatzort eingetroffen. Und obwohl wir uns sicher sind, in der Wohnung Geräusche zu hören, öffnet niemand.

Als einer der Polizeibeamten schließlich damit droht, die Tür mit Gewalt öffnen zu lassen, erscheint ein etwa fünfundzwanzigjähriger Mann an der Tür. Hinein lässt er uns nicht.

Fast eine Viertelstunde lang verhandeln der Polizist und der Notarzt durch den Türspalt mit dem Mann. Das sei alles ein Missverständnis, sagt Herr Kerning, so der Name des jungen Mannes, er habe nur gesagt, so mache ihm das Leben keinen Spaß mehr, aber das bedeute doch nicht, dass er sich etwas antue. Sicher habe seine Freundin angerufen, die betrüge ihn schon, seitdem sie zusammen wären, und das wären immerhin anderthalb Jahre. Mit keinem Wort habe er angekündigt, sich das Leben zu nehmen. Das sei sowieso keine Frau wert.

Dr. Weiss hakt immer mal wieder nach und versucht, mit dem jungen Mann ins Gespräch zu kommen. Weshalb denn dann seine Freundin darauf komme, dass er sich das Leben nehmen wolle, will er wissen.

Aber alle Antworten klären die Situation nicht wirklich, zu viele Widersprüche, zu viel Abwehr.

– 134 –

Als schließlich immer mehr Flurnachbarn auf das Spektakel im Gang aufmerksam werden und sich teilweise sogar neugierig dazustellen wollen, lässt uns der junge Mann endlich in seine Wohnung.

Der müffelnde Geruch, der schon aus dem Türspalt in den Flur gezogen war, verstärkt sich beim Betreten der Wohnung. Ich meine, in der Küche am Ende des Flurs etwa zehn aufeinandergestapelte Müllsäcke zu erkennen.

Es sei ihm in den letzten Tagen nicht so gut gegangen, erklärt uns Herr Kerning immerhin verlegen, und deshalb habe er den Müll noch nicht heruntergebracht. Aber sonst sei immer alles tipptopp aufgeräumt bei ihm.

Doch auch in seinem Schlafwohnzimmer, in das wir uns mit ihm setzen, stapeln sich etliche Müllbeutel und leere Verpackungen. Mein Blick streift vergammelte Essensreste hinter dem durchsichtigen Plastik, Hühnerknochen vielleicht, Kartoffelreste, Undefinierbares. Ich hatte kurz vor dem Einsatz zwei belegte Brote gegessen, für einen Moment würgt es mich nun, aber dann geht es zum Glück wieder.

»Die Dusche ist auch bis zur Decke voll«, sagt ein Polizist. Ganz offensichtlich nicht der vergessene Müll von ein paar wenigen Tagen, sondern ein zwanghafter Müllsammler: Gehört hatte ich so was schon mal, vorstellen konnte ich es mir bis heute nicht.

Ich lasse meinen Blick wie zur Erholung von dem Ekel über die Einrichtung schweifen. Bongos stehen herum und schwarz lackierte afrikanische Figuren von Menschen und einem Elefanten. An der Wand eine Weltkarte, überall stehen Kerzen herum, einige schon heruntergebrannt. Grauer, größtenteils abgewetzter Teppichboden, der auch an den Stellen, an denen er nicht heruntergetreten ist, längst seinen Glanz verloren hat. Ich verschränke instinktiv die Hände ineinander – anfassen müssen möchte ich hier lieber nichts.

Sie habe sein ganzes Leben kaputt gemacht, jammert

Herr Kerning. Eigentlich sieht er ganz nett aus, ein sympathisches Gesicht mit männlichen Gesichtszügen, dunkler, scharf rasierter Bart. Aber dieses Leidende – das passt gar nicht dazu. Er fährt fort mit seinen Erklärungen: Er habe auf sie gebaut und ihr vertraut, und sie betrüge ihn mit einem anderen, seit einiger Zeit regelmäßig. Vielleicht – meint unser Patient – habe er am Telefon alles ein wenig drastisch ausgedrückt, um seine Freundin endlich mal zur Vernunft zu bringen, ihr einen Schreck einzujagen, aber ganz sicher habe er niemals angedroht, sich das Leben zu nehmen.

Als die Freundin, eine gepflegte junge Frau mit halblangen blonden Haaren, zusammen mit einem Polizisten hereinkommt, verstummt der Patient für einen Moment. Dann springt er von seinem Platz auf und attackiert sie mit allen nur denkbaren Schimpfwörtern.

»Jetzt beruhigen Sie sich mal, Herr Kerning«, sagt Dr. Weiss. »Sie setzen sich wieder!«, ordnet zeitgleich der Beamte, der neben dem Patienten steht, an. »Ich würde mich dann gerne mal einen Moment lang mit Ihrer Freundin unterhalten. Draußen.«

Die Strenge zeigt Wirkung. Der Patient nickt stumm. Während Fabian ihn im Auge behält, bittet der Doktor die Freundin des Patienten und mich in den Gang hinaus.

»Aber sie lügt wie gedruckt. Die ganze Zeit …!«, ruft er dann doch noch hinterher, als wir den Raum verlassen – das kann er sich nicht verkneifen.

»Gut, dass Sie gleich hierhergekommen sind«, sagt der Doktor zu der jungen Frau. Und abgeschirmt von den Nachbarn beginnt sie auch sofort zu erzählen: »Der hat bei mir in der Firma gearbeitet. Ich habe doch nur versucht, mich ein wenig um ihn zu kümmern.«

»Na ja«, sagt Dr. Weiss und schenkt der jungen Frau ein Lächeln, »das ist ja wohl normal, wenn man zusammen ist, dass man sich ›ein wenig‹ kümmert.«

»Hä? Aber ich bin mit dem doch nicht zusammen. Ich wollte ihm nur helfen. Und seit gestern terrorisiert er mich per Telefon, weil ich seit kurzem einen Freund habe.«

Sie macht trotz der Aufregung einen klaren Eindruck auf mich.

»Und warum kümmern Sie sich dann um ihn?«, fragt Dr. Weiss.

»Na, er hat mir eben leidgetan. Mit dem stimmt doch was nicht. Ständig kifft er. Dann hat er seinen Job verloren. Und außerdem der Müll ...«

Dr. Weiss schaut die junge Frau einen Moment lang nachdenklich an. »Na ja«, sagt er schließlich, »wenn Sie hier ein- und ausgehen, sieht das schon danach aus, als ob Sie ein gewisses Interesse an ihm haben.«

»Was – was meinen Sie, warum ich nie allein hierhergekommen bin?«, sagt sie jetzt aufgebracht. »Es war immer mein Bruder oder eine Freundin dabei. Und ich wollte den Kontakt doch abbrechen. Aber Andi gibt keine Ruhe. Das war ja dann auch der Grund, weshalb ich heute Abend bei der Polizei angerufen habe.«

Tatsächlich steht vor der Wohnungstür noch eine andere junge Frau.

»Meine Schwester.« Sie deutet aus dem Flurfenster nach draußen.

Dr. Weiss holt tief Luft. »Okay ...« Dann fragt er noch einmal nach: »Und was genau hat er heute zu Ihnen gesagt?«

»Das kann ich Ihnen sagen. Er hat von mir verlangt, dass ich mit meinem Freund Schluss mache, andernfalls würde er sich das Leben nehmen.«

»Blieb die Androhung eher allgemein gefasst, oder hat er sich konkreter dazu geäußert, was er vorhat?«

»Er meinte, er würde jetzt auf das Hausdach gehen und sich hinunterstürzen.«

»Aha«, sagt Dr. Weiss, »ich denke, Sie haben uns damit jetzt weitergeholfen. Aber an Ihrer Stelle würde ich diesen Kontakt auch wirklich abbrechen. Sie können Ihrem ehemaligen Kollegen nicht helfen, der braucht professionelle Hilfe.«

»Ja«, sagt die junge Frau, »das hatte ich sowieso vor. Glauben Sie mir, mir reicht es. Das ist doch das Allerletzte ... Ich lasse mir nächste Woche eine neue Telefonnummer geben, und das war's dann.«

In der Wohnung versucht Dr. Weiss, den Patienten dazu zu bewegen, mit uns mitzukommen.

»Jetzt lassen Sie mich endlich in Ruhe«, sagt der junge Mann sichtlich gereizt. »Mir geht es gut.«

»Wenn es Ihnen gut gehen würde, dann wären wir nicht hier.« Dr. Weiss versucht es noch mal auf die sanfte Tour.

»Ich gehe nirgendwohin! Und jetzt verschwinden Sie und all die Leute endlich.«

»Glauben Sie mir, Herr Kerning, ich verhandle nicht die ganze Nacht hier mit Ihnen. Entweder Sie kommen jetzt freiwillig mit uns mit, oder ich lasse Sie hier mithilfe der Polizei herausbringen.«

Das war deutlich.

Der junge Mann steht tatsächlich auf, schiebt noch seinen Geldbeutel in die Hosentasche und geht in Richtung der Wohnungstür.

»Möchten Sie noch irgendetwas einpacken für das Krankenhaus, Herr Kerning?«, frage ich.

»Mir doch scheißegal«, antwortet er mir mit einem verächtlichen Blick.

Fabian fährt hinten im Patientenraum mit. Immer mal wieder sehe ich in den Rückspiegel, um zu kontrollieren, ob sich der Patient ruhig verhält.

Er schaut die ganze Fahrt stur geradeaus und redet kein Wort. Und wahrscheinlich ist es auch besser so: Seine Probleme können wir ohnehin nicht lösen. Und im Moment ist einfach das Wichtigste, dass er unterwegs nicht doch noch versucht, sich etwas anzutun.

»Mann, Mann, Mann ...«, sagt Fabian, als wir am Getränkeautomaten vor der Notaufnahme stehen. »So ein Drama mal wieder.«

Einer seiner Lieblingssätze.

Wenn Fabian und ich rauchen würden, würden wir vermutlich nicht an diesem Automaten stehen bleiben, nachdem wir den Kakao gezogen haben. Fabian ist einer der wenigen Nichtraucherkollegen auf der Wache.

»Wie die solche Probleme in der Psychiatrie wohl angehen?«, frage ich mehr mich selbst, als dass ich von Fabian eine Antwort erwarte, und nehme einen Schluck von dem warmen Getränk.

»Der hat doch gar keine Lust darauf, sich behandeln zu lassen oder seine Probleme zu lösen. Der nimmt seine ganze beschissene Situation überhaupt nicht richtig wahr«, sagt Fabian.

Wir trinken unsere Becher aus.

»Man kann niemanden zu seinem Glück zwingen«, murmele ich noch, aber Felix ist mit seinen Gedanken schon wieder woanders.

»Können wir einen kleinen Umweg durch die Stadtmitte fahren?«, frage ich Fabian. »Ich habe noch Post dabei, die ich gern einwerfen würde.«

»Du bist der Kutscher«, antwortet er.

Das heißt: Mach was du willst.

Ich werfe gerade meine Briefe ein, als ich sehe, dass Fabian mir aus dem Auto heraus zuwinkt. Im Eilschritt laufe ich zurück. Ich höre noch, wie die Leitstelle auch unseren Notarzt ruft. »33/64 mit Standort.« Die Stimme schallt unangenehm laut durch den Funk. »Leipziger – Ecke Ulmer Allee.«

Uns fragt er nicht nach dem Standort, nachdem er uns vor zehn Minuten erst in Richtung Friedberger Wache geschickt hat, kann er den in etwa absehen.

»Für beide!«, beginnt der Leitstellenkollege die weitere Durchsage, in seinem Ton liegt eine deutliche Schärfe, »Friedberg, Herzogstraße 7, Wohnhausbrand, möglicherweise eingeschlossene Personen im zweiten Stock. 20 Uhr 17.«

»Mal sehen, wer zuerst da ist«, sagt Fabian neben mir, während er das Blaulicht einschaltet. »Das NEF oder wir.«

»Oder die Freiwillige Feuerwehr aus Friedberg«, sage ich, während ich den Wagen auf die Straße lenke und zügig Fahrt aufnehme.

»Das wäre sowieso das Beste, falls wirklich jemand eingeschlossen ist. Bevor die Kollegen von der Feuerwehr die Patienten nicht herausgeholt haben, stehen wir mal wieder nur herum.«

Ich muss schmunzeln: Aber er hat recht.

Während der Fahrt beginnt es leicht zu regnen. Die Autos vor uns drängen sich an den Straßenrand, sobald sie das Blaulicht bemerken, manche Fahrer schalten ihre Warnblinklichter ein. 70 Stundenkilometer zeigt unser Tacho an, als wir uns auf einer schmalen Ortsstraße einer Kurve nähern. Ich bremse leicht ab. Die Straße glänzt feucht, und in der Fahrbahnmitte, die ich befahre, liegen versenkt Straßenbahnschienen.

Völlig unerwartet zieht mitten beim Durchfahren der Kurve plötzlich vor uns ein Lieferwagen vom Straßenrand nach links – und das, obwohl er noch rechts blinkt. Ich muss die Bremse voll durchtreten. Der Wagen kommt leicht ins Schlingern, aber dann habe ich zum Glück wieder alles unter Kontrolle. »Du A...«, entfährt es mir.

»Ja, Himmel, du bist doch wohl nicht ganz sauber!« Auch Fabian ist erschrocken.

Trotz Blaulicht und Lichthupe fährt der Lieferwagen vor uns weiter in der Straßenmitte, bis der Fahrer plötzlich auf den leeren Gehweg schießt, wo er mit Vollbremsung stehen bleibt. Ich muss ein zweites Mal in die Bremsen steigen, aber dieses Mal bleibt mir dabei ein guter Abstand, bin ich schon auf alles gefasst. Ich fahre links an dem Wagen vorbei, schaue dabei kurz nach rechts, um sicher zu sein, dass der Lieferwagen nicht noch einmal in unsere Bahn zieht. Fabian hat sich ebenfalls nach rechts gebeugt.

»Das gibt's ja wohl nicht! Dieser Armleuchter sitzt da und hat eine aufgeklappte Zeitschrift über dem Lenkrad«, sagt er fassungslos. »Aber ich hab das Kennzeichen. Diesen Vollidioten zeig ich nachher an, das garantier ich dir!«

Während wir weiterfahren, hören wir, dass noch mehr Fahrzeuge zum Einsatzort geschickt werden. Wir werden in zwei bis drei Minuten dort sein. Weit hinter uns sehe ich ein Blaulicht. Vermutlich unser Notarzt, der ja auch aus Augsburg anfährt und in etwa den gleichen Weg nimmt.

Am Funk meldet sich der Einsatzleiter aus Friedberg, der Bereitschaftsdienst hat und von seiner Wohnung aus ebenfalls anfährt.

»Aufstellung für alle Fahrzeuge des Rettungsdienstes an der Herzogstraße, Ecke Münchner Straße«, sagt er.

Fabian schaut in die Karte: »Dann kannst du von der Hauptstraße aus anfahren.«

»Oder über die Lindenstraße«, sage ich.

Wieder eine Stimme über Funk. Der Einsatzleiter vor Ort erkundigt sich, von wo aus die anderen Fahrzeuge, also der Notarzt und wir, anfahren, um die Aufstellung der Fahrzeuge abzustimmen: Feuerwehr und Rettungsdienst dürfen sich nicht gegenseitig im Weg stehen.

»Beide aus der Stadtmitte von Augsburg«, erklärt ihm die Leitstelle.

»Rufen Sie bitte noch auf der Rettungswache an«, fordert er dann. »In der Werkstatt müsste noch ein Mitarbeiter sein, der soll sich einen Krankentransportwagen schnappen und uns das CO_2-Messgerät bringen. Wenn Sie es lange klingeln lassen, müsste er drangehen.«

»Das was?«, frage ich Fabian.

»CO_2-Messgerät. Weißt du das noch nicht? Das haben wir neu auf der Wache, ist versuchsweise für drei Monate da und ...« Aber dann bricht er seinen Satz ab.

»Oh Mann!« Fabian zeigt auf den dichten Qualm, der sich über den Wohnhäusern in einiger Entfernung vor uns ausbreitet.

Das Blaulicht hinter uns ist verschwunden. Offenbar sind die Kollegen den anderen Weg über die Hauptstraße gefahren.

Kurz vor dem Aufstellort in der Nähe des Brandes, den uns die Leitstelle genannt hat, winkt uns ein Passant von der Straße aus hektisch zu. Im ersten Moment halte ich das für Wichtigtuerei oder einen schlechten Scherz. Wir haben es eilig und keine Zeit, um jetzt mit jemandem zu reden oder irgendwelche Auskünfte zu geben.

»Komm, fahr weiter, Georg ...«, sagt Fabian.

Aber der Mann auf dem Gehweg fuchtelt aufgeregt mit den Armen durch die Luft.

Ich muss anhalten, auch wenn es nur kurz ist. Aber als ich abbremse, sehe ich auch schon, dass ein paar Meter weiter ein Mensch am Boden liegt.

»Schau mal da, Fabian. Da – weiter vorne«, sage ich und deute in die Richtung zu der Person am Boden.

Kaum dass unser Wagen steht, öffnet der Passant schon meine Tür.

»Gib der Leitstelle Bescheid«, sage ich zu Fabian und steige aus.

»Der Mann ist gerade eben umgefallen. Einfach umgefallen«, sagt der Passant, während wir zu dem Patienten laufen.

Ich beuge mich über den leblosen Körper.

»Ich bin an dem vorbei, und dann fällt der einfach um, verstehen Sie?«

»REA!!!«, schreie ich zu Fabian hinüber, der funkt.

Der bewusstlose Mann vor mir hat eine eigentümliche Hautfarbe, blauweiß, wie marmoriert, die erkennt man sofort wieder, wenn man sie nur einmal gesehen hat. Jeder, der eine Weile lang im Rettungsdienst fährt, kennt diesen Anblick genau. Und obwohl ich zur Kontrolle erst noch einmal kurz nach seinem Puls fühlen muss und für einen kleinen Moment in die weiten, entrundeten Pupillen schaue, ist mir schon vorher klar: Der Mann hat einen Herzstillstand.

»Der ... der ist eben doch noch ...«, stammelt der Passant. – Von überall her hallen die Martinshörner der Feuerwehr, aber die fahren den Brandort von einer anderen Richtung an, sehen kann man die Fahrzeuge nicht. – »Als wäre ein Sack auf den Boden gefallen ... Ich dreh mich um ..., und da liegt der und rührt sich nicht mehr.«

»Ja«, sage ich, während ich den Kopf des Patienten vorsichtig überstrecke: Die leeren Augen des Mannes unter buschigen Augenbrauen starren ins Nichts.

Fabian kommt mit dem EKG und dem Notfallkoffer angerannt. Während ich Jacke und Hemd des Mannes aufreiße, packt er den Beatmungsbeutel aus.

»Was hast du der Leitstelle gesagt?«, frage ich ihn, während ich mit der Herzdruckmassage beginne.

»Ich hab gesagt, dass jemand am Boden liegt und wir uns kümmern müssen und nicht weiter anfahren können.«

»Hast du nichts von einer Rea gesagt?«

»Nein«, sagt Fabian, »das wusste ich ja noch nicht.«

Schaum dringt seitlich aus den lilafarbenen Lippen des Mannes hervor.

»Aber das hab ich dir doch zugerufen.«

»Hab ich nicht gehört.«

»Okay, dann mach kurz weiter, ich bestell noch einen Notarzt hierher und hole den Sauerstoff.«

Für ein, zwei Minuten übernimmt Fabian die Herzdruckmassage und das Beatmen allein, immer im Wechsel.

»Leitstelle für 33/37«, rufe ich über Funk, aber es antwortet nicht gleich jemand. Vermutlich ist der Leitstellendisponent am Telefon oder am Funk auf dem Feuerwehrkanal, aber ich habe jetzt keine Zeit, höflich zu warten.

»Leitstelle für 33/37!«, wiederhole ich, und ohne abzuwarten setze ich hinzu: »Wir haben eine Rea, schicken Sie uns einen Notarzt.«

Dann schnappe ich mir die Sauerstoffflasche und das Absauggerät, und während ich mich auf den Weg zurück zu Fabian und dem Patienten mache, höre ich noch die Stimme der Leitstelle, die mir mitteilt, dass der Notarzt stark verzögert nachkommen wird, da im Moment keiner frei ist.

Aber das Problem müssen die jetzt lösen – auch wenn diese Ungewissheit, wann und ob wir einen Arzt bekommen, unruhig macht. Dass bei dem Brand unser Rettungswagen fehlt, und der Notarzt, der dort ist, nun erst einmal ohne einen Rettungswagen zurechtkommen muss, blende ich aus. Das hier ist vordringlich: Ohne sofortige Behandlung hat der Mann keine Chance.

Zurück beim Patienten übernehme ich die Beatmung. Während der Unterbrechungen, in denen Fabian mit der Herzdruckmassage weitermacht, klebe ich die Elektroden des EKGs auf und schließe den Sauerstoff an den Beatmungsbeutel an.

»So was habe ich auch noch nicht erlebt«, zischt mir Fabian zu. »Was ist jetzt mit dem Brand?«

»Ich hab nichts mitbekommen«, sage ich. »Aber unser Notarzt dort ist wohl beschäftigt, der kann nicht weg, es wird dauern, bis wir einen Arzt herbekommen.« Dann fordere ich Fabian auf, einen Moment Pause mit der Herzdruckmassage zu machen und lasse das EKG analysieren.

»Kein Schock empfohlen«, zeigt das Display an.

»Weiter«, sage ich zu Fabian, und er setzt auch schon die Herzdruckmassage fort.

Immer noch redet der Passant auf uns ein. Ein junges Paar steht auf der gegenüberliegenden Straßenseite und schaut unserer Reanimation zu. Der junge Typ hat die Frau eng an sich gezogen.

»Gaffer ...«, keucht Fabian.

Ein paar Querstraßen weiter hinten erkennt man den Widerschein des Feuers auf den Wänden der Eckhäuser, ein Polizeiauto sperrt eine der Zufahrtsstraßen ab.

Nur etwa fünfzig Meter weiter brennt es, das wäre unser Einsatz gewesen, aber nun stehen wir hier und reanimieren einen Mann, der zufällig, kurz bevor wir hier vorbeikamen, umgefallen ist: Das ist völlig abstrus.

Wie der immer heller werdende Widerschein des Feuers, dessen Flammen wir nicht sehen. Gespenstisch.

»Boah, den Rauch riecht man bis hierher ...« Die Herzdruckmassage lässt Fabians Atem kürzer werden.

Plötzlich steht der junge Passant neben uns: »Ich kenne den!«, sagt er.

Ich schaue fragend auf.

»Ja. Der war da, wo ich bis vor einem halben Jahr gewohnt habe, Hausmeister. Ein total netter Kerl«, redet er einfach los.

»Wie heißt er denn?«, frage ich, als es gerade mal passt.

»Wagenfeld«, sagt er, »Heinz Wagenfeld.«

Den Namen zu kennen hilft uns später vielleicht weiter.

»Weg noch einmal!«, fordere ich Fabian auf.

Diesmal ist ein Schock empfohlen.

»Weg vom Patienten!«, rufe ich und achte darauf, dass auch die Umstehenden ausreichend Abstand halten.

Dann defibrilliere ich: Der leblose Körper vor mir bäumt sich ruckartig auf, ich schaue kurz zur Seite, nehme es mehr aus dem Augenwinkel wahr. Ich finde das abstoßend und schaffe es nie, den Patienten dabei anzusehen, wenn diese fahlblauen Körper von der elektrische Energie durchdrungen vor mir nach oben zucken.

Dann blicke ich auf den Monitor: Für einen Moment lang sieht man zwei, drei Pulsschläge in unregelmäßiger Folge, aber dann verschwinden diese Signale auch schon wieder.

Fabian nickt mir zu, und ich übernehme jetzt wieder die Herzdruckmassage.

Etwas seltener als in den Minuten davor hört man noch Martinshörner durch die Straßen hallen. Es sind jetzt sicher mehr oder weniger alle benötigten Einsatzkräfte beim Brand. Während der Unterbrechungen, die Fabian beim Beatmen machen muss, weil ich mit der Herzdruckmassage dran bin, versucht er dem Patienten einen Zugang zu legen. Beim zweiten Mal scheint er Glück zu haben: Während ich weiter mit der Herzdruckmassage beschäftigt bin, sehe ich, wie sich die dünne Kunststoffkanüle beim Zurückziehen der Stahlnadel mit dunkelrotem Blut füllt, bis es heraustropft.

Fabian setzt einen kleinen Moment länger mit dem Beatmen aus und schließt flink eine vorbereitete Infusion an. »Halten Sie das bitte!«, sagte er zu dem jungen Mann und hält ihm die Infusion hin.

»Ich?«, fragt der junge Mann nervös, hält sie dann aber ruhig in der Hand. Sie läuft.

Fabian hat bereits wieder den Beatmungsbeutel gegriffen und geht zurück ans Kopfende des Patienten. Von irgendwoher hören wir ein Martinshorn, das lauter wird. *Hoffentlich für uns*, denke ich. Fabian spricht es aus: »Jetzt könnte langsam mal unser Doc kommen.«

Aber dann werden die Sirenentöne leiser, und kurz darauf hört man das Horn nicht mehr. Mist!

Trotz der Bodenkälte ist mir von der Reanimation warm geworden. »Jetzt analysieren wir noch mal, und dann löse mich noch mal ab«, sage ich.

Wir setzen ab, beobachten den Monitor. »Kein Schock empfohlen« steht da nun schon wieder.

»Ich trau dem Ding nicht. Ich glaube nicht, dass diese Analyse stimmt«, sagt Fabian.

Wir schauen uns an, aber dann machen wir weiter mit Beatmen und Massieren. Entgegen der automatischen Analyse zu defibrillieren ist für uns tabu – diese Entscheidung darf nur der Arzt treffen. Aber der kommt und kommt nicht.

Als ich mich umsehe, merke ich, dass inzwischen noch mehr Leute um uns herumstehen.

»Willst du noch mal nachhaken, wo der Notarzt bleibt?« Fabians Stimme klingt ein wenig erschöpft. So eine Reanimation ist harte Arbeit. Mir tun vor allem schon wieder die Knie weh, mit denen ich mich auf dem harten Boden vor dem Patienten zwischen dessen Kopf und unserem Notfallkoffer hin- und herbewege.

»Nachfragen bringt auch nichts, wir können nur warten.«

Aber dann höre ich hinter mir eine Autotür, und ich sehe, dass an der Wand vor mir neben unserem gelben Warnblinker noch etwas Blaues reflektiert.

Aus einem dunkelblauen Kombi mit einem aufgesteckten Blaulicht steigt Dr. Bachmann. Der ist früher viel bei uns am Notarztstandort mitgefahren, jetzt hat er eine Praxis und fährt leider nur noch ab und zu von einer anderen Wache aus, die näher an seinem Wohnort liegt.

Grinsend schaut er mich an und meint: »Du bist doch wirklich immer mittendrin, wenn so etwas Schräges läuft.« Neben ihm steht eine Frau, die ich nicht kenne. »Meine Arzthelferin«, erklärt er. »So, Jungs, und jetzt wird hier mal richtig zugepackt, auf geht's – das komplette Programm.«

Eher nebenbei informieren wir ihn über den bisherigen Ablauf. Und schneller, als man schauen kann, ist der Patient intubiert. Dr. Bachmann hat lange Zeit als Anästhesist gearbeitet, er ist Vollprofi. »Adrenalin!«, sagt er knapp.

Noch bevor ich dazu komme, hat seine Arzthelferin die Ampulle in der Hand.

»Defi, los, Tempo …«, sagt er zu mir.

Der Defi lädt schon.

»Die Analyse hat zuletzt ›Kein Schock‹ ergeben.«

Er nimmt es nickend zur Kenntnis.

»Weg vom Patienten …«, sage ich, dann drücke ich beide Taster, die Ladung wird abgegeben. Wieder zeigt das EKG einen Ausschlag.

»Rein damit und gleich noch mal Adrenalin aufziehen!«, sagt Dr. Bachmann, während er das EGK anschaut.

Die Arzthelferin hat die Spritze mit dem Adrenalin ohnehin schon angesetzt. Fabian beatmet wieder, Dr. Bachmann fühlt den Puls.

»Der kommt an …«, kommentiert er.

Aber dann werden die Pausen zwischen den Schlägen wieder größer und das EKG zeigt eine Nulllinie an.

»Gleich noch mal, los, Strom …!«

Ich defibrilliere ein weiteres Mal, und jetzt bleibt der Ausschlag auf dem Monitor stabil und fast regelmäßig. Dr. Bachmann beatmet zuerst selbst ein paarmal mit dem Beutel über den Tubus. Dann schließen wir die Beatmungsplatte an den Tubus an. Während der Beatmung mit der Maske wäre das noch nicht möglich gewesen, jetzt hält es uns die Hände frei.

Unsere Blicke auf den Monitor des EKGs: Der Puls ist immer noch stabil.

»Okay?«, fragt Fabian.

»Okay, los.« Dr. Bachmann nickt zufrieden.

Wenn man oft genug zusammengearbeitet hat, versteht man sich auch ohne viele Worte.

Fabian geht zu unserem Auto und holt die Trage. Zu viert heben wir den Patienten, der einen eigenen Puls hat und automatisch weiterbeatmet wird, auf die Trage und bringen ihn ins Auto. Gerade, als ich aussteigen will, um unseren Koffer und das, was noch draußen von unserer Ausrüstung herumsteht, zu holen, öffnet sich schon die seitliche Schiebetür, und ich sehe das junge Gesicht der Arzthelferin, die mir die Sachen ins Auto stellt. Für einen Moment überlege ich, ob ich noch einmal nachsehen muss, ob noch etwas fehlt, aber da sagt sie auch schon: »Alles komplett! Wenn du mir einen Beutel gibst, sammle ich den Müll, der noch rumliegt, ein. Ihr könnt schon mal fahren, ich bring Helmuts Auto dann hinterher.«

Diese Arzthelferin ist auf Zack.

Ich rufe ihr noch zu: »Ins Friedberger Krankenhaus«, dann steige ich vorn ein, und wir fahren los.

Eine gute halbe Stunde später liegt unser Patient in der Notaufnahme. Dr. Bachmann ist noch in der Kabine bei der Übergabe. Wo Fabian ist, weiß ich nicht, ich habe ihn zuletzt an der Anmeldung gesehen, aber er müsste eigentlich schon längst fertig sein. Die Arzthelferin von Dr. Bachmann kommt gerade durch die Schiebetüren in die Fahrzeughalle.

»Puh, richtig kalt heute!«, ruft sie mir zu.

Während sie sich eine Zigarette anzündet, erzählt sie mir, dass sie schon seit einem Jahr bei Dr. Bachmann arbeitet und dass er sie dazu gebracht hat, ab und zu in Augsburg als Praktikantin im Rettungsdienst mitzufahren, um diese Seite der Medizin auch kennenzulernen. »Der Chef legt Wert drauf, dass wir in der Praxis notfallmedizinisch fit sind.«

Also könnte es sein, dass ich sie schon mal gesehen habe. Möglich wäre es jedenfalls.

Sie bietet mir eine Zigarette an, die ich mit einem freundlichen Kopfschütteln ablehne, während sie weiterredet.

»Jetzt bin ich schon zehn Schichten mitgefahren. Macht echt Spaß, es ist alles so interessant, und die meisten Leute bei euch im Rettungsdienst sind richtig okay.«

»Ja, die meisten sind nett«, sag ich.

Ich erfahre noch, dass sie gerade eine Ausbildung zum Rettungsdiensthelfer macht. Und jetzt ist auch klar, weshalb sie sich mit dem Notfallkoffer so gut auskannte und das Adrenalin so schnell parat hatte.

Es dauert noch eine ganze Weile, bis Fabian endlich aus der Klinik kommt und sich zu uns stellt.

»Die Ehefrau unseres Patienten saß gerade mit ihrem Sohn weinend auf dem Gang. Ich hab mich noch um sie gekümmert«, erklärt er. »Jetzt redet Dr. Bachmann mit ihr.«

Mir geht durch den Kopf, wie oft Patienten nach einer gelungenen Reanimation kurz danach in der Klinik dann doch versterben.

»Wie alt der wohl war?«, überlege ich laut, erwarte aber nicht wirklich eine Antwort, denn es ist schwer abzuschätzen, wie alt jemand ist, dessen Kreislauf zusammengebrochen ist.

»Achtundvierzig Jahre alt, hat die Frau gesagt«, kommt dann doch eine Antwort von Fabian.

Und jetzt erscheint auch Dr. Bachmann, er strahlt uns an.

»Wie geht's denn unserem Patienten?«, möchte ich wissen.

»Gut.« Ein breites, zufriedenes Grinsen liegt auf seinem Gesicht. »Sehr gut!« Und dann fügt er hinzu: »Wenn ihr hier noch einen Moment wartet, läuft er vielleicht an euch vorbei und geht nach Hause.« Er lacht.

Ich kann sein Lachen nicht richtig einschätzen und schaue ihn fragend an. »Ist das ironisch gemeint?«

»Nein, nein, im Moment ist er kreislaufstabil. Und soweit man es jetzt schon sagen kann, sieht es auch neurologisch sehr gut aus. Der hat schon mehr oder weniger gezielt nach dem Tubus gegriffen und wollte ihn rausziehen, wir mussten ihn jetzt künstlich ins Koma versetzen, um ihn in Ruhe weiterbehandeln zu können.«

»Ach was ...«, sagt Fabian fast ungläubig.

»Ihr müsst wirklich richtig, richtig fix gewesen sein. Wie lief das denn ab?« Dr. Bachmann schaut abwechselnd zu Fabian und zu mir.

Wir erzählen ihm, dass der Patient wohl nur Sekunden vor unserem zufälligen Eintreffen umgefallen sein muss.

»Ach dann ... Jedenfalls hat der richtig gute Karten.«

Dann grinst er wieder. »Ihr seid schneller als der Tod erlaubt.«

Jetzt lachen wir alle erleichtert.

Ja, wir hatten wohl Glück: Solche unglaublichen Zufälle gibt es nicht häufig.

Später am Funk bekommen wir mit, dass bei dem Brand keine Personen eingeschlossen waren. Offenbar wurden zwei Patienten vor Ort behandelt, die dann weitertransportiert wurden. »Zweimal Rauchgasvergiftung ins Klinikum nach Augsburg, einmal leicht, einmal mittel«, hören wir einen Kollegen funken. Dann verbessert er: »Zweimal leicht, sagt der Notarzt. Der Einsatzleiter und ein RTW bleiben noch vor Ort zur Absicherung.«

Der Brand ist anscheinend noch nicht sicher gelöscht.

»Und?«, frage ich Fabian. Er schreibt das Protokoll zu Ende, auf seinem Schreibbrett ist auch noch der Zettel mit der Autonummer des Lieferwagens, der uns so in den Weg gezogen war. »Willst du jetzt noch zur PI Friedberg?« PI – Die Polizeiinspektion läge nicht direkt auf dem Weg.

»Ach ...«, sagt er nur abfällig, zerknüllt den Zettel und schiebt ihn sich in die Jackentasche.

***

Es ist ein strahlender Samstag, Ende Juli 1992. Das schönste Badewetter, aber ich sitze zu Hause und gestalte eine Werbebroschüre. Es kommt immer mal wieder vor, dass ich Arbeit aus dem Büro noch mit ins Wochenende nehmen muss. Und morgen habe ich Dienst auf der Wache. Es ärgert mich jetzt, dass ich absagen muss, als ein Freund zu einer sonntäglichen Grillparty am Baggersee einlädt. »Selbst schuld«, sagt er mir noch am Telefon.

Diese ganzen Dienste. Die vielen blinden Alarme zwischendrin. Was aus den Patienten dann wird, erfährt man nicht. Reanimationen an Patienten, von denen man dann irgendwann höchstens die Todesanzeige liest.

»Was möchtest du heute Abend essen?«, fragt mich Renate.

»Vielleicht legen wir ein Stück Fleisch und etwas Gemüse auf den Grill?«

Sie nickt. »Aber dann brauche ich noch Grillkohle und eben das Fleisch«, sagt sie. »Und die Metzgerei hat schon zu, kannst du vielleicht zum Supermarkt fahren?«

Das mache ich postwendend. Wenn schon keine Grillparty am Sonntag, dann wenigstens ein Grillabend am Samstag.

Als ich aus dem Supermarkt komme und ins Auto steige, parkt ein roter Kleinwagen neben mir ein. Eine Frau mittleren Alters steigt auf der Beifahrerseite aus. Ich fahre aus der Lücke, und da sehe ich auch den Fahrer. Ich bleibe einen Moment stehen. Irgendwoher kenne ich ihn ... Warum kann ich mir Gesichter und Namen nur so schlecht merken? Ich schalte das Radio ein und fahre dann weiter, auf die Warteschlange vor der Parkplatzausfahrt zu. Noch einmal sehe ich das Paar aus dem roten Pkw. Hand in Hand schlendert es auf die Eingangstür des Supermarkts zu. Ob die frisch verliebt sind? Der Mann läuft langsam. Ich bin mir nicht sicher, ob er gehbehindert ist oder nicht. Auf jeden Fall machen sie einen glücklichen

Eindruck. – Und als ich nun das Profil des Mannes und seine buschigen Augenbrauen sehe, fällt es mir plötzlich ein: dieser Mann!!! Den kenne ich wirklich – das … das ist der Patient, der letztes Jahr im Oktober mit Herzstillstand vor mir lag! Ein Hupen stört meine Gedanken, die Schlange vor mir hat sich aufgelöst, dafür ist jetzt eine hinter mir entstanden. Ich entschuldige mich per Handzeichen nach hinten und fahre durch die Ausfahrt auf die Straße.

Keine Party am Baggersee … Was soll's. Auf einmal freue ich mich wie selten auf meinen Dienst am nächsten Tag.

```
APR 1995 · TAGSCHICHT
RETTUNGSWAGEN
EINSATZ # 10064
```

Die letzten Hilferufe

Augsburg, Waldallee 27a, unklar, vermutlich ist der Name Schulz. Notfalleinsatz, die Meldung kam über die 110, möglicherweise ist schon eine Streife vor Ort. 9.13 Uhr Einsatzbeginn.«

Roman und ich haben gerade einem ehemaligen Kollegen von der Augsburger Wache, der auf dem Weg zum Möbelhaus gegenüber kurz mit seinem Enkel vorbeischaut, das neue EKG-Gerät gezeigt. Natürlich wollte der Bub unbedingt auch mal am Steuer sitzen, sodass ich ihn nun schnell aus dem Auto heraushebe und seinem Großvater weiterreiche.

»Machst du das nächste Mal eine Fahrt mit mir?«, fragt mich der Junge und schaut mich durch seine bunte Kinderbrille an, aber ich bin mit halbem Ohr schon bei Roman, der die Einsatzdaten am Funk wiederholt.

Sein Opa nimmt mir das Antworten ab, und ich ziehe die Fahrertür schnell hinter mir zu.

»Waldallee 27a bei Schulz, unklar«, wiederholt Roman ins Funkgerät.

»Augsburg, Waldallee 27a«, präzisiert der Leitstellendisponent, und Roman wiederholt noch einmal, während wir starten: »Die Waldallee in Augsburg.«

Um zügig auf die Straße abbiegen zu können, muss ich das Blaulicht einschalten. Der verkaufsoffene Sonntag in Friedberg lockt anscheinend jede Menge Kauflustige an. Während ich uns einen Weg in der Mitte zwischen dem mal fahrenden, mal stehenden Verkehr bahne, klappt Roman die Straßenkarte auf.

»Die Waldallee kenne ich, da war ich erst vor ein paar Wochen«, sage ich.

»Die ist ja ganz drüben auf der anderen Seite von Augsburg«, wundert er sich. »Was hattet ihr denn da?«

»Nein, ich war da nicht im Dienst, wir haben da in einem Musikgeschäft einen Notenständer für meine Tochter gekauft.«

Roman hält die Augen hinter der Brille mit den kleinen runden Gläsern auf die Karte gerichtet. Er sieht fast ein wenig wie John Lennon in seiner *Bed-and-Peace*-Zeit aus, nur die Haare müssten länger sein.

»Unklar«, brummt er. »Meldung kam über die 110 ...«

Seine Worte gehen im Dröhnen des Martinshorns unter, das ich jetzt einschalte. Aber ich weiß auch so, was er sagen will: Eine »unklare« Meldung lässt alles offen. Man weiß nicht, welches Krankheits- oder Verletzungsmuster bei dem Patienten vorliegt. Ob es sich um einen Erwachsenen oder ein Kind handelt oder gar um mehrere Patienten. Man kann nicht mal abschätzen, wie eilig es. Falls sich das Ganze auf irgendeine Weise selbst erledigt hat, bis wir vor Ort sind, weil etwa gar nichts Ernstes vorlag, hat man sich den Stress umsonst gemacht. Aber man weiß es eben nicht vorher.

Als wir auf Höhe der Hausnummer 10 in die Waldallee einfahren, ist noch nirgendwo ein Polizeiauto zu sehen, aber als wir dann vor der 27 stoppen, erkenne ich im Seitenspiegel, wie sich ein Streifenwagen nähert.

Roman und ich lassen unser Blicke mehrmals an der Häuserfront entlangschweifen. Das Gebäude mit der Nummer 27 ist ein Haus mit einer Apotheke im Erdgeschoss und drei Stockwerken mit Wohnungen obendrüber. Daneben liegen die Häuser mit den Nummern 29, 31 und auf der anderen Seite die 25. Eine 27a ist nicht zu sehen.

»Ich schau auf dem Klingelschild von der 27«, sagt Roman und steigt aus.

Aber als die beiden Polizeibeamten, ein Mann und eine Frau, ebenfalls auf den Eingang der 27 zulaufen, winkt Roman schon ab.

»Leitstelle von 33/37«, melde ich mich. »Hier gibt es keine Hausnummer 27a.«

»Moment, 37, wir schauen.«

Während ich am Funk warte, läuft die Polizeibeamtin zu ihrem Fahrzeug zurück, das mit eingeschaltetem Warnblinker hinter uns steht; Roman und der andere Polizist scheinen Passanten nach dem Haus zu fragen. Ein Herr auf einem Fahrrad schüttelt den Kopf, eine ältere korpulente Dame mit korpulentem Dackel erklärt etwas und deutet mit der Hand den Weg zurück.

»Die 27a kann man nur noch vom Fichtenweg her anfahren, du musst umdrehen, der Fichtenweg ist diese Seitenstraße, an der wir gerade vorher vorbeigefahren sind«, erklärt Roman beim Einsteigen.

»Na, hoffentlich braucht da niemand wirklich dringend Hilfe«, sage ich genervt.

Als wir gerade in den Fichtenweg einbiegen, ruft uns der Funk. »33/37 für Leitstelle.«

Roman nimmt den Ruf entgegen.

»Versuchen Sie mal, ob Sie über den Fichtenweg zur Hausnummer 27a kommen.«

Gut recherchiert, auch wenn wir es nun schon selbst wissen.

»Positiv, das versuchen wir gerade, wir haben einen Hinweis von einer Passantin bekommen«, erklärt Roman.

Auch das Polizeiauto hat gewendet und hält wieder hinter uns, als wir über einen Hinterhof endlich zur Hausnummer 27a gefunden haben.

Wir klingeln bei »Schulz«, es öffnet niemand.

»Ach Mann!«, ruft Roman verärgert.

Der Polizeibeamte, der jetzt neben ihm steht, drückt mit der ganzen Hand dreimal auf alle Klingelknöpfe, die er mit dieser Technik erwischen kann. Während jetzt der Türöffner geht, sind mehrere Stimmen gleichzeitig durch die Sprechanlage zu hören.

»Polizei!«, ruft seine Kollegin kurz, dann laufen wir auch schon das Treppenhaus hinauf, Roman und ich voran. Im zweiten Stock gibt es ein kleines Türschild mit dem Namen »Schulz«.

Die Türglocke hört man deutlich, wieder öffnet niemand. Jetzt donnert Roman mit seiner Faust zweimal gegen die Tür. Von einer oberen Etage hört man eine ärgerliche Stimme: »He, spinnen Sie, was machen Sie da unten? Ich rufe gleich die Polizei!«

Ein Mann in Schlafanzug und Bademantel kommt die Treppen herunter.

»Schon da«, bemerkt der Beamte und hebt seinen Finger.

Immer noch öffnet niemand.

»Oh. Was – was ist denn ...«, stammelt der Mann erschrocken.

»Schon okay.« Der Polizist beruhigt den Mann. »Haben Sie einen Schlüssel für diese Wohnung?«

Der Mann verneint.

Roman schlägt abermals mit der Faust mehrfach gegen die Tür. Ich klingele Sturm.

»Hallo!«, rufe ich. »Ist da jemand drin?«

Wir lauschen.

Roman schaut mich an. Auch er scheint hinter der Tür etwas gehört zu habe.

»Hallo!« Roman hämmert noch mal kurz gegen die Tür. »Verstehen Sie uns?«

Ich drücke mein Ohr an die Tür: Ein Geräusch wie ein Kratzen ist zu hören, dann jemanden, der »Hilfe« sagt, aber die Stimme klingt kraftlos.

»Wohnungsöffnung. Ich rufe die Leitstelle an und lass die Feuerwehr kommen.« Roman zieht stolz ein nagelneues Funktelefon aus der Tasche, ein riesengroßes schwarzes Gerät, bei dem der aufgesteckte Akku fast größer ist als das Telefon. Aber die Polizeibeamtin ist schneller und bestellt mit ihrem Handfunkgerät schon über die Einsatzzentrale die Feuerwehr. Roman schaut etwas enttäuscht und steckt das Handy wieder weg.

»Gibt es irgendjemanden im Haus, der einen Schlüssel haben könnte?«, frage ich den Herrn im Bademantel, der wie erstarrt auf der Treppe steht und uns zusieht.

»Nein ... nicht, dass ich wüsste.«

»Einen Hausmeister?«

»Der wohnt unten, Parterre links, aber der ist übers Wochenende weggefahren.«

Roman läuft trotzdem nach unten.

Irgendwo im Haus oder in einem Nachbarhaus beginnt jemand Klavier zu spielen. Der Anfang von »Für Elise« hallt leise durch das gefliste Treppenhaus. Ich kenne das Stück nur zu gut, seit mein erster Klavierlehrer mich wochenlang erbarmungslos damit genervt hatte, obwohl ich damals viel lieber Stücke von Chopin gespielt hätte. Das Spiel bricht ab und fängt von vorn an.

»Hallo«, rufe ich jetzt noch einmal und schlage gegen die Tür.

»Oje, da ist doch wohl ...«, fängt der Nachbar auf der Treppe an.

»Ruhe ...«, zischt der Polizist.

Wieder hört man ein leises Kratzen und dann zweimal einen leisen Hilferuf.

»Mist«, platzt es aus mir heraus. Da braucht tatsächlich jemand – möglicherweise sehr schnell – Hilfe, und wir kommen nicht an die Person heran. Roman kommt die Treppe hinaufgehechtet.

»Hausmeister Fehlanzeige«, sagt er knapp. »Doktor?«, fragt er.

Ich nicke.

»Ich ruf an ...« Er hat dieses Funktelefon schon wieder in der Hand und wählt bereits. Ich bekomme mit, dass es einen Moment dauert, ehe die Leitstelle versteht, dass er es ist und kein anderer Anrufer, dann erklärt er: »Wohnungsöffnung, Hilferufe ... nein, die Feuerwehr brauchen wir nicht, die hat bereits die Pol' bestellt, aber einen Notarzt bitte ... ja ... nein, wir sind noch nicht in der Wohnung, wir hören von drinnen noch eine Stimme ... nein, die Person kann nicht öffnen ... wissen wir nicht ... gut, danke ...«

Das Martinshorn der Feuerwehr ist noch nicht zu hören.

»Kann man die Scheißtür nicht irgendwie aufbekommen?«, rufe ich.

Der Polizeibeamte rüttelt an der Tür. Drückt mit der Schulter dagegen. Nichts bewegt sich.

»Kennen Sie die Frau, die hier wohnt?«, fragt die Beamtin den Nachbarn.

»Vom Sehen«, sagt er. »Die wohnt schon eine Zeit lang hier, aber sie spricht nicht viel. Ist noch sehr jung. Siebzehn oder so. Kommt irgendwo aus Norddeutschland und macht hier eine Lehre, hat der Hausmeister gesagt.«

»So jung?«, sagt die Beamtin.

Der Mann nickt.

»Hallo!?«, rufe noch einmal laut und schlage, nachdem mir der Polizist Platz gemacht hat, erneut mit der Faust gegen die Tür. »Können Sie uns hören?«

Diesmal bleibt es hinter der Tür still.

Dafür immer wieder der Anfang von »Für Elise« ... Immer wieder der gleiche Fehler, und das Spiel bricht für einen Moment ab. Ich hasse dieses Stück, es nervt.

»Wir lassen die Tür öffnen, hören Sie? Wir sind in ein paar Minuten bei Ihnen!«, rufe ich laut. Der Widerhall aus dem Hausflur ist die einzige Antwort, ich drücke mein Ohr an die Tür. Nichts.

»Was ist denn hier los?«, fragt plötzlich jemand in die Stille hinein. Aus der Nachbarwohnung hat eine alte Frau den Kopf aus der Tür gestreckt.

»Das wissen wir nicht genau«, sagt der Polizeibeamte. »Wir haben einen Notruf bekommen, und jetzt macht niemand auf.«

»Ach«, sagt die Frau. »Da wird schon nichts sein, die junge Frau ist wahrscheinlich nicht da. Vielleicht ein schlechter Scherz.«

Der Polizist schüttelt den Kopf. »Wir haben Hilferufe gehört. Da drinnen ist jemand.«

Jetzt hallt ein Martinshorn in der Ferne.

»Haben Sie vielleicht eine Ahnung, wie man in die Wohnung kommen könnte?«, fragt der Polizist die Nachbarin.

»Nein«, sagt die Frau. »Außer ... Sie möchten es über meinen Balkon probieren.«

»Dürfen wir mal sehen, ob das geht?«, nickt ihr der Polizist zu.

Zusammen folgen wir der alten Dame durch ihre Küche auf einen kleinen Balkon.

»Wenn Sie da vielleicht eine Leiter drüberlegen ...«, schlägt sie vor.

Der andere Balkon ist etwa anderthalb Meter weit entfernt.

»Da traue ich mich nicht rüber«, sage ich. Ich habe Höhenangst.

»Ich würde es vielleicht versuchen«, sagt der Polizist, »aber erstens haben wir noch keine Leiter, und zweitens ...« Er deutet auf die Balkontür auf der anderen Seite.

Stimmt. Die Jalousien sind runtergelassen, ob wir die Balkontür zur Wohnung der jungen Frau schneller aufbekommen würden als ihre Wohnungstür, ist fraglich.

»Die Feuerwehr müsste gleich da sein«, sage ich. Das Heulen des Martinshorns kommt immer näher.

Wir eilen zurück in den Hausflur.

»So, jetzt reicht es mir. Alle weg da!«, ruft der Polizist und nimmt etwas Anlauf, bevor er sich mit der Schulter gegen die Tür wirft. Das macht er ein paarmal. Aber die Tür bewegt sich noch immer keinen Millimeter.

»Hallo, hören Sie uns?«, ruft jetzt die Polizistin noch einmal. Aber nur das Martinshorn durchbricht in regelmäßigen Abständen die bedrückende Stille. Selbst dieses nervige Klavierspiel ist verstummt.

»Wie lange warten wir denn jetzt schon?«, frage ich. Ich spüre, dass sich meine Hände immer wieder kurz zu Fäusten ballen.

Der Polizist schaut auf seine Uhr. »Sechs oder sieben Minuten höchstens.«

Das ist gar nicht so lange, wie ich angenommen habe.

Das Martinshorn der Feuerwehr bricht ab, ganz in der Nähe. Ein Wagen rangiert vor dem Haus, kurz darauf sind Schritte und Keuchen zu hören. Zwei Kollegen von der Feuerwehr bringen im Laufschritt ihre Gerätschaften nach oben.

Draußen wieder ein Martinshorn – hoffentlich der Notarzt, den Roman bestellt hatte.

»Schonend oder schnell?«, fragt der größere der beiden Feuerwehrmänner und beginnt, einen Schraubenzieher unter der Blende des Türschlosses anzusetzen.

»*Sofort!*«, sagt Roman – und es klingt auch nach »Sofort!«. Der Polizist nickt.

Mit einer Brechstange hebeln die Feuerwehrmänner die Tür auf. Das Holz kracht und splittert. Aber die Tür lässt sich immer noch nicht öffnen.

Eine Notärztin und ein Notarztsanitäter kommen die Treppen hochgelaufen.

»Und?«, fragt die Notärztin.

Einer der beiden Feuerwehrmänner tritt mit seinen Arbeitsstiefeln gegen die Tür.

»Da wohnt eine junge Frau«, erkläre ich, »etwa siebzehn

Jahre alt, sie hat wohl noch einen Notruf abgesetzt, und wir haben vorhin noch Hilferufe gehört. Seitdem nichts mehr ...«

»Ja!«, schreit der Feuerwehrmann beim nächsten Tritt, und die Tür springt auf.

Alle Augen sind auf die Wohnungstür gerichtet, die sich aber nur ein Stück weit öffnen lässt. Der Feuerwehrmann schaut uns kurz an:

»Da ist ein Widerstand.« Er will die Tür schon mit Kraft weiter aufdrücken, aber Roman stoppt ihn.

»Vorsichtig«, sagt er. »Lass mich mal.« Und dann quetscht er sich durch den Spalt, der selbst für ihn als Leichtgewicht eng ist.

»Oh Mann!«, hören wir ihn von drinnen. »Wartet, ich ziehe sie ein kleines Stück hinter der Tür weg.«

Hellblondes Haar umrahmt das blaugrau angelaufene Gesicht des Mädchens. Ganz offensichtlich ein Kreislaufstillstand.

»Los, den Beatmungsbeutel ...« Roman kniet am Kopfende der Patientin.

Die Notärztin hockt auch schon neben dem leblosen Körper, der auf den weißen Fliesen liegt, und schaut sich die Pupillen der Patientin an. Ohne Erfolg tastet sie nach dem Puls der Halsschlagader seitlich neben dem Kehlkopf. Ich warte neben dem geöffnetem Notfallkoffer auf das Startzeichen. Ein Nicken, ich beginne mit der Herzdruckmassage, während Roman das EKG anlegt.

»Mal kurz aufhören«, ordnet die Notärztin an.

Doch auf dem das EKG ist nur eine gerade Linie zu sehen. »Weitermachen ...«

Der Notarztsani bereitet alles für die Intubation der Patientin vor und reicht ihr den Tubus, einen Schlauch, der in die Lunge geschoben wird, um eine sichere Beatmung zu ermöglichen.

»Der Stillstand ist offenbar erst vor ein paar Minuten eingetreten«, sagt die Notärztin, bevor sie einen ersten Intubationsversuch macht, dann die Patientin mit dem Stethoskop abhört, während Roman wieder beatmet.

»Komm, weiter …«, sagt sie ruhig.

Der Tubus sitzt, ich setze die Herzdruckmassage fort, Roman beatmet jetzt über diesen Schlauch, der aus dem Mund der Patientin ragt.

Der Notarztsani hat mittlerweile eine Infusionskanüle gelegt.

»Adrenalin.«

Der Sani vom NEF ist längst dabei, es aufzuziehen.

»Kann mich bitte mal jemand ablösen«, sage ich. Diese Herzdruckmassage am Boden kniend ist eine Tortur für Knie und Rücken.

Roman drückt mir den Beatmungsbeutel in die Hand und wir wechseln: ich ans Kopfende, er an die Seite für die Herzdruckmassage. Sekunden später hat der Notarztsani das Beatmungsgerät eingestellt, und wir schließen es an den Tubus an.

»Kurze Pause.« Ich folge dem Blick der Ärztin auf das EKG. Immer noch diese verdammte Nulllinie!

»Gut, weitermachen und noch mal Adrenalin.«

Immerhin, die Beatmung wird jetzt maschinell erledigt, wir haben die Hände frei.

»Kann man schon was sagen?«, fragt die Polizistin.

»Nur, dass sie einen Herzstillstand hat. Aber das sehen Sie ja selbst«, antwortet die Notärztin. Dann sieht sie mich an und meint: »Los, schau dich mal um, ob es irgendwelche Unterlagen gibt, irgendeinen Krankenhausentlassungsbrief, irgendwelche Medikamente oder etwas, was uns weiterhelfen könnte.«

Gemeinsam mit der Polizistin gehe ich durch die Räume, während im Flur die Reanimation weiterläuft und die Kollegen damit begonnen haben, zu defibrillieren.

Wir kommen zügig voran, da die kleine Wohnung nicht nur karg möbliert, sondern auch sehr aufgeräumt ist. Die Polizistin schaut sich im Schlafzimmer und Bad um, ich habe mir den Wohnraum mit Kochecke vorgenommen und dort vor allem einen Blick in den Mülleimer und den Papierkorb geworfen. Aber keine leeren oder vollen Medikamentenschachteln, kein Arztbrief, kein Hinweis auf einen Drogenmissbrauch – einfach nichts zu finden, was uns weiterbringen würde.

Die Polizistin sieht noch ein Telefonbüchlein der Patientin durch. »Keine Nummer von einem Arzt, aber das nehme ich mal mit, vielleicht finden wir so die Telefonnummer eines Verwandten heraus«, sagt sie.

Als wir wieder in den Flur kommen, kniet die Notärztin schweigend da und schaut abwechselnd vom Monitor auf die Patientin. Das Geräusch der Beatmungsmaschine, das Rascheln der leeren Tubuspackung, die Roman einmal streift, das leise Aufstöhnen des Notarztsanitäters, der jetzt wieder »drückt«.

»Aufhören. Es macht keinen Sinn mehr«, sagt die Notärztin nach einer Weile. Ein schneidender Unterton liegt in ihrer Stimme.

»Können – können Sie sagen, warum das ...«, beginnt der Polizeibeamte einen Satz.

»Nein. Ich habe keine Ahnung.«

»Aber irgendeinen Grund muss es doch ...?«

Die Ärztin unterbricht den Polizisten beinahe harsch: »Ich habe Ihnen doch gerade klar gesagt, dass ich es nicht weiß.«

Der Polizist nickt. »Gut, dann werde ich alles Weitere veranlassen.« – *Alles Weitere* ist das Informieren der Kripo, die entscheiden wird, was nun passiert. Eine Siebzehnjährige, die allein in ihrer Wohnung stirbt, nachdem sie einen Notruf abgesetzt hat, das ist vermutlich kein Vorgang, der einfach zu den Akten gelegt wird.

Die Kollegen von der Feuerwehr, die vor der Tür gewartet

haben, notieren für ihre Dokumentation noch unsere Namen und die der Polizisten und verabschieden sich dann.

Roman und ich beginnen wie automatisch, den Tubus zu entfernen, die Ampullen und Spritzen, die herumliegen, in einen Müllbeutel zu packen, das EKG-Kabel einzurollen. Von der Polizeibeamtin lasse ich mir den vollständigen Namen und das Geburtsdatum der jungen Frau geben, die sie mittlerweile über Funk abgefragt hat.

Beim Verlassen der Wohnung streift mein Blick das Poster an der Wand hinter der Tür. Dalís »Die Vergänglichkeit der Zeit«, ich kenne das Bild ..., viel zu schwermütig für ein junges Mädchen. Überhaupt hat die Wohnung etwas Trostloses ...

»Wir hätten nur ein paar Minuten früher dran sein müssen«, sage ich, als wir in den Wagen gestiegen sind.

»Und dann?«, fragt Roman.

Ich sitze hinter dem Lenkrad, schaue auf die Straße und denke über diese junge Frau und die merkwürdig kühle Wohnung nach. Mit siebzehn hat man doch alles noch vor sich. »Wenn nur dieser Mist mit der Hausnummer nicht gewesen wäre. Und wir die Tür gleich aufbekommen hätten.«

»Wir wissen doch gar nicht, was sie gehabt hat. Vielleicht wäre sie auch dann gestorben, vor unseren Augen, in der Wohnung oder bei uns im Auto.«

Ja, da hat er recht.

»Hey, mach dich nicht fertig mit ›was wäre wenn‹. Du kannst es nur versuchen. Okay?«

Das ist Roman, der die Dinge einfach haben will und klar sieht.

Ich halte an einer Tankstelle. Beim Aussteigen ruft Roman mir noch nach: »Du bist Rettungssanitäter. Du kannst nur versuchen dein Bestes zu tun. Und wenn das nichts nutzt – dann ist es eben so.«

»Ja, das ist wohl manchmal das Problem!«, rufe ich ihm zu, während ich unseren Rettungswagen betanke.

»Was ist das Problem?«, fragt die Dame, die neben mir mit ihrem Van steht.

»Ach, nichts, ich habe nur laut gedacht.«

Während ich an der Kasse stehe, merke ich, wie das alles in mir bohrt. Diese Frustration: alles richtig gemacht zu haben, und dabei trotzdem erfolglos geblieben zu sein.

An einer unsichtbaren Grenze angelangt: Wir hätten ebenso gut auf der Wache bleiben können, uns alles sparen können. Dass Roman das so einfach wegwischen kann. Irgendwie bewundere oder beneide ich ihn darum.

Als ich wieder in unseren Rettungswagen einsteige, schaut Roman in die andere Richtung aus dem Fenster auf den Hof der Tankstelle. In seiner Brille brechen sich die Farben der dahinterliegenden Welt.

»Ja, das ist das Problem«, sagt er so leise, dass ich es kaum höre.

```
MÄRZ 1996 · TAGSCHICHT
RETTUNGSWAGEN

EINSATZ # 10241
```

Gott und die Welt

*F*rühjahrsstürme die ganze Nacht über.

Markus hatte am Abend zuvor angerufen und mich gebeten, ihn heute eine Stunde früher abzulösen. »Ich muss mit meiner Frau zu ihren Eltern fahren«, hatte er gesagt.

»Okay, kein Problem ...«, hatte ich versichert.

Markus ist ein hilfsbereiter Typ, der für jeden anderen Kollegen schon was weiß ich wie oft einen Dienst übernommen hat.

Aber noch früher aufstehen? Und das gerade morgen! Mein Auto ist in der Werkstatt, und ich muss sowieso schon eine Dreiviertelstunde früher aus dem Bett, um mit den öffentlichen Verkehrsmitteln pünktlich in der Wache zu sein.

Um vier Uhr klingelt der Wecker. Nach einer Nacht, in der der Wind laut um die Häuser geheult hat.

Als ich um kurz vor sechs vor der Rettungswache aus dem Bus steige, haut es mir erst einmal einen Regenschwall ins Gesicht. Wach bin ich jetzt, aber nicht wirklich gut drauf.

Kurz darauf klopfe ich an die Scheiben eines Fahrzeughallentors. Ich meine, eben noch jemanden bei den Autos gesehen zu haben. Aber offenbar hat er mich nicht gehört. Also muss ich an der Tür klingeln. Warum ist es nur so kalt? Langsam könnte es mal Frühling werden.

Ungeduldig klingle ich dreimal hintereinander. *Macht endlich auf!*

Markus kommt mir entgegen: »Danke noch mal, dass du früher kommen konntest. Wir sind gerade erst wieder ›reingekommen‹. Albert ist noch dabei, das Auto durchzuwischen,

– 167 –

wir hatten noch einen Alkoholintox, der lag vor einer Kneipe in Odelzhausen«, erklärt er, »hatte Glück, dass ihn jemand gefunden hat, dann hat er sich im Auto übergeben, Riesensauerei.«

»Aha«, sage ich, will mir das so früh am Morgen aber lieber nicht vorstellen.

Kurz darauf ist Markus auf dem Weg nach Hause, Albert legt sich schlafen. Die beiden hatten fast die ganze Nachtschicht über einen Einsatz nach dem anderen. Keine Seltenheit in der Nacht von Samstag auf Sonntag. Aber wenn dann sonntags früh endlich alle Nachtschwärmer in ihren Betten liegen, bleibt es meistens ruhig. Ich schreibe das Fahrtenbuch um, wechsle das Tachografenblatt. Mit dem Fahrzeugcheck, der bei Dienstwechsel vorgeschrieben ist, warte ich noch, das werde ich zusammen mit Frank machen, wenn er später kommt.

Als die Kaffeemaschine läuft, zappe ich unentschieden durch das Fernsehprogramm. Ein uralter Western, ein paar alte Spielfilme, irgendwelche Dokus, die mich nicht wirklich interessieren, mehr zufällig bleibe ich bei einem Musiksender hängen, der nonstop Videoclips sendet.

Das Klingeln an der Tür lässt mich hochschrecken. Ich muss doch noch einmal eingedöst sein.

»Du siehst ja aus, als ob du Nachtschicht gehabt hättest«, begrüßt Frank mich lachend.

Warum sind alle anderen heute so fit? Das ist nervig, wenn man selbst so müde ist.

»Nö«, sage ich, »Tagschicht. Mit dir.«

»Na ja, das dachte ich ja auch.« Er verschwindet vor mir in der Küche. »Wunderbar, der Kaffee ist schon fertig!«

Nur dass das hellbraune Wasser, das kurz darauf in die Tassen fließt, alles andere als nach einem guten Kaffee aussieht.

»Mist. Muss wohl der Filter umgeknickt sein«, sage ich. Und noch einmal: »Mist!« Einiges von diesem dünnen Gebräu

– 168 –

ist außen an der Kanne und über den Schrank und an der Wand hinuntergelaufen.

»Du bist ja echt voll fit«, sagt Frank.

Danke, Frank, denke ich. Und: *Grins nicht so blöd.*

Stattdessen sage ich: »Wie du siehst, nicht wirklich«, und hole einen Lappen.

»Morgen, Jungs ...« Heinz, der NEF-Fahrer, steht in der Tür. »Was macht ihr denn da?«

»Eine neue Kaffeespezialität, hat Schorsch sich ausgedacht.«

»Pass bloß auf«, sage ich. »Wenn ich nachher mal richtig wach bin, kommt das alles zurück.«

Ich bin fast mit dem Aufwischen fertig, der Kaffee, den Frank noch einmal aufgesetzt hat, ist endlich durch, als das Leitstellentelefon klingelt.

»Eiliger Krankentransport ins Krankenhaus Friedberg für euch!«, ruft Heinz. »Und danke fürs Kaffeekochen, Jungs.«

»Du Armleuchter«, sage ich.

»Hey, hey ...« Frank beschwichtigt mich.

Frank nimmt den Einsatz entgegen. Der Leitstellendisponent klingt genau so schlecht gelaunt, wie ich mich fühle.

»Felderweg 35 bei Meierl«, wiederholt Frank.

Die Stimme am Funk wird lauter. »Nein, Felderweg.«

Frank schaut mich groß an. »Ja, richtig, Felderweg.«

Jetzt brüllt der andere schon fast: »Felderweg!!!« Zumindest verstehen wir das und schauen uns fragend an.

»Felderweg mit F wie Fiegfried!!! Haben Sie keine Ohren?«

Ach so, die üblichen Probleme am Funk. Wenn das Auto in der Garage steht, während man funkt, kommt es öfters vor, dass man F, V und S kaum auseinanderhalten kann.

»Okay, jetzt hab ich es verstanden«, antwortet Frank leise zu mir und wiederholt dann mit gedrückter Funktaste: »Selderweg 35 bei Meierl. Und ich habe keine Ohren!«

Der auf der anderen Seite hatte wohl auch einen schlechten Start in den Tag. Er lässt noch irgendeinen Kommentar ab, aber den verstehen wir gar nicht, zu leise.

Frank faltet die Straßenkarte auseinander.

»Der Selderweg ist in Lechhausen«, sagt er.

Jetzt dämmert mir etwas: In dieser Gegend hatte ich in der letzten Zeit schon ein paarmal Einsätze: »Familiäre Auseinandersetzungen«, »Alkoholabusus«, »Tablettenintox« ... Niedrige Altbauwohnungen, die Fassaden in einem schlechten Zustand, manche der Wohnungen auch innen verwahrlost. Ich erinnere mich an den letzten Einsatz dort und habe das Bild grauer abgerissener Tapeten vor Augen, und fast im gleichen Moment meine ich, diesen modrigen Geruch von Schimmel wieder in der Nase zu haben.

Als wir aus der Garage fahren, brüllt die Stimme über Funk noch einmal.

»33/37, Ihr Status!!!«

Die Statusmeldung, eine kleine Taste, die man drückt, damit auf dem Bildschirm in der Leitstelle sichtbar wird, dass wir unterwegs sind.

»Du mich auch«, sagt Frank, bevor er die Statustaste drückt, dann nimmt er den Hörer noch einmal in die Hand und verkündet ganz ruhig: »Mein Status? Ehrenamtlicher Mitarbeiter.«

Ich muss spontan lachen. *So macht man sich Freunde.*

Am Funk ist erst einmal nichts mehr zu hören. Aber dann meldet sich die Stimme noch einmal, etwas ruhiger, aber mit einem aggressiven Unterton: »33/37, Sie melden sich nach diesem Einsatz mal telefonisch bei uns, verstanden?«

»Ja, sicher«, antwortet Frank.

»Möchte mal wissen, was heute los ist. Du hast schlechte Laune, der hat schlechte Laune ...«

»Ich hab keine schlechte Laune.«

Jetzt ist aber auch Frank nicht mehr ganz so gut drauf und sagt erst mal nichts mehr.

Draußen ist es noch richtig dunkel, obwohl die Sonne eigentlich schon aufgegangen sein sollte. Aber wenn man diese großen schweren Wolken über uns betrachtet, sieht es nicht danach aus, dass sich die Sonne überhaupt noch blicken lässt.

In Lechhausen stoppen wir vor einem der Mehrfamilienhäuser. Häuser, die alle fast gleich aussehen. Grau kann mehr als eine Farbe, es kann auch ein Zustand sein. Niemand öffnet, obwohl man in der Wohnung, die mutmaßlich zu dem Klingelknopf und Namensschild gehört, Licht sieht. Ein kleines altes schwarzes Schild mit einer herausgefrästen weißen Schreibschrift. Frank klingelt noch dreimal, aber es öffnet uns immer noch keiner. »So eilig scheint es wohl nicht zu sein mit dem Krankentransport.« Frank drückt abermals auf den Klingelknopf und lässt ihn erst wieder los, als man Schritte im Hausflur hört.

»Ich komme ja schon ... Moment noch!«, ruft jemand von drinnen. Es hört sich nach einem alten Mann an.

»Das sind mindestens schon siebeneinhalb Momente«, meckert Frank.

Das Geräusch eines Schlüssels, der sich in der Tür dreht, die sich schließlich öffnet. Ein älterer Herr, der sehr blass aussieht, steht vor uns. Er geht mir gerade bis zur Schulter.

»Guten Morgen, Herr Meierl, kommen *Sie* mit uns ins Friedberger Krankenhaus?«, möchte ich wissen.

»Nein, nein«, der Mann, der geschätzte achtzig Jahre alt ist, schüttelt den Kopf. »Meine Frau. Der Herr Doktor war vor einer halben Stunde hier. Sie muss wohl mit, da kann man nichts machen.«

»Und was fehlt ihr?«, fragt Frank.

»Sie bekommt seit einem Monat so schlecht Luft ...«

Frank unterbricht ihn. »Aha, und da muss sie jetzt eilig ins Krankenhaus.«

Der alte Mann geht vor uns her. Er ist schwach, kann die

Füße kaum heben. »Ihr Bauch ist so dick geworden, und seit gestern Abend hat sie schreckliche Schmerzen. Sie wollte erst am Montag zum Arzt gehen.«

»Hat sie erbrochen?«, frage ich.

»Ja«, sagt Herr Meierl, bleibt auf der Stufe stehen und dreht sich halb zu uns um, »so dunkles Zeug.« Dann steigt er weiter die letzten Stufen bis zur Wohnung im ersten Stock hinauf.

Es riecht nach einem Kohleofen. Aber im Gegensatz zu den anderen Wohnungen hier in der Gegend, die ich in Erinnerung habe, macht diese Wohnung alles andere als einen verwahrlosten Eindruck.

Der Mann öffnet eine geriffelte Glastür, dann stehen wir im Schlafzimmer.

»Guten Morgen, Frau Meierl.« Frank geht auf die Patientin zu, die nur stumm nickt, und auch ich begrüße die ältere Dame. Das Licht der Nachttischlampe, die auf dem hölzernen Nachttisch steht, strahlt auf ein schwarzes Buch mit Goldschnitt. »Das neue Testament« steht in goldenen Lettern darauf. Eine getrocknete Rose, die daneben auf einer verzierten Porzellanuntertasse liegt, ist wohl das Einzige im Raum, dem etwas Staub anhaftet. Das Nachttischchen muss aus den Fünfziger- oder Sechzigerjahren sein. Alles hier kommt einem alt vor, man sieht den Dingen in der Wohnung an, dass sie fast ein ganzes Leben hinter sich haben, aber auch, dass sie gepflegt wurden.

»Sie muss wohl mit«, sagt der alte Mann noch einmal.

»Hat Ihnen der Arzt auch Einweisungspapiere dagelassen?«, fragt Frank.

»Ja, warten Sie, ich habe sie in der Küche abgelegt.«

Frau Meierl hat die Augen geschlossen, nachdem ihr Mann das Zimmer verlassen hat.

Franks Augenbrauen ziehen sich zusammen. Er deutet auf

das Kreuz über dem Bett und die Bilder, die es umgeben, zarte Zeichnungen biblischer Szenen. Dann auf den kleinen Weihwasserbehälter neben der Tür.

Frank ist einer von denen, die sich für ihre Patienten immer bestmöglich einsetzen. »Nächstenliebe« könnte man das nennen. Aber wenn jemand mit der »Kirche« oder dem »Glauben« anfängt, wird er schnell gereizt.

Um ihn nicht noch anzustacheln, schaue ich mich unbekümmert weiter um, auf einer kleinen Kommode steht eine Madonna. An einer Wand steht eine Schneiderpuppe, über der ein paar Hemden hängen, daneben eine Nähmaschine, aber sicher wurde sie länger nicht mehr benutzt, unter dem metallenen Arm liegt ein ganzer Stapel Bücher.

»Hier sind die Papiere.« Herr Meierl kommt zurück ins Schlafzimmer und hält Frank die Einweisungspapiere hin. Rote Blätter, die vor ihm in der Luft zittern.

Im Kontrast zu den wenigen dünnen, weißen Haaren auf dem Kopf des alten Mannes, die teilweise zur Seite hin abstehen, ist sein Handrücken dunkel behaart. Er trägt eine silberne Uhr mit einem Armband aus breiten Metallgliedern. Die feinen Dellen und Kratzer lassen vermuten, dass dieser Zeitmesser schon etliche Stunden angezeigt hat. Die Uhr erinnert mich an die, die mein Vater immer trägt. Und auch der goldene Ring, den er trägt, ist leicht verkratzt. Er ist tief in den Ringfinger eingewachsen, der stumme Zeuge einer Beziehung, die sich um ein ganzes Leben rankt.

Jetzt hält Frank mir das gelbe Stück Papier vor die Nase.

»Ein Ileus«, sagt er.

Also ein Darmverschluss, und – so wie die Patientin aussieht, sollten wir mal los ...

»Wir holen jetzt erst einmal unsere Trage herein und dann heben wir Sie rüber«, sage ich laut zur Patientin, die wieder die Augen geöffnet hat.

Sie nickt.

Schnell laufen wir beide zum Auto. Es regnet heftig.

»Hoffentlich kommen wir mit der Trage bis ins Schlafzimmer«, sage ich. »Ist schon alles recht eng.«

Aber wir haben Glück und können die Patientin von ihrem Bett auf unsere Trage heben und sanft über die etwa acht Stufen nach unten bringen.

Frank hält seine Schreibmappe schräg vor das Gesicht der Frau, um sie vor dem Regen zu schützen, während ich die hinteren Türen des RTWs öffne. Einen Moment später ist die Frau bei uns im warmen Rettungswagen. Herr Meierl steht in der Haustür. Frank geht zu ihm hinüber, und die beiden reden kurz miteinander. Dann verschwindet Frank wieder im Haus und kommt mit einem Regenschirm zurück. Schützend hält er ihn über den alten Mann und begleitet ihn zu unserem Auto.

»Fahren Sie mit?«, frage ich den Mann, als er bei seiner Frau im Auto ist.

»Nein, ich weiß ja nicht, wie ich zurückkommen soll. Und es würde ja auch nichts ändern. Ich muss warten, bis unser Sohn da ist. Er wohnt bei Ulm, und ich hoffe, dass er kommen wird, wenn ich ihn anrufe.«

Er streicht seiner Frau über den Arm.

»Der Herr Doktor hat uns gesagt, es sieht nicht gut aus.«

Mit einem fragenden Ton schaut er Frank an.

»Wir würden Ihre Frau doch nicht mitnehmen, wenn man nicht versuchen würde, ihr dort zu helfen«, möchte Frank ihn beruhigen.

Der Mann nickt, in seinen Augen schimmern Tränen. Er tritt an die Seite der Trage, nimmt die Hand seiner Frau und drückt sie. »Ich komme sobald wie möglich zu dir«, sagt er leise. Dabei rinnt ihm eine Träne über das Gesicht. Er küsst seine Frau auf die Wange, dann lässt er sich aus dem Wagen helfen, und Frank begleitet ihn zurück in seine Wohnung.

Bis Frank zurück ist, bleibe ich bei der Patientin. Doch sie schließt wieder die Augen, will nicht reden oder angesprochen werden oder ist einfach zu schwach.

Als wir wenig später in der Klinik sind, begrüßt der aufnehmende Arzt unsere Patientin mit: »Ah ja, da ist ja die Frau Meierl.« Sein Blick überfliegt den Einweisungsschein, während er hinzufügt: »Ihr Hausarzt hat schon angerufen.«

Dann schickt er uns gleich weiter auf die Station.

Wir heben Frau Meierl noch in das Krankenbett, dann kümmert sich eine Krankenschwester um die alte Frau.

Auf dem Gang ist es still. Umso mehr erschrecken Frank und ich über die lauten Rufe aus einem Krankenzimmer, an dem wir gerade vorbeigehen und dessen Tür offen steht.

»Warum kommt denn niemand? Warum?«, ruft eine alte Frau in ihrem Bett immer wieder. »Warum lassen die mich alle allein? Kommen Sie doch bitte kurz zu mir. Bitte!«, ruft sie uns zu.

Frank schaut mich an. »Meint die uns, oder ist sie nur verwirrt?«

Ich zucke mit den Schultern.

»Bitte, kommen Sie doch zu mir.« Sie winkt uns heran. »Ach, warum nimmt mich der Heiland denn nicht endlich zu sich? Warum bin ich so allein?«

»Ich muss noch kurz den Kollegen von der Leitstelle anrufen«, sagt Frank und geht ein paar Meter vor.

Ich stelle die leere Trage kurz ab.

Das Gesicht der alten Frau ist erschreckend weiß, ihre Augen liegen tief in den Augenhöhlen. Als ich näher komme, greift sie nach mir. Das Umfassen meines Arms: Es ist fast wie eine Umklammerung. Sie erzählt mir, dass sie sieben Kinder hatte. Dass eines davon gestorben sei und auch ihr Mann schon lange nicht mehr lebe. Sie habe die Kinder alle alleine großgezogen. Aus allen sei etwas geworden. Und nun liege sie hier, und niemand würde sie besuchen oder sich um sie kümmern.

»Ach, schlafen Sie nur noch ein wenig, und dann bekommen Sie heute vielleicht doch Besuch«, versuche ich sie zu beruhigen. Ob ihre Geschichte wohl stimmt, oder ob sie nur verwirrt ist?

»Ach«, klagt sie noch einmal, »warum nimmt mich der Heiland denn nicht endlich zu sich?« Dann schaut sie an mir vorbei nach oben und flüstert ganz leise. Vielleicht betet sie.

»Ich bin so weit«, höre ich Franks Stimme hinter mir. Es fällt mir schwer, ihre Hand vorsichtig von meinem Arm zu lösen, dann verabschiede ich mich, aber die alte Frau flüstert weiter mit Blick zur Decke und womöglich höher.

Am Ende des Gangs kommt eine Krankenschwester aus einem Zimmer. Ich spreche sie auf die alte Frau an.

»Ja«, sagt sie. Dass sie sechs Kinder habe, stimme wohl. »Sie ist seit zweieinhalb Wochen bei uns. Nach einem Sturz ... Keins von ihren Kindern oder den anderen Angehörigen hat sich mal blicken lassen. Dabei wohnen die alle hier in der Gegend.«

»Noch kurz eine.« Frank wackelt demonstrativ mit seiner Zigarettenschachtel. Wir stehen windgeschützt unter dem überdachten Eingang.

»Schon gut. Erzähl mal ...« Ich möchte wissen, wie das Telefonat lief.

»Ach«, sagt er zuerst nur und zieht ein paarmal an seiner Zigarette. »Was soll da bei so einem Gespräch rauskommen? Das ist derselbe, mit dem ich schon ein paarmal Stress hatte. Und jetzt wissen wir beide wieder Bescheid. Ich denke, dass er ein Depp ist, und er glaubt zu wissen, dass ich einer bin.«

Dann drückt er seine nicht zu Ende gerauchte Zigarette aus. »Komm, lass uns Kaffee trinken fahren.«

Kurz ist das vom stürmischen Wind verwehte Läuten einer Kirchenglocke zu hören. Die Wolken fegen in Fetzen über uns hinweg.

Ein Tag, an dem sich Regen und Tränen, Glaube und Wut, Liebe und Einsamkeit mischen.

SEP 1996 · TAGSCHICHT
RETTUNGSWAGEN
EINSATZ # 11265 UND 11266

Zwei Blinde und ein schwerer VU

*D*ie haben doch Regen angesagt ...« Hardy schaut aus dem Fenster. Kaum ein Wölkchen ist am Himmel.

»Willst du dich jetzt über das gute Wetter beschweren?«, frage ich ihn.

»Nein, aber der Wetterdienst hat für heute den ganzen Tag über Schauer angekündigt. Mich wundert es ja nur.«

Ich zucke mit den Schultern. Sonntagnachmittag. Das Auto ist frisch gewaschen, der Schreibkram erledigt.

»Irgendwie langweilig.« Hardys dunkler Lockenkopf von hinten, er schaut immer noch nach draußen.

Es ist tatsächlich schon fünfzehn Uhr durch, und wir hatten nur einen Einsatz bisher. Eine sogenannte »Synkope«, ein Ohnmachtsanfall, um kurz vor elf Uhr in einer Kirche in der Innenstadt: eine ältere Dame, die beim langen Stehen im Gottesdienst Kreislaufprobleme bekam, sich aber schnell wieder erholte. Sie habe das schon öfter gehabt, sie sei eben nicht mehr die Jüngste, und mit ins Krankenhaus wolle sie sowieso nicht, hatte sie gesagt. Nachdem Blutdruck und Puls wieder akzeptabel waren und auch der Blutzucker im »grünen Bereich« war, hatte schließlich ein Mann aus der Nachbarschaft der Dame versprochen, sie nach Hause zu bringen.

»Und dafür sind wir quer durch die Stadt gefahren«, hatte Hardy den Einsatz kommentiert.

»Lauf nicht dauernd vor dem Fernseher rum.« Ich habe das Sonntagnachmittagsprogramm eingeschaltet: *Der Teufel mit den drei goldenen Haaren.*

»Du schaust das doch nicht wirklich an, oder?«, sagt er, ohne ein Stück zur Seite zu gehen.

»Stimmt.« Ich versuche an ihm vorbeizusehen und mache wenigstens den Ton lauter. »Solange du davor stehst, nicht.«

Immer noch das Fernsehgerät verdeckend blickt er mich groß an. Seine eckigen Brillengläser haben eine ähnliche Form wie der Bildschirm des nicht mehr ganz neuen Gerätes. Schließlich tritt er doch einen Schritt zur Seite.

Auf einem der Nachrichtensender kommt ein Bericht über den Nahen Osten und ein Rückblick auf den Golfkrieg 1990/1991. Hardy sieht sich die Bilder nun ebenfalls an. Nachtaufnahmen von einer Bombardierung, grün gefärbte Bilder, durch die immer wieder Lichtstreifen schießen und irgendwo zwischen Häusern blitzend aufschlagen. Dann verschwindet er kopfschüttelnd in der Küche.

»Kannst du dir vorstellen, da kostet eine einzelne Bombe mehr als einer unserer Rettungswagen«, höre ich ihn von dort rufen.

»Ja«, sage ich.

»Weltweit wird vermutlich ein Vielfaches an Geld ausgegeben, um Leute umbringen zu können, als um sie zu retten oder gesund zu erhalten. Willst du noch einen Kaffee?«

»Nein.«

»Schon verrückt, oder?«

»Ja«, antworte ich. »Die Welt *ist* verrückt, Hardy. Ohne diese ganze Rüstung hätten sich längst irgendwelche Wahnsinnige alles unter den Nagel gerissen, die davon überzeugt sind, dass die Regeln, an die sich alle anderen halten, für sie nicht gelten ...«

»Unschuldige Kinder und Frauen umzubringen ist genauso wahnsinnig.«

»Ja, Hardy. Übrigens können auch Männer unschuldig am Krieg in ihrem Land sein.«

»Jedenfalls ist es irre, völlig abartig. Wir fahren hier wegen jedem Einzelnen raus, reanimieren jeden, der keinen eigenen Kreislauf mehr hat, und da unten – mit einem Schlag werden fünf, zehn, zwanzig Leute weggebombt.«

Über den Bildschirm flimmern dunkelgrüne Bilder mit Silhouetten von Häusern. Man wünscht sich, all diese Geschosse hätten nur irgendwelche Munitionslager getroffen, oder die Bomben wären einfach nur ins Leere gegangen, aber dann werden auch noch Zahlen eingeblendet: Bis zu »35.000 Menschenleben« könnte der Krieg gekostet haben.

Einen Moment später ist ein Pfeifen zu hören. Weil der Ton zuerst nur aus der Küche kommt, meine ich, es sei die Kaffeemaschine, aber dann pfeift auch der Piepser an meinem Gürtel: also sofort den Fernseher ausgeschaltet und zum Auto.

»Frankfurter Allee 47d, 3. Stock bei Wagner, Hypertensive Krise, Notarzt kommt verzögert nach. 15.32 Uhr.« Hypertensive Krise: ein gefährlich hoher Blutdruck. Und schon wieder ein Einsatz ganz am anderen Ende der Stadt. Hardy notiert etwas und wiederholt die Meldung, während ich auf die Hauptstraße biege. Die Adresse kenne ich, nur die Hausnummer müssen wir noch suchen.

Trotz Blaulicht und Martinshorn und obwohl ich schon Grün habe, schießt beim Überqueren der Kreuzung vor mir noch ein weißer Kleinwagen vorbei und rammt mich fast.

»Hey, spinnst du ...?«, ruft Hardy, und ich meine aus dem Augenwinkel zu sehen, dass er zu mir rüberschaut.

»Ich?«

»Nein ... *der!* Der hatte sicher schon Dunkelrot.«

Die Weiterfahrt wird nicht besser: Kaum ein Fahrzeug fährt zur Seite, jede Ampel ist auf Rot. Heute scheint mal wieder alles zugemauert zu sein. Irgendwo in der Stadtmitte rolle ich mit laufendem Horn langsam in eine Kreuzung hinein und habe noch nicht einmal die Haltelinie überquert, unvermittelt schreit Hardy: »Obacht!«

Ich stehe schon.

Von rechts kommen relativ schnell zwei Fahrzeuge, das vordere bremst ab, während das hintere auffährt.

»Oh Mist ...«

Hardy nimmt den Hörer und meldet der Leitstelle: »Auffahrunfall Donaustraße, Ecke Mozartstraße.«

»Haben Sie einen Schaden am Fahrzeug?«, fragt der Disponent am Funk.

»Nein. Nur der Querverkehr. Schicken Sie hier vielleicht mal eine Streife vorbei.«

»Verstanden, Streife zur Donaustraße, Ecke Mozartstraße«, wiederholt der Leitstellenmitarbeiter.

»So ein Mist. Das war ein alter 350 SL Cabrio, schade um das schöne Auto. Und der war hinten richtig kaputt.« Hardy klingt richtig teilnahmsvoll.

Als wir endlich am Einsatz sind, ist es 15.46 Uhr. Vierzehn Minuten – das ist schon eine lange Anfahrt. Am Hauseingang erwartet uns eine junge Frau. »Sie müssen in den dritten Stock«, sagt sie. »Die Wohnungstür ist offen.«

»Okay, dann bleiben Sie bitte unten, bis die anderen Kollegen da sind«, sage ich, während wir die ersten Treppenstufen nehmen.

Herr Wagner, unser Patient, ist vielleicht Mitte sechzig. Er sitzt am Küchentisch, das Blutdruckmessgerät steht vor ihm auf dem Tisch.

Während ich unseren Koffer öffne, fragt Hardy den älteren Herrn, ob er außer seinem hohen Blutdruck noch irgendwelche anderen Beschwerden habe. Kopfschmerzen, Schwindelgefühle ...?

Herr Wagner macht einen gesunden Eindruck, die Wangen leicht rosig, ein klarer Blick.

Ohne auf die Antwort zu warten, fragt Hardy auch gleich nach dem Vornamen und dem Geburtsdatum.

»Nein. Wolfgang. 15. April ...«, antwortet Herr Wagner.

»Den Arm mal nicht bewegen bitte«, unterbreche ich ihn. Ich messe ihren Blutdruck noch einmal mit unserem Gerät.

»155 zu 95«, lese ich ab.

Hardy schaut mich erstaunt an.

»Darf ich mal?«

»Bitte.«

Er misst nach.

»Mh«, macht er, statt eine Antwort zu geben. »Wie kommen Sie denn drauf, dass Sie einen zu hohen Blutdruck haben?«

Der Patient zuckt mit den Schultern.

»Auf welcher Seite haben Sie denn gemessen?«

»Auf der.« Der Patient zeigt auf den linken Arm, an dem auch wir gemessen haben.

»Sollen wir den Notarzt abbestellen?«, fragt Hardy mit Blick zu mir.

Ich gehe zum Fenster. »Zu spät. Die sind schon da.«

»Ist das denn Ihr Blutdruckmessgerät?«, fragt Hardy.

»Ja«, antwortet Herr Wagner. »Das hat mir meine Tochter geschenkt, es ist ganz neu. Sie hat es bei einem Versandhandel für mich bestellt.«

»Dürfen wir mal?«

Hardy legt ihm die Manschette seines eigenen Gerätes noch einmal an, und während sich die Blutdruckmanschette mit einem leisen Zischen langsam füllt, kommt auch schon der Notarzt durch den Flur.

»235 zu 135«, sagt Hardy.

»235?«, fragt der Notarzt, der aus Haunstetten angefahren ist und dem ich zuvor noch nie begegnet bin.

»Ja«, sage ich, »aber nur mit seinem Gerät. Bei uns hatte er 155 zu 95.«

»Herr Wagner, ich glaube, dass bei Ihnen alles in Ordnung ist, aber Ihr Blutdruckmessgerät ist wohl nicht ganz okay.«

»Darf ich?«

Jetzt bekommt Herr Wagner den Blutdruck zum vierten Mal gemessen, mit dem Blutdruckmessgerät aus dem Notarztkoffer.

»150 zu 100«, sagt der Notarzt.

»Also im Schnitt 153 zu 97.« Hardy lacht über seinen Scherz. Als Einziger.

Der Notarzt blickt ihn verärgert an.

»Also, Herr Wagner, was fehlt Ihnen denn?«, möchte der Notarzt nun vom Patienten wissen. »Warum haben Sie denn Ihren Blutdruck gemessen?«

»Das Gerät ist neu. Ich hatte früher schon mal Probleme. Deswegen hat meine Tochter«, er deutet auf die junge Frau, die inzwischen mit dem Notarztsanitäter in der Tür steht, »mir das Gerät geschenkt.«

»Aha. Und sonst ...? Fehlt Ihnen nichts?«

»Nein. Mir geht es eigentlich gut. Aber den Wert fand ich schon sehr beunruhigend.«

»Herr Wagner, Ihre Tochter sollte das Gerät reklamieren.« Der Notarzt wirft einen Blick zur Tochter hinüber, dann wendet er sich wieder an den alten Mann. »Ihr Blutdruck ist absolut in Ordnung. Das Gerät ist Schrott.«

Die Tochter des Patienten entschuldigt sich, während im Flur der Wohnung ein Telefon klingelt.

»Da bin ich aber froh. Ich habe erst vor Kurzem noch gelesen, dass Werte über 200 ...«

»Ja«, unterbricht ihn der Notarzt, »schon gut.«

»Telefon für Sie, Herr Doktor, da ist ein Herr von der Leitstelle dran«, sagt die Tochter.

Der Notarztsanitäter übernimmt den Anruf.

»Ja«, höre ich ihn. »Nein, wir sind eigentlich schon fertig. Ja. Ja, beide. Okay, wir melden uns gleich am Funk.«

Dann legt er den Hörer auf.

»VU schwer, zwischen Schmiechen und Prittriching, für beide.«

Während er seinen Notarztkoffer nimmt, schnappen wir unsere ganze Ausrüstung und verabschieden uns.

Ein schwerer Verkehrsunfall, keine Zeit mehr für Höflichkeitsfloskeln. Ich höre noch den Patienten hinter mir: »Also dann, entschuldigen Sie bitte noch einmal ...« Den Rest verschluckt das Knallen des Koffers am Metallgeländer des Treppenhauses, als Hardy vor mir die Stufen hinunterrennt.

Für die Anfahrt brauchen wir von der Frankfurter Allee aus etwa fünfzehn Minuten.

»Sag mal, das kann aber keine gut ausgebaute Straße sein. Höchstens ein Feldweg oder so«, sage ich zu Hardy, der die Straßenkarte schon vor sich ausgebreitet hat.

»Wir sind unterwegs auf der Anfahrt, aber zwischen Schmiechen und Prittriching gibt es keine direkte Verbindung über die Bundesstraße ...«, hören wir jetzt auch den Notarzt am Funk.

»Ja«, gibt die Leitstellendisponentin zurück, »so weit sind wir auch schon, wir melden uns gleich wieder.«

»33/04, wir haben mitgehört, wir fahren dann von Süden her weiter Richtung Prittriching an«, gibt Hardy jetzt durch.

»Korrekt«, bestätigt uns die Disponentin.

Ich fahre also weiter Richtung Schmiechen.

Neben mir hantiert Hardy nervös mit seinem Kugelschreiber herum.

»Was machst du?«, frage ich.

»Ach, nichts.« Er winkt ab. Aber dann fügt er doch hinzu: »Barbara ist heute Morgen zu einer Freundin nach Schmiechen gefahren. Die wohnt seit einem Jahr dort.«

Die Leitstelle meldet sich wieder.

»Neue Ortsangabe für alle Fahrzeuge zum VU bei Schmiechen: Bundesstraße zwischen Schmiechen und Heinrichshofen. Jetzt ebenfalls zu Ihnen unterwegs der Christoph 1.«

»Zwischen Schmiechen und Heinrichshofen«, wiederholt

Hardy knapp, und das Gleiche hört man von den anderen Fahrzeugen am Funk.

Einen Moment später haben wir den Ortsausgang von Schmiechen passiert und sind auf der Bundesstraße unterwegs, ein gutes Stück vor uns fährt der Notarzt aus Haunstetten. Kurz darauf sehen wir am Horizont neben ein paar Bäumen mehrere Autos mit Warnblinker stehen, dann weitere Blaulichter, die von der anderen Seite auf den Unfallort zufahren.

Während die Unfallstelle noch im gleißenden Sonnenlicht liegt, breitet sich dahinter eine schwarze Wolkenwand aus. Der Himmel zieht sich zu.

»Barbara wollte am Nachmittag wieder nach Hause fahren ...«, sagt Hardy.

»Nun mal nicht gleich den Teufel an die Wand. An so einem Sonntag sind jede Menge Autos auf der Bundesstraße unterwegs.«

Nur noch wenige hundert Meter zum Einsatzort, ich sehe vor mir nahe der Unfallstelle schon den Notarzt aus seinem Wagen steigen.

Während ich nach einem Abstellplatz für mein Auto suche, der die nachfolgenden Rettungsfahrzeuge nicht behindert, streift Hardy schon die Untersuchungshandschuhe über.

»Oh shit, das sieht nicht gut aus ...«, sagt er und ist auch schon aus dem Wagen, um den Notfallkoffer zu holen.

Erst als ich ebenfalls ausgestiegen und um den Wagen herumgelaufen bin, sehe ich den dunkelbraunen Minivan mit einem Aufkleber »Baby an Bord«, dessen Front und linke Seite komplett zerstört sind, die Fahrgastzelle jedoch scheint weitgehend intakt zu sein. An der Beifahrerseite lehnt ein junger Mann, das Gesicht in den Händen vergraben. Etwa zwanzig Meter weiter rennt Hardy auf einen auf dem Fußweg am Boden liegenden Mann zu, der vom Notarzt und seinem Sani bereits reanimiert wird. Die weiteren umstehenden Personen, an denen ich vorbeilaufe, scheinen dem ersten Anschein nach weitgehend unverletzt zu sein.

»Wo bleibt das Scheißadrenalin ...!?«, höre ich den Notarzt, der über dem Brustkorb des Patienten kniet, schon von Weitem rufen.

Hardy schließt gerade den Sauerstoff an den Beatmungsbeutel an, jetzt will er gerade den Schlauch weglegen, um das Medikament aufzuziehen. »Ich mach das, mach du weiter!«, rufe ich ihm zu. Der Notarztsanitäter kniet mit dem Beatmungsbeutel am Kopfende des Patienten und versucht, irgendwie Luft in den Brustkorb zu bringen. Der Notfallkoffer der Haunstetter Kollegen ist schon offen, aber ich klappe unseren auf, in dem kenne ich mich besser aus.

Ich ziehe das Adrenalin auf. Als ich dabei gerade die Ampulle in der einen und die Spritze in der anderen Hand vor mir habe, summt eine fette Bremse um meinen Kopf herum, setzt sich auf meine Wange und sticht mich. Ich schwitze, keine Hand frei, es ist egal. Erst als ich mit dem Aufziehen des Medikaments endlich fertig bin, fliegt sie davon.

Am EKG sind nur noch einzelne Herzaktionen mit einer sehr niedrigen Frequenz zu sehen, Hardy macht alles bereit für eine Intubation. Der Arm des Patienten liegt in einer furchtbar entstellten Lage neben ihm, erst als der Notarzt mit der Intubation beginnt und der Notarztsani die Beatmungsmaske absetzt, sehe ich, dass auch der darunter liegende Kopf nicht nur blutverschmiert, sondern auch stark deformiert ist.

»Scheiße, scheiße, scheiße!!!«, schimpft der Notarzt und sagt dann leiser: »Der ist doch sowieso schon tot ...«

Dann endlich scheint der Tubus zu sitzen.

Ein Helikopter scheint sich zu nähern, aber es ist nur dieses tiefe, klopfende Geräusch in der Ferne zu hören, sehen kann man ihn noch nicht. Aus einem weiteren Rettungswagen kommen gerade drei Kollegen angelaufen.

»Der Tubus sitzt«, sagt der Notarzt nur knapp, der Sani beatmet weiter mit dem Beutel, aber dann muss er absetzen, immer wieder ist der durchsichtige Tubus von innen her voll mit Blut.

»Absaugen!«, schreit der Notarzt, aber ich bin sowieso schon dabei.

Hardy macht den Beatmungsautomaten fertig, ich habe inzwischen auch Untersuchungshandschuhe an und übernehme die Herzdruckmassage. Hinter mir höre ich die Stimme von Maike, einer jungen Kollegin, die offenbar mit dem 33/04 gekommen ist.

»Schaut ihr euch mal nach den anderen Unfallbeteiligten um«, sagt Hardy zu den Kollegen.

Mehr unterbewusst nehme ich einen Mann wahr, der mit einer kleinen Kamera um uns herumläuft und immer wieder Fotos macht.

»Komm – noch mal Adrenalin!«, ruft der Notarzt seinem Sani zu, der mittlerweile wieder beide Hände freihat, nachdem das Beatmungsgerät angeschlossen ist.

»Gleich zwei Ampullen ...«

Wieder Blut im Tubus, es scheint immer mehr zu werden, Hardy saugt noch einmal ab. Der Notarzt hebt kurz die Hand in meine Richtung, und ich unterbreche die Herzdruckmassage für einen Moment.

Das EKG zeigt nun fast nichts mehr an, einzelne kleine Ausschläge, unregelmäßig, nicht einmal mehr zehn pro Minute, das Gerät pfeift, »*Low Frequency*« blinkt.

Für einen Moment lang ist es hinter mir lauter, das Dröhnen von Turbinen, ich komme nicht dazu, mich umzudrehen.

Der Mann mit der Fotokamera ist so nah um uns herumgeschlichen, dass er dabei eines der EKG-Kabel abgerissen hat. Hardy schreit ihn an: »Hau ab, du Arschloch!«, aber der Typ bleibt keine zwei Meter von uns wieder stehen.

»Hardy, komm her ...«, sage ich, und er übernimmt die Herzdruckmassage.

Ein Windstoß weht mir ins Gesicht, ein Stück weiter setzt gerade der Helikopter auf der Wiese auf. »Den Hubschrauber ... brauchen wir wohl sowieso nicht mehr«, sagt der Notarzt, aber dann ruft er: »Weg ...«

Für einen Moment halten alle Abstand vom Patienten, als er die Defi-Paddels aufsetzt.

Ein kurzer Ruck geht durch den Patienten, danach ist die EKG-Linie aber wieder flach. Ein einzelner Ausschlag ist noch sichtbar.

Der Arzt schüttelt den Kopf. Hardy setzt seine Herzdruckmassage fort. Der Notarzt aus dem Hubschrauber kommt angelaufen und betrachtet das EKG und den Patienten.

»Das wird nichts mehr«, sagt der Haunstetter Notarzt zu ihm.

»Gibt es sonst noch Verletzte ...?«, erkundigt sich der Notarzt aus dem Hubschrauber bei ihm.

»Ernsthaft verletzt ist wohl niemand.«

»Ich werde mich mal ein wenig umsehen«, sagt der Notarzt aus dem Hubschrauber und verschwindet in Richtung des Minivans.

Der Haunstetter Notarzt hat die Paddels schon wieder in der Hand. »Einmal noch ...«, sagt er, bevor sich der Patient kurz unter der Entladung der Paddels aufbäumt. Aber auch danach bleibt das EKG flach. Keine Ausschläge.

»Wir hören auf.« Er schaut auf die Uhr. »Todeszeit ist 16.42 Uhr.«

Immer noch dieses Atemgeräusch, das nur noch von der Beatmungsmaschine kommt. Hardy schaltet sie ab. Überall um uns herum liegen Ampullen, aufgerissene Verpackungen vom Tubus, von den Spritzen, vom Absaugkatheter.

Neben mir sehe ich einen Polizeibeamten stehen. Der Mann mit der Fotokamera ist auf einmal wie vom Erdboden verschluckt.

Der Notarzt steht ein paar Schritte von mir entfernt und

unterhält sich mit Maike, dann verschwindet er im 33/04, und Maike kommt auf Hardy und mich zu.

»Der Fahrer des Minivans ist bei uns im Auto. Prellmarken vom Gurt, Schleudertrauma und ein Schock«, informiert sie uns. »Der ist mit seinem Van recht zügig unterwegs gewesen, wie es scheint, dann ist er wohl von der Sonne geblendet worden, hat den unbefestigten Fahrbahnrand gestreift und das Lenkrad im Schreck verrissen. Er hat ihn«, sie zeigt auf den Patienten, den wir bis gerade noch reanimiert haben, »voll erwischt. Seine Frau und seine Tochter standen keine zehn Meter entfernt und haben es mit ansehen müssen.« Und dann fügt sie noch hinzu: »Die Tochter ist bei euch im Auto, sie ist im Moment ganz ruhig, Paul ist bei ihr. Der Doc vom Hubi kümmert sich um die Ehefrau des ...«, Maike macht eine kleine Pause, ehe sie weiterredet, »Verstorbenen. Die hatte vorhin gar keinen messbaren Blutdruck mehr. Für die haben wir noch ein Auto bestellt, der Hubi fliegt dann demnächst wieder.«

Nachdem Maike sich einem anderen Kollegen zugewandt hat, fragt Hardy tonlos: »Machst du das mit dem Kind? Ich kümmere mich dann um den Patienten und räum auf.«

Er nimmt seine Brille ab, an der auch auf den Gläsern Schweißtropfen hängen und wischt sie mit einem Taschentuch fort. Auch sein dunkler Lockenkopf ist nassgeschwitzt.

»Okay ...«

Ich atme tief durch, bevor ich zu unserem Wagen gehe. Die Begegnung mit dem Mädchen, die Fragen, die es mir gleich vielleicht stellen wird, diese Situation, in der ich nicht ausweichen kann, in der ich nichts Falsches sagen darf und nichts Richtiges mehr sagen kann, machen mir Angst.

Ich öffne die seitliche Schiebetür. Die Kleine kauert auf dem Sitz neben der leeren Trage, Paul kniet vor ihr, als ich einsteige. In der Hand hält sie einen dieser Teddybären, die wir Kindern geben, wenn sie bei uns an Bord sind.

Ein beklemmendes Gefühl kommt in mir auf, ein Gefühl von Schuld. *Wieso Schuld? Ich kann doch nichts dafür ...*

Meine Gedanken kreisen. *Gerade eben haben wir den Vater dieses Mädchens aufgegeben, und jetzt trösten wir es mit einem Stoffteddybären. Ist das angemessen?*

»Ich weiß es nicht«, höre ich Paul sagen, als ich zugestiegen bin. Das Mädchen schaut mich an.

»Er ist tot, stimmt es?«, fragt sie.

Ich nicke. Ich weiß nicht, was ich sagen soll.

»Wo ist er jetzt?«, fragt sie mich. »Ist er jetzt im Himmel?«

Ich kann nichts antworten.

»Wie heißt du?«, frage ich sie, als ich mich wieder gefasst habe.

»Sarah«, sagt sie. »Sarah Obermeier. Und du?«

Ich sage ihr meinen Namen, dann versuche ich, ihre Frage zu beantworten.

»Sarah ...«, beginne ich einen Satz, suche selbst immer noch nach einer Antwort, aber Sarah füllt dann selbst diese Leere.

»Ich denke, er ist jetzt noch irgendwo hier. Aber auch ein bisschen im Himmel«, sagt sie.

»Dann wird es genauso sein.« Es ist mir, als ob ich meine eigene Stimme von außen hören würde.

»Ja«, sagt sie.

Ich überlege, wie alt das Mädchen wohl sein mag. Vielleicht sechs?

»Es ist meine Schuld«, flüstert die Kleine. »Es liegt alles nur an meiner Mütze. Es ist, weil meine Mütze runtergefallen ist. Papa hat noch einmal umgedreht und wollte sie holen. Und dann ... dann kam dieses Auto.« Das Erstaunlichste ist die Ruhe, mit der das Mädchen redet, diese Ruhe, die mir fehlt.

»Nein, es ist nicht deine Schuld«, sage ich, aber mir fällt nicht ein, wie ich es ihr erklären kann.

»Aber hätte ich besser aufgepasst, dann wäre das nicht passiert«, sagt sie. Und dann laufen ihr doch die Tränen über die Wangen.

»Nein, Sarah«, sagt nun Paul. Gott sei Dank fallen ihm die passenden Worte ein. »Weißt du, du hast deine Mütze auf dem Gehweg verloren. So etwas kann passieren. Und – es ist ein Fußweg, Autos haben dort nichts verloren. Dein Vater ist, als er sich umgedreht hatte, auf dem Fußweg geblieben, und er hat sich dort gebückt. Das war in Ordnung. Es war *nicht* in Ordnung, dass das Auto von der Straße abgekommen ist und auf ihn zugefahren ist. Das hatte nichts mit deiner Mütze zu tun. Verstehst du?«

Sarah nickt. Sie scheint etwas zu überlegen.

»Was ist mit Mama? Muss sie noch hierbleiben?«

»Wahrscheinlich wird sie ins Krankenhaus gebracht werden, aber sie wird sicherlich bald wieder nach Hause dürfen«, sagt Paul. Dann schaut er zu mir herüber und meint: »Magst du vielleicht mal nach ihrer Mutter schauen und uns dann Bescheid geben?«

Sarahs Mutter liegt auf einer Trage, Maike hält ihre Hand. Die Mutter redet ununterbrochen. Sie erzählt etwas von dem überraschend schönen Wetter, dass sie eigentlich etwas ganz anderes vorgehabt hätten und nur wegen des Sonnenscheins wandern gegangen seien. Und immer wieder stammelt sie etwas von einer Einladung am Abend und dass es doch nicht sein könne, dass ihr Mann nun einfach tot sei, dass er doch ein Gartenhaus fertig bauen müsse, und dass sie gar nicht wisse, was sie den Freunden sagen solle, wenn sie nicht kämen. Noch verdrängt das schnelle Durcheinanderreden die Wirklichkeit, hört sich an wie der verzweifelte Versuch, mit dem Schicksal zu verhandeln ... Richtig schlimm wird es erst werden, wenn die Worte verebben, wenn es still wird, wenn das Geschehene in Kopf und Herz angekommen ist.

»Frau Obermeier, Ihre Tochter Sarah ist bei uns im Auto«, unterbreche ich sie irgendwann. »Wenn Sie gleich in die Klinik gebracht werden, fahren wir erst mal hinterher. Haben Sie jemanden, der sich heute um Sarah kümmern kann?«

Frau Obermeier schaut mich einen Moment lang stumm an. Dann füllen sich ihre Augen mit Tränen. »Ja«, sagt sie. »Norberts Eltern. Sarah ist oft bei ihnen.«

»Haben Sie eine Telefonnummer von Ihrer Schwiegermutter?«

»Ich ... ich weiß sie im Moment nicht.«

»Okay«, sage ich. »Wo wohnt sie denn?«

»In Mering. Sie heißt Maria Obermeier ...«

»Wir werden die Telefonnummer herausfinden. Wir kümmern uns um Sarah«, sage ich.

Sie nickt. Wahrend Maike und ihr Kollege die Trage mit Frau Obermeier drehen, um sie in den Rettungswagen zu schieben, versuche ich, mich irgendwie seitlich so vor sie zu stellen, dass ihr die Sicht versperrt ist: Dort hinter mir sieht man dieses weiße Einmallaken, an den Ecken mit Steinen beschwert, darunter die Umrisse eines Menschen.

Ich rede kurz mit dem Haunstetter Notarzt, dann geben wir die Informationen einem der Polizisten, die inzwischen mit mehreren Fahrzeugen die Unfallstelle absperren und schon jetzt damit beginnen, die Spuren des grausigen Unfalls festzuhalten.

Wenig später in der Klinik warten Sarahs Großeltern schon auf sie. Ein Herr mit ungekämmten weißen Haaren, der aschfahl im Gesicht ist, und eine ältere Dame, die Sarah schweigend in den Arm nimmt. Sie hat eine Schürze um und Hausschuhe an.

Erst nach einer Weile redet sie mit dem Mädchen, es klingt beinahe gefasst: »Gott sei Dank ist wenigstens dir nicht auch noch etwas passiert. Das ist ja ganz furchtbar.«

Dann kümmert sich eine Mitarbeiterin aus dem Krankenhaus um die Großeltern und das Kind.

»Wir müssen erst mal unseren Koffer genau durchchecken. Keine Ahnung, ob da drin noch annähernd alles passt«, sagt Hardy, als wir zum Wagen zurückgehen.

Ich reagiere darauf erst mal nicht.

Jetzt hat doch alles Zeit.

Ich blicke durch eine große Scheibe nach draußen. Die Sonne, von Wolken umhüllt, steht schon weit unten am Horizont.

Der 33/04 hat neben uns geparkt, aber die Kollegen sind anscheinend noch mit ihrem Patienten in der Klinik.

»Unsere Blutdruckmanschette fehlt«, stellt Hardy fest.

Ich helfe ihm nachsehen, ob sie vielleicht irgendwo in der Tasche unseres EKGs oder der Beatmungsplatte steckt, aber sie bleibt verschwunden.

»Oh. Da wird der Chef begeistert sein ... Ein Blutdruckgerät ist eigentlich kein Einmalartikel.«

»Ja«, sage ich.

Als wir uns etwas später bei der Leitstelle »klar« melden wollen, sehe ich im Seitenspiegel Maike auftauchen. »Das ist vermutlich eures!«, ruft sie und hält uns das gesuchte Gerät hin.

»Danke. Ja«, sagt Hardy. »Ich leg es bei unserem nächsten Stopp wieder in den Koffer. Hoffentlich auf der Wache zum Dienstende.«

Wieder »komplett« machen wir uns auf den »Heimweg«. Und trotzdem lässt mich das Gefühl nicht los, wir hätten da draußen etwas vergessen.

Die Nachtschichtkollegen stehen schon in der Fahrzeughalle, als ich unser Auto rückwärts durch das Tor der Wache fahre.

»Hattet ihr viel?«

»Drei«, sagt Hardy nur knapp, als er aussteigt. »Zwei blinde und ein schwerer VU.«

***

An diesem Abend wollten Renate und ich eigentlich mal wieder zu unserem Italiener gehen. Die Kinder sind bei Oma und Opa. Renate hat auch schon ihr neues Kleid an, als ich nach Hause komme.

»Ich mag nicht«, sage ich. »Ich mag heute Abend zu Hause bleiben.«

»Okay«, sagt sie. Sie lässt mich zu meiner Erleichterung erst einmal ankommen.

Ich gehe ins Wohnzimmer.

Nach einer Weile steht sie in der Tür.

»War was heute? Nicht so gut, hm?«

Ich nicke. »Ja, stimmt. Nicht so gut.«

Ich zappe zwischen ein paar Fernsehprogrammen hin und her.

Sie schaut mich an: »Was hast du denn da gemacht …?«

Die Stelle, an der mich am Nachmittag die Bremse gestochen hat, brennt und juckt. Das fällt mir jetzt erst auf.

»Egal«, sage ich. »Es ist egal.«

»Ich koche uns was Schönes«, sagt Renate. Dann verschwindet sie in der Küche.

Irgendwie bin ich beim Zappen auf den »Aus«-Schalter gekommen. Eine ganze Weile lang merke ich gar nicht, dass ich auf die dunkle Scheibe des Fernsehgerätes glotze. Ich denke an die zwei blinden und den schweren VU, an die kleine Sarah, an dieses weiße Einmallaken und diese Umrisse, die einmal ihr Vater waren. Und daran, dass wohl viele Leute das überraschend schöne Wetter heute genutzt haben, um noch einmal wandern oder spazieren zu gehen.

– 194 –

Von draußen klopfen Regentropfen an die Scheibe, hinter der es schon dunkel ist, ziehen ihre Bahnen nach unten, treffen sich beim Herunterlaufen mit anderen Tropfen. Der Regen, der angesagt war, ist nun da.

Wenn es doch nur einen halben Tag früher begonnen hätte zu regnen ...

Epistaxis

Ich sitze im »Wohnzimmer« der Wache und unterhalte mich noch ein wenig mit Pit, der Tagschicht hatte, während Bernd im Büro ist. Er kommt, wie ich, ursprünglich aus der Gegend um Stuttgart, das Schwäbische ist nicht zu überhören. Er ist deutlich größer als ich, steht jetzt mit gesenktem Kopf im Türrahmen und erzählt mir, was tagsüber los war. Gleich bei dem ersten Einsatz war ein Fahrradfahrer gegen ein parkendes Auto gefahren und in hohem Bogen aus dem Sattel geschleudert worden.

»Eine Frau, die auf dem Gehweg stand, wollte ihn noch warnen und schrie, aber da war es schon zu spät. Er konnte weder bremsen noch ausweichen. Sag mir mal, Georg, wie kann man beim Fahrradfahren SMS schreiben?«

»*Tja ...*«

»Na, der war mit den Augen auf keinen Fall auf der Straße. Der hat sich nicht mal dafür interessiert, dass er sich beim Sturz die Lippe an einem Zaun aufgerissen hatte. Saß bei uns im Auto und hat gleich weitergetippt, als man ihm das Handy wiedergegeben hat.«

Ich schüttle den Kopf.

»Unterarm links, Prellungen überall, Kopfplatzwunde ...«, beginnt Pit aufzuzählen, als Piepsgeräusche ihn stocken lassen. »Apropos Handy ...«, sagt er und zieht ein nagelneues Mobiltelefon aus der Tasche. »Hat mir Bine zum Geburtstag geschenkt.«

»Na, da bist du ja *up to date* ... Wo war denn der Unfall?«

»Oben in der Stadt, nahe bei der Münchner Straße. Das Auto stand im Parkverbot, der Fahrer war gerade in einem Laden, hat sich Zigaretten geholt, Mann, der hat nicht schlecht geschaut, als er rauskam.«

»Parkverbot ... Da darf er eigentlich nur bis zu drei Minuten stehen bleiben, oder?«

»Mh.« Pit schaut auf das Handy.

»Habt ihr den Fahrradfahrer ins Friedberger Krankenhaus gebracht?«

»Mh«, macht er wie zur Bestätigung und tippt dabei etwas in sein Handy, dann lächelt er und tippt weiter. »Mh?«, macht er dann fragend, ohne aufzuschauen.

»Habt ihr den nach Friedberg gebracht?«, frage ich noch einmal.

»Ist Bine«, erklärt er. »Sie ist gerade auf dem Weg hierher, in ein paar Minuten da, sie hat doch heute das Auto.«

»Aha, schön«, sage ich. *Ob Bine wohl gerade an einer roten Ampel steht? Oder in einer Parkbucht angehalten hat, um ihre SMS zu schreiben?*

Das Klingeln des Leitstellentelefons unterbricht meine Gedanken und Pits Simsen.

»Notfall in Wulfertshausen«, höre ich nur einsilbig, dann wieder das Freizeichen.

»Notfall!«, rufe ich Bernd zu, aber der kommt mir schon aus dem Büro entgegen.

Während sich das Garagentor öffnet, zieht Bernd den Stecker, der den RTW im Stand mit der nötigen Elektrizität versorgt. Ladestrom fürs EKG und den Perfusor.

»Epistaxis. Bei Wanko, Am hinteren Bach 27«, gibt die Leitstelle durch, und ich wiederhole es.

»Unstillbares Nasenbluten«, sage ich dann mehr zu mir selbst, als ich den Funkknopf losgelassen habe.

»Das ist doch diese gehobene Wohngegend in Wulfertshausen«, überlegt Bernd laut, auch mehr für sich selbst, und fährt auch schon los.

Ich stecke die Straßenkarte wieder ins Fach zurück.

Während wir aus dem Stadtgebiet hinaus und über die kurvenreiche Landstraße in Richtung Wulfertshausen fahren, fallen mir frühere Einsätze, die als Epistaxis gemeldet waren, ein: Oft waren es Lappalien, und wenn wir am Einsatzort ankamen, war die Blutung von selbst zum Stillstand gekommen. Aber einmal war der Patient ein Bluter, schon im Treppenhaus überall am Boden und am Geländer war alles verklebt und rot, und wir hatten wirklich Probleme, diese Blutung zum Stillstand zu bekommen: ein hektischer Einsatzverlauf. Und bei einem weiteren Einsatz stellte sich schließlich heraus, dass es sich nicht um Nasenbluten gehandelt hatte, sondern um eine starke gynäkologische Blutung. »Vermutlich«, wie der dazugerufene Notarzt später nach seinem ersten Eindruck meinte, »nach dem Eingriff eines ›Kurpfuschers‹«.

»Hoffentlich macht überhaupt jemand auf«, sagt Bernd.

Eine zierliche blonde Frau in einem roten Kimono öffnet uns. Schüchtern nickend lässt sie uns eintreten.

»Wo ist der Patient? Oben?«, keucht Bernd, der mit dem schweren Notfallkoffer vorausgerannt ist und deutet auf die Treppe, die von der Diele in die obere Etage führt.

Ich sehe mich um. Nirgendwo Blut. Dafür Räucherstäbchengeruch.

»Nein, im Bad«, antwortet die Frau leise und zeigt auf eine Tür, die Bernd mit einem Schritt erreicht hat. Er will sie öffnen, aber sie ist von innen versperrt.

»Machen Sie bitte auf!«, ruft Bernd.

Als nichts passiert, stellt er erst mal den Notarztkoffer ab. »Rettungsdienst!«, ruft er.

Geräusche wie von einer Dusche sind jetzt zu hören. Dann ein leises »Moment, bitte!«.

»Na, wenn es geht, dann schon ein wenig zügig«, sagt Bernd laut. Er ist sichtlich genervt. »Wir fahren hier doch nicht mit Blaulicht bis zu Ihnen vor die Haustür, um uns dann vor Ihrer Badezimmertür gemütlich die Füße zu vertreten.«

»Haben Sie eine Ahnung, wie viel Blut er verloren hat?«, frage ich die Frau, die aber nur verschämt auf den Boden blickt.

Bernd klopft noch mal heftig an die Tür. Die Dusche wird abgestellt.

»Gleich!«, ruft eine männliche Person. »Wer ist denn da?«

»Rettungsdienst!«

»Männer? Zwei *Männer?*«, kommt die Frage zurück.

Bernd und ich blicken uns an. ´

»Ja«, antwortet Bernd. »Ist das ein Problem?«

»Der hat doch nichts mit der Nase«, vermute ich leise, als sich die Frau zurückgezogen hat.

Endlich öffnet sich die Tür.

Vor uns steht ein sportlich gebauter Mann, mit einem blauen Badetuch um die Lenden. Von Nasenbluten keine Spur. Aber seinem Gesichtsausdruck nach hat er Schmerzen.

»Und jetzt?«, fragt Bernd.

Der Mann ist ein paar Schritte zurückgegangen und steht nun mitten in diesem höchst komfortablen Badezimmer.

»Wissen Sie …«, beginnt er.

Während er nach den richtigen Worten sucht, lasse ich meinen Blick durch den Raum schweifen: topmoderne Ausstattung, Designerarmaturen, ein schönes Bad zum Wohlfühlen.

»Also, ich … wir …«

Auf der Ablage vor dem Spiegel stehen vier Zahnbürsten, zwei große und zwei in einer Kindergröße, daneben hängen

Waschlappen an Haken, über denen auf ovalen Keramikschildern vier Namen in Schreibschrift stehen.

»Jetzt hören Sie mal«, sagt Bernd, »das Stellen von Diagnosen ist zwar Aufgabe eines Arztes, aber als Rettungsassistent würde ich mal vorsichtig sagen: Nach Nasenbluten sieht das nicht unbedingt aus. Also, warum haben Sie uns rufen lassen?«

»Aber nein«, sagt der Mann erstaunt, »hat meine Frau das am Telefon gesagt?«

»Ja. Und was haben Sie nun wirklich?«, fragt Bernd ungeduldig.

»Ich hab mich verbrannt.«

»Und wo?«

»In der Küche.«

Bernd grinst. »Nein, wo? An welcher Stelle Ihres Körpers?«

Der Mann zieht vorsichtig sein Handtuch fort und schaut nach unten, wo man nicht nur am Oberschenkel eine Rötung erkennen kann.

»O je ...«, rutscht mir heraus. *Wie hat er das denn geschafft ...*

Bernd beugt sich ein wenig vor, um die Rötung zu begutachten und fragt den Mann anschließend ganz sachlich: »Und wie ist das passiert?«

»Beim Pfannkuchenwenden«, kommt nur knapp zurück.

Ich halte mir schnell die Schreibmappe vor den Mund und sehe, dass auch Bernd sich zurückhalten muss, um nicht zu lachen.

»Ist es schlimm?«, fragt die Frau, die inzwischen hinter uns steht, in einem fast weinerlichen Ton.

»Na ja«, sagt Bernd, »wie man es nimmt, ich würde mal vermuten, dass es sich nicht wirklich gut anfühlt. Herr ...«

»Wanko«

»Herr Wanko, setzen Sie sich doch mal ... tut sicherlich ziemlich weh, was?«

– 200 –

Der Mann nickt, als er sich auf den Badewannenrand setzt.

»Die Kinder sind doch übers Wochenende weg ...«, erzählt er uns und schaut uns fragend an.

»Ich würde das jetzt gern steril abdecken«, sagt Bernd, der neben dem Patienten kniet, während er ihn so gut es geht untersucht, und dabei mit den übergezogenen Handschuhen nur so weit nötig berührt. »Und dann nehmen wir Sie mit, und Sie lassen es in der Klinik ...«

»Nein!«, unterbricht ihn der Patient schroff. »Geht das nicht hier? Ich meine, haben Sie nicht irgendeine Salbe, die ich drauf machen kann?«

»Na ja«, sage ich nun, »wir versorgen das so weit, aber behandeln werden wir das sicher nicht. Das muss ein Arzt ansehen und dann entscheiden. Wenn Ihnen am Ende noch was bleibt ...?«

»Geh doch bitte mit, Jürgen«, höre ich die Frau hinter mir. Im Spiegel, der über dem Waschbecken hängt, sehe ich ihren besorgten Gesichtsausdruck. Und Bernds. Seine Andeutungen einer Grimasse geben mir den Rest, ich halte mir die Hand vor den Mund und hüstle, um mein Lachen zu verbergen.

»Jürgen«, setzt die Frau noch mal nach, »geh lieber mit.«

»Und der Pfannkuchen ist Ihnen dann sozusagen weggeflogen?«, fragt Bernd.

Der Patient nickt.

»Dafür sind Sie aber noch mal gut davongekommen, so ein heißer Pfannkuchen ist heftig.«

»Na ja«, sagt der Patient leise, »das Ding hat mich ja nur gestreift, er ist ja nicht direkt an mir hängen geblieben.«

Jetzt muss ich doch kurz lachen, und nicht nur Bernd grinst, sondern auch der Patient. Allein die Frau schaut genauso bekümmert wie vorher.

»Ich wollte ja zuerst gar nicht, dass Sie kommen«, gesteht der Mann uns. »Ich hatte gehofft, dass es so geht.«

»Na ja«, entschuldigt sich seine Frau »du bist laut schreiend ins Bad gerannt.«

»Ich hab das kalt abgeduscht, das war doch richtig?«

»Ja, genau richtig«, sagen Bernd und ich wie aus einem Mund.

»Also, Sie wollen nicht mit?«, frage ich.

Der Patient zuckt mit den Schultern.

Ich ziehe ein Einsatzprotokoll raus. »Dann sollten Sie uns das allerdings bitte unterschreiben. Dass wir Sie darüber aufgeklärt haben, dass Sie es in der Klinik anschauen lassen sollten und dass Sie das abgelehnt haben. Nur damit wir nicht haften, wenn dann doch irgendwelche Spätfolgen auftreten, falls sich etwas entzündet oder so.«

Der Patient seufzt. »Gut ... wenn es denn unbedingt sein *muss!* Ich komme mit. Vermutlich ist es doch besser, mal einen Arzt nachschauen zu lassen.«

Ich reiche Bernd ein Brandwundenverbandtuch, er bedeckt die Stelle so gut es geht und fixiert sie seitlich mit zwei Klebestreifen.

»Ich brauche noch eins für den Oberschenkel ...«, sagt er.

Ich halte es schon in der Hand und reiche es ihm an. Während er das zweite Brandwundenverbandtuch befestigt, bitte ich die Frau, ihrem Mann einen Schlaf- oder Trainingsanzug zu bringen. Ich fühle den Puls des Patienten und messe den Blutdruck, die Werte sind im Normbereich. Ich packe alles wieder ein und klappe den Notfallkoffer zu.

Die Frau kommt währenddessen mit einem Trainingsanzug zurück.

»Wollen Sie die Hose selbst anziehen?«, fragt Bernd.

Herr Wanko nickt.

Ich schnappe mir Koffer und Absauggerät und gehe nach draußen, wo unser Rettungswagen vor dem Gartentor steht – und ein älterer Herr.

»Ist was bei den Wankos?«, fragt er mich.

»Mh. Sie sind der Nachbar?«, weiche ich mit einer Gegenfrage aus.

»Ja«, sagt der Mann.

»Na ja, schauen Sie, es ist so: Ich darf Ihnen nichts sagen.«

»Ja«, nickt mir der Herr zu. Und dann: »Er – oder sie?«

Ich schüttle den Kopf. »Bitte verstehen Sie ...«, sage ich, während ich die Tür des Rettungswagens öffne, »aber ich *darf* nicht.«

»Oje, bestimmt ist was mit ihm«, fährt er fort, »er ist so ein feiner Kerl, ein netter Nachbar, technisch so begabt, aber er übernimmt sich immer mit allem.«

Technisch so begabt ... – Ich denke an seine Pfannkuchenbäckerei. Um nicht laut zu lachen, blicke ich bewusst ernst drein.

»Ach Gott«, der Nachbar lässt mir keine Ruhe, »bestimmt ist es etwas sehr Schlimmes ..., ich sehe es an Ihrem Gesichtsausdruck. So wie Sie mich gerade angesehen haben.«

»Na«, sage ich, »nun beruhigen Sie sich mal.«

Ich gehe wieder ins Haus, der Mann geht mir ein paar Schritte nach und jammert: »Es passiert so viel Schlimmes in der letzten Zeit.«

»Ihr Nachbar macht sich Sorgen um Sie«, sage ich den beiden, als ich wieder im Haus bin. »Er möchte wissen, was Ihnen fehlt. Natürlich habe ich ihm gesagt, dass ich keine Auskunft geben kann, aber das hat ihn nur zusätzlich beunruhigt. Und da wir gleich da rausmüssen und irgendwie an ihm vorbei ...?«

Frau und Herr Wanko schauen sich an.

»Na ja«, gebe ich den beiden einen Tipp, »nach Nasenbluten sieht es nicht aus, aber so ein kleines Kreislaufproblem könnte jeder mal haben.«

Keine drei Minuten später ist Frau Wanko angezogen und hat sich auch den Lippenstift abgeschminkt.

»Ich geh schon mal raus und rede mit dem Nachbarn«, sagt sie. Herr Wanko steht auf, und Bernd will ihn leicht unterhaken.

»Geht schon«, sagt der Hausherr verwundert, »ich kann selbst gehen.«

»Na ja, mit Ihrem Kreislaufproblem sollten wir Sie schon ein wenig stützen«, sagt Bernd und lacht.

Herr Wanko hält ihm den Arm hin.

Eine halbe Stunde später liegt unser Patient auf einer Liege in der Notaufnahme, und ein Pfleger sieht sich die gerötete Stelle an.

Gerade als wir unsere leere Trage aus dem Raum schieben und gehen wollen, kommt die diensthabende Ärztin herein. Unser Patient reißt einigermaßen entsetzt die Augen auf.

»Du?«

»Ja, Mensch, Jürgen! Du machst ja Sachen. Was führt dich denn hierher?«

Herr Wanko dreht sich zu mir um und schielt dabei in Richtung der Ärztin: »Ich kenne ihren Mann gut.«

»Ja, die Welt ist klein ...«, sage ich, weil mir nichts Besseres einfällt, dann verabschieden wir uns noch einmal, und ich schiebe Bernd vor mir aus dem Raum heraus.

Draußen vor der Notaufnahme nimmt Bernd sein Handy. »Die Diagnose gebe ich mal per Telefon durch.«

Er zündet sich eine Zigarette an und wählt die Nummer der Leitstelle, die zur Vervollständigung der Daten noch den kompletten Namen des Patienten und eine Arbeitsdiagnose braucht. Vorher bekommen wir auch keine Einsatznummer herausgegeben.

»Hi«, meldet er sich, »ich bin's, der Bernd vom 33/37. Ich wollte euch den Namen geben ... Ja ... Bist du schreibklar ...? Also der Vorname ist Jürgen, den Nachnamen habt ihr ja schon.«

Zwei der Nachtschwestern gehen vorbei, die bald Dienstbeginn haben. Die Sonne steht schon tief am Horizont. Ich vertrete mir an der frischen Luft ein wenig die Beine.

»Nein, kein Epistaxis ...«, höre ich Bernd sagen.

Es ist Mitte September, das Laub beginnt sich zu verfärben, aber es ist noch warm für einen der ersten Herbstabende.

»Nein, eine Verbrennung ... untere Extremität.«

Am Horizont leuchten die verblassenden Kondensstreifen mehrerer Flugzeuge.

»Ja, so ähnlich, aber mehr in der Mitte ...«

Bernd macht sich einen Spaß daraus, die Sache spannend zu machen.

»Ja, genau ...«

Er zieht an seiner Zigarette.

»Nein, beim Pfannkuchenbacken ... 01032 ist die Nummer, danke!« Dann drückt er die Zigarette aus und wirft sie in einen der blauen Aschenbecher, die vor der Notaufnahme aufgestellt sind.

»Wir können wieder!«, ruft er mir zu, und wir steigen in unseren RTW.

»33/37 ist dann im Krankenhaus Friedberg wieder frei ...«, melde ich mich am Funk. »... den Namen haben Sie ja schon vom Kollegen per Telefon bekommen.«

Ich höre kurz ein Klicken am Funk, dann im Hintergrund Lachen, und erst danach die Stimme des Leitstellendisponenten, der uns nach Hause schickt.

»33/37, dann Richtung Wache, aber fahren Sie vorsichtig!«

»Warum?«, will ich wissen.

»Bei Ihnen draußen sollen angeblich die Pfannkuchen heute tief fliegen, hat mir mein Kollege gesagt ...«

Bernd kichert. Ich lege den Funkhörer weg.

»Also entweder muss er das noch üben oder sich das nächste Mal vorher was anziehen.«

»Ja, ja, Bernd, da greift mal wieder das alte Sprichwort: Wer den Schaden hat ...«

»Jedenfalls war's nichts mit der Nase, Schorsch. Du hattest den richtigen Riecher.«

```
OKT 1999 · NACHTSCHICHT
RETTUNGSWAGEN
EINSATZ # 11551
```

Alte Freunde

Seit mehr als zwei Stunden stehen Fabian und ich mit dem RTW in der Backsteingasse, eine dieser schmalen Gässchen in der Augsburger Innenstadt. Mit Kopfsteinpflaster und alten Häusern, von denen keins mehr ganz gerade steht. Gleich nach Dienstbeginn der Nachtschicht hatte uns die Leitstelle hierhergeschickt, weil mehrere Anwohner der Nordhausgasse Gasgeruch gemeldet hatten.

Eine Straße weiter ist nun die Berufsfeuerwehr zugange, im Dunkel sehe ich aber nur die fluoreszierenden Helme und Leuchtstreifen der Kollegen, die auftauchen und sich bewegen. Es ist beinahe so, als würden die Helme im Dunkeln tanzen. Wie lauter Pantomimen, die sich mit weißen Händen und Gesichtern und in schwarzen Anzügen vor einem schwarzen Vorhang bewegen. Tatsächlich messen die Kollegen der Feuerwehr gerade mit ihren Geräten den Gasaustritt – vorausgesetzt, dass wirklich Gas austritt.

Seit dem Melden beim Einsatzleiter hatten wir noch gar nichts zu tun gehabt. Dieses Warten bei einem Einsatz kann unglaublich zäh sein. Vor allem, wenn man mal keine Lust auf einen ewig dauernden Smalltalk mit den Kollegen hat. Und zur Ruhe kommt man auch nicht wirklich, wenn man jeden Moment damit rechnen muss, doch gebraucht zu werden.

»Die Konzentration liegt im Moment noch unterhalb der Explosionsgrenze«, hatte mir einer der Feuerwehrleute das Ergebnis der Messungen im Vorbeigehen mitgeteilt. Und trotzdem mussten wir dann noch aus irgendwelchen Gründen, die ich nicht kannte, zur Absicherung vor Ort bleiben.

Ich setze mich in den Wagen, in dem es angenehm warm ist – die Temperaturen draußen sind an diesem letzten Oktobertag um einiges niedriger als noch vor ein paar Tagen. Die Standheizung ist eingeschaltet und hält unseren Rettungswagen warm. Gar nicht mal, damit Fabian und ich nicht frieren, sondern damit der Patientenraum, die Geräte und vor allem die Infusionen nicht auskühlen.

»Mist, das geht nicht mehr.« Fabian hat die Fahrertür geöffnet und hält mir ein Feuerzeug entgegen.

»Hä?« Ich bin erstaunt. Zum einen, weil ich nicht mitbekommen habe, dass er sich dem Wagen genähert hat, zum anderen, weil mich das Feuerzeug hier, wo wir wegen eines Gasaustritts sind, irritiert. Und nicht zuletzt auch, weil Fabian doch einer meiner wenigen Nichtraucherkollegen war.

»Ist das kein Problem mit dem Gas?«

»Quatsch«, sagt er. »Das ist doch da drüben. Wir sind weit außerhalb des Gefahrenbereichs. Hab extra noch mal nachgefragt. Sonst bräuchtest du hier gar nicht stehen und könntest die Standheizung auch vergessen.«

Da hat er recht. »Und seit wann rauchst du?«

»Gar nicht«, sagt er, »aber Melanie hat ihres auf der Wache liegen lassen.«

Melanie lehnt lachend an einer Hauswand. Sie ist die Sanitäterin vom Augsburger Notarzteinsatzfahrzeug, und Fabian hat die Zeit genutzt, um sich angeregt mit ihr zu unterhalten.

»Tut mir leid, da kann ich dir nicht helfen.«

»Und im Handschuhfach?«, fragt er und läuft auch schon zur Beifahrerseite. Dort wird er fündig.

Wenig später sehe ich, wie er nicht nur Melanie, sondern auch den anderen, von denen sie umringt wird, Feuer gibt. Einen Moment lang überlege ich, ob ich mich trotz der Kälte wieder dazustellen soll, die Stimmung scheint richtig gut zu sein, aber mich friert, und ich habe keine Lust, dieses Gefühl von kalten Füßen zu vertiefen. Dann lieber allein im Warmen sitzen.

Ich höre am Funk, was sich so in der Gegend rundherum tut, und schlage meine Zeit mit nichts tot.

Bis mein Handy piepst.

»Hast du gerade Zeit?« Eine SMS von Renate.

Mehr als genug, denke ich und rufe sie an.

Es gibt ein kleines Problem wegen unseres geplanten Wochenendausflugs. Eine unserer Töchter ist nun auch zur Geburtstagfeier ihrer besten Freundin eingeladen.

»Vielleicht kann sie das ganze Wochenende bei Jennifer verbringen? Das machen die sonst doch auch schon mal«, schlage ich vor. »Oder wir verschieben ...«

»33/64 für Leitstelle?« Die Leitstelle ruft unseren Kollegen vom Friedberger Notarzt.

»Warte mal kurz, Renate ...«

Ich höre am Funk mit: Unser Friedberger Notarzt, der gerade gerufen wurde, meldet sich nicht. Soweit ich mitbekommen hatte, ist er gerade bei einem Patienten mit Asthma in der Wohnung. Und dann höre ich die Tonfolge seines Selektivs, vier Töne mit festgelegten Frequenzen, die seinen Piepser auslösen.

»Du, ich muss Schluss machen«, verabschiede ich mich von meiner Frau.

Vielleicht betrifft die Meldung unser Einsatzgebiet, ich möchte im Bild sein.

Während ich dem Funk lausche, sehe ich Fabian ein paar Meter vor unserem Wagen, der von einem Kollegen der Feuerwehr angesprochen wird. Jetzt winkt er mir zu, und ich öffne das Fenster einen Spalt. Fabian zeigt auf den Feuerwehrkollegen und ruft: »*Der* sagt, wir können dann wieder los. Die haben das Leck gefunden, das Gas ist sowieso schon am Verteiler vorher abgedreht.«

»Leitstelle für 33/64? Können Sie weg?«, will der Leitstellendisponent über Funk von dem Friedberger Notarzt wissen.

Stundenlang Ruhe im Äther, mit einem Mal wird es am Funk betriebsam. Der Stimme nach meldet sich Uli, ein Notarztsani unserer Wache.

Ich sehe, dass der Einsatzleiter sein Handsprechfunkgerät an sein Ohr hält. Die Kollegen unterhalten sich nicht mehr, hören offenbar mit.

»Ein Infarkt im Altersheim in Kissing«, meldet der Leitstellendisponent. Dann setzt er nach: »Laut Pflegerin akute Verschlechterung des Zustands, sie hat innerhalb weniger Minuten schon zweimal angerufen.«

»Moment, ich kläre es ab«, antwortet Uli.

»Der Friedberger Rettungswagen kann auch abrücken«, höre ich die Stimme unseres Einsatzleiters zwischen knackenden und rauschenden Geräuschen durch den Lautsprecher über mir, während ich ihn zeitgleich in wenigen Metern Entfernung vor mir am Funkgerät sehe. »Wir sind hier fertig.«

»33/37, sind Sie schreibklar?«

Der Ruf galt mir. Ich bestätige.

Fabian kommt angelaufen. Als ich die Meldung aufnehme, sitzt er bereits neben mir.

»Kissing, Altenheim Herbstsonne, Münchner Straße 7, Patient Markovics, 2. Stock, Zimmer 231. 20.17 Uhr.«

Fabian hat das Blaulicht bereits eingeschaltet. Unser Einsatzleiter winkt uns rückwärts auf die Hauptstraße, aber obwohl er die Hand erhoben hat, um den Verkehr zu stoppen, schießt hinter uns noch ein PKW durch.

Nicht zu glauben, wie viele Menschen es immer noch eiliger haben als wir.

Als wir vor dem Altenheim Herbstsonne ankommen, steht das NEF schon da. Wir sehen gerade noch durch die Glastür am Eingang, wie jemand weiß Bekleidetes, vielleicht eine Altenpflegerin, mit unseren Kollegen irgendwo im Haus durch eine Drehtür verschwindet.

»Welcher Doc fährt überhaupt heute Nacht?«, fragt Uli.
»Bertram«, sage ich.

»Wer?«

»Dr. Sieber.«

Als wir die Trage aus dem Auto gezogen haben und die Tür erreichen, ist die Glastür verschlossen, von den Kollegen nichts mehr zu sehen. Und auch sonst keiner. Fabian klingelt ein paarmal, aber es macht niemand auf.

»Mein Gott ...«, sagt er verärgert. »Die machen das doch alle nicht zum ersten Mal, die können sich doch denken, dass wir auch ankommen.« Genervt drückt er noch mal auf die Klingel. Nichts rührt sich.

Ich gehe zurück zum Auto und melde mich bei der Leitstelle: »Können Sie bitte noch mal reinrufen, wir sind am Einsatzort, aber die Tür ist zu.«

Einen kleinen Moment dauert es, dann meldet sich der Leitstellenmitarbeiter. »Das NEF müsste auch schon dort sein, die Kollegen waren kurz vor Ihnen dran. Sind Sie denn am Haupteingang?«

Jetzt bin auch ich genervt.

»Ja, sicher! Wir haben die Kollegen noch vor uns reingehen sehen.«

»Moment.«

Ich warte, dann sehe ich, wie eine Pflegerin zum Eingang kommt. Ich laufe zurück.

»Na, das hat aber gedauert«, mault Fabian sie gleich zur Begrüßung an, während wir mit der klappernden Trage in Richtung Aufzug laufen.

»Tut mir leid«, sagt sie, »ich habe gerade Ihre Kollegen nach oben gebracht. Die Klingel tut nicht, ich hab es dem Hausmeister schon gesagt, aber der kann sich erst morgen kümmern.«

»Aha«, sagt Fabian.

Das Zimmer des Patienten ist nicht sehr geräumig, und ich bleibe erst einmal in der Tür stehen. Fabian hat sich gegenüber von Bertram, dem Notarzt, und Uli ans Bett des Patienten gestellt. Neben ihm steht eine Altenpflegerin.

Uli kommt kurz zu mir, drückt mir ein Opiat und eine Spritze in die Hand: »Da. Aufziehen.«

Der Patient hat schon eine Sauerstoffmaske vor dem Gesicht, und die Infusion, die der Arzt angelegt hat, läuft ebenfalls.

»Sie bekommen gleich etwas gegen die Schmerzen«, erklärt Bertram dem Patienten, dessen Gesicht schneeweiß ist.

Der alte Mann nickt schwach.

Als ich ihm gerade das Opiat reiche, öffnet sich die Tür vom Nebenzimmer und ein älterer Herr mit weißgrau melierten Haaren tritt heraus und schaut mich lächelnd an. Offenbar auch ein Mitbewohner.

»Guten Abend«, sagt er freundlich. »Ich dreh mal kurz noch meine Runde.«

»N'Abend«, entgegne ich knapp. Der ältere Herr bleibt neben mir stehen und schaut mir zu.

»Geht's ihm nicht so gut?«, will er wissen.

»Schauen Sie«, sage ich, »wir versuchen gerade, ihm zu helfen. Aber wir dürfen nicht erzählen, was unsere Patienten haben.«

»Ja, schon gut«, sagt der Herr und lächelt gelassen. »Nur gut, dass Sie so schnell gekommen sind.«

»Ein 12-Kanal-EKG«, fordert Bertram, »und einen Betablocker.«

Ich hole mir eine Ampulle Metoprolol aus dem Koffer. »Betablocker mache ich«, sage ich.

»Kannst du dann schon mal ein Protokoll anfangen?« Uli legt das Schreibzeug auf eine schmale Kommode, die zusätzlich den Eingangsbereich verstellt und gibt mir noch ein paar Informationen.

»Der Puls war initial bei 115, der Druck bei 100, die Sauerstoffsättigung bei 88.« *Initial: Er meint, bei seiner ersten Messung, noch bevor jemand etwas unternommen hat.*

»Ist es mit dem Atmen und den Schmerzen schon ein wenig besser?« Bertram spricht laut und deutlich.

»Ein wenig«, haucht der Patient geschwächt.

»Gut. Jetzt mal kurz nicht reden und möglichst nicht bewegen.«

Aus dem EKG kommt ein Papierstreifen, den er abreißt und ansieht.

»Na«, sagt er, »das ist eindeutig. Schauen wir, dass wir loskommen.«

»Nur gut, dass Sie da sind«, sagt der Herr aus dem Nebenzimmer, der immer noch neben mir steht, wieder.

Ich blicke, mehr in Gedanken, an ihm herunter, nehme wie nebenbei diesen herben Duft des Rasierwassers wahr, er erinnert mich an das meines Großvaters. Eine graue Hose, wie die älteren Herren sie hier alle tragen, Hosenträger und ein weißes Hemd, er sieht sehr gepflegt aus, und in seiner fast schüchternen Art liegt etwas Unbeholfenes.

»Ja«, antworte ich ihm.

Am besten wäre es, wenn dieser Mann wieder in seinem Zimmer verschwinden würde. Es irritiert bloß, dass er so dasteht, nicht zur Seite weicht.

»Hören Sie«, sage ich zu ihm, »möchten Sie nicht zurück in Ihr Zimmer oder ein wenig in den Aufenthaltsraum?« Während ich mit ihm spreche, ziehe ich die schmale Kommode mit einer Porzellanvase darauf vorsichtig zur Seite: Hier müssen wir gleich mit der Trage durch.

»Oh, ich wollte nicht stören«, sagt der ältere Herr und tritt einen Schritt zurück. »Es ist ja nur, weil ich den Herrn Markovics schon so lange kenne«, sagt er. »Wir waren früher mal Nachbarn, auch wenn es schon lange her ist.« Er zwinkert mir freundlich zu.

»Ja, schon gut«, gebe ich nach. Eigentlich tut er mir ja nichts.

Zu dritt heben wir den Patienten auf die Trage.

»Das ist der erste Infarkt?«, will Bertram wissen.

»Ja, sicher. Der war bisher immer völlig fit«, höre ich den älteren Herrn, der immer noch im Weg steht.

Guter Mann, jetzt geh doch endlich, denke ich.

Bertram übergeht den Kommentar einfach und wendet sich der Schwester zu. »Also, der erste?«

»Moment, ich bin mich nicht ganz sicher, aber soweit ich weiß, ja, Herr Doktor«, sagt die Altenpflegerin und schaut noch einmal in die Akte des Patienten.

»Ja«, sagt sie dann. »Er hatte bisher noch keinen.«

Wir hängen noch die Sauerstoffplatte an unsere Trage und stellen das EKG am Fußende neben die Beine des Patienten, dann rollen wir los in Richtung Aufzug.

»Kennen die sich besonders gut?«, frage ich die Altenpflegerin.

»Wer?«

»Na, dieser Herr dort und unser Patient.«

»Ach, also ...« Sie schaut unauffällig in Richtung des Mannes. »Nicht, dass ich wüsste. Aber es kann natürlich trotzdem sein. Ich bin erst seit einem Monat hier.«

»Ach so ...«

»Wissen Sie«, sagt sie dann noch, während sie in Richtung des Herrn mit dem weißgrau melierten Haar auf dem Gang schaut, »er ist einfach immer sehr besorgt, dass es allen hier gut geht.«

»Ja, das habe ich gemerkt.«

Und da kommt er auch schon wieder hinter uns her.

»Das ist wirklich fürsorglich von Ihnen, dass Sie sich so kümmern«, sage ich, »aber jetzt müssen wir gehen.«

»Ja sicher, ich muss mich ja auch kümmern. Ich bin nämlich hier der Chef.« Dazu lächelt er.

Fabian versucht sein Grinsen zu verbergen, während er die Taste am Aufzug drückt.

Unser Arzt steht neben der Trage und beobachtet die Anzeige auf dem EKG, als sich auch schon die Türen des Aufzugs öffnen. Als wir uns zusammen mit dem Patienten in den Aufzug zwängen, versucht der ältere Herr mitzukommen.

Aber Bertram schiebt ihn sanft zurück. »So«, sagt er, »und *wir* gehen jetzt schön brav wieder zurück. In die Klinik können Sie sowieso nicht mitfahren.«

Der ältere Herr nickt. »Ja«, sagt er, »da haben Sie auch wieder recht. Na dann, alles Gute. Bringen Sie ihn gut hin!«

Durch die schließenden Aufzugtüren hindurch blickt uns der Mann noch nach. Ein wehmütiger Blick.

Eigentlich ein lieber Kerl. Schlimm, wenn man so alt wird und sich nicht mehr auskennt.

Als sich der Aufzug in Bewegung gesetzt hat, schüttelt Fabian den Kopf. »Mann, war der durcheinander! Der ›Chef‹.«

»Na ja, er meinte es nur gut ...«, sage ich.

Wir grinsen uns alle drei an.

Nachdem wir den Patienten im Auto haben, wähle ich die Nummer von Ulis Handy, der oben noch seine Sachen zusammenpackt.

»Du, wenn du gleich runterkommst, pass auf: Der Bewohner aus dem Nebenzimmer wollte gerade noch stiften gehen. Nicht dass der noch abhaut und man ihn später suchen muss.«

Ich denke an all diese Meldungen, die man immer wieder im Radio hört: »Seit gestern Abend um 18.00 Uhr wird vermisst ...«

Während ich kurz darauf zurücksetze, höre ich hinten Fabians Stimme: »Leitstelle von 33/37 mit Voranmeldung.«

»Schreibklar«, antwortet die Stimme am Funk, und Fabian fährt fort: »Männlich, zweiundsiebzig Jahre alt, Zustand nach

Infarkt, Patient ansprechbar, nicht intubiert, nicht beatmet, Eintreffen ca. eins, acht Minuten.«

Keine zwanzig Minuten später sitze ich am Schalter der Notaufnahme, um die für die Verwaltung notwendigen Daten weiterzugeben, als Uli ebenfalls eintrifft.

»Wie geht's dem Patienten denn?«, will er wissen.

»Soweit ich mitbekommen habe, ist er stabil.«

»Na gut.«

Ich bin fertig mit meinen Angaben, die Akte druckt gerade aus.

»Und?«, fällt mir noch ein. »Habt ihr den anderen Herrn noch zurück auf sein Zimmer gebracht?«

Uli grinst. »Wie alt hättest du den denn geschätzt?«

Ich überlege. »Fünfundsechzig vielleicht oder siebzig ... Körperlich sah er noch recht fit aus, nur eben ziemlich durch den Wind.«

Ulis Grinsen wird breiter.

»Nein!«, rufe ich.

Das Grinsen wird noch breiter.

»Ist nicht wahr, oder?«, sage ich.

»Doch, Georg. Der ist achtundfünfzig Jahre alt und der Leiter des Altenheims.«

»Woher weißt du das?«

»Von Anja«, sagt Uli, »die Nachtschwester aus dem dritten Stock kam noch dazu.«

»Halleluja ...«, entfährt es mir.

»Ja, da hast du dich schön in die Nesseln gesetzt ...«

Ich überlege noch einmal, wie ich versucht habe, den Mann beiseite zu schieben und werde etwas verlegen.

»Ach, so schlimm war das ja gar nicht, was ich zu ihm gesagt habe«, versuche ich zu beschwichtigen. »Bertram hat sich da schon eher in die Nesseln gesetzt.«

»Aha?«

»Ich bin schon auf sein Gesicht gespannt, wenn wir es ihm erzählen«, lenke ich weiter ab.

Als Uli zu seinem Doc in die Aufnahmekabine gehen will, dreht er sich noch mal kurz zu mir um. »Ach, und pass auf, dass sie dich nicht irgendwo ohne Dienstkleidung erwischen. Von deinen wenigen Haaren sind auch schon einige grau. Nicht, dass sie dich demnächst ...«

»Jetzt halt bloß den Mund«, stoppe ich seine Frotzelei.

Der Mann an der Wand

Schon lang unterwegs heute? Wir rödeln wie die Tiere.« Mit Matthias, dem Kollegen aus Augsburg, den ich in der Notaufnahme zufällig treffe, habe ich früher einige Schichten geschoben, wir haben uns im Friedberger RTW so manche Nacht um die Ohren geschlagen. Dann ist er hauptberuflich zur Augsburger Wache, »in die Stadt«, gewechselt. Wie damals trägt er seine hellblonden Haare im Freestyle.

»Nö«, antworte ich, »war gerade unser erster. Bei uns ist es ruhig.«

»Hattet ihr nicht den Einsatz in Mering, diesen Verkehrsunfall?«

»Nein, den hat der Haunstetter Notarzt versorgt. Wir waren in Wulfertshausen. Ausschluss Hinterwandinfarkt.«

»Und sonst nichts?«

»Hm, alles ruhig.« Ich nippe an meinen Kakao. Aber er ist noch zu heiß.

»Wir hatten fünf bisher.«

Ich rechne: von Beginn der Schicht in Augsburg bis Mitternacht. »Da müsst ihr nonstop unterwegs gewesen sein.«

»Ja, sag ich doch. Wir rödeln wie die Tiere ...« Matthias deutet auf seinen Piepser, diesen kleinen schwarzen Kasten an seinem Gürtel. »Ich hab den in die Hand genommen, und es ging los.«

Automatisch greife ich auch nach meinem Piepser, der heute noch keinen Ton von sich gegeben hat.

»Mit welchem Doc fährst du heute?«

»Lengenfelder.«

»Ah. Hab ich schon lange nicht mehr gesehen.« Er schaut sich um.

»Ist noch in der Kabine.«

Ein Piepser ertönt irgendwo aus einer halb offen stehenden Wagentür.

»Oh ...« Einen Moment später pfeift und vibriert auch der Piepser an meinem Gürtel. »Mist«, sage ich, kippe meinen Kakao in einen Gully und werfe den Becher in einen der umstehenden Eimer mit blauen Müllsäcken. »Kannst du bitte dem Lengenfelder Bescheid geben, der müsste auf Kabine 4 sein.« Nicht immer löst der Piepser in den Räumen der Notaufnahme aus.

Ich laufe zum Wagen, um den Einsatz aufzunehmen, doch dann finde ich den Kugelschreiber nicht ... Ach, da, im Klemmbrett ... Ich drücke die 5: Status »Sprechbereit«.

Aber die Meldung des Leitstellenmitarbeiters am Funk gilt den Kollegen aus Gersthofen.

»Gersthofen 33/65, Sie sind in der Lechhauser Straße frei?«

»Positiv.«

»Dann übernehmen Sie: Schillstraße, Ecke Hans-Böckler, nach Sturz vom Fahrrad bewusstlos. Ebenfalls zu Ihnen unterwegs der 33/04.«

War das der Einsatz, für den mein Piepser ausgelöst wurde? Und den hat die Leitstelle jetzt dem Gersthofer Notarzt gegeben? Oder gibt es noch einen zweiten gleichzeitig? Ich warte erst einmal die Wiederholung am Funk ab: »Schillstraße – Ecke Hans-Böckler, VU mit Fahrrad – mit dem 33/04.«

Einen Moment lang ist der Funk dann still. Ich überlege, ob mein »Status 5«, mit dem ich mich schreibbereit gemeldet habe, überhaupt angekommen ist, oder ob ich noch einmal die Taste drücken soll, aber da meldet sich die Leitstelle.

»33/64, hat sich für Sie dann erledigt. Sie können Richtung fahren.«

Dr. Lengenfelder steigt keuchend in den Wagen ein: »Und?«

»Nichts. Die Gersthofener haben sich gerade frei gemeldet, sind näher dran.«

Er schaut genervt.

»Schon wieder einen Kakao erfolgreich vernichtet«, sage ich mehr zu mir selbst.

»Mh?«

»Ach, nichts.«

Gemütlich fahre ich in Richtung Wache.

Vielleicht haben wir Glück, und es bleibt ruhig. Das wäre kein Fehler, ich muss am nächsten Tag spätestens um zehn Uhr im Büro sein.

Dr. Lengenfelder ist nicht gerade der Typ, der viel redet, und mir ist auch nicht wirklich nach einem Gespräch zumute. Im Radio lief vor unserer Ankunft in der Klinik noch Frank Sinatra, aber jetzt scheint es ein Freejazz-Programm zu sein.

»Also entweder machen wir das aus oder lauter. Oder wir suchen einen anderen Sender.«

Stimmt. So halblaut nervt diese Musik irgendwie.

»Aus«, sage ich und drehe den Radioschalter ganz nach rechts.

Kein Radio. Kein Funk. Alles ruhig.

Dann ein Unterzucker in Aichach und irgendwo in Königsbrunn ein Rettungswagen, der sich nach einer Versorgung an seinem Einsatzort wieder frei meldet.

Als ich in die Thomasstraße biege, meine ich aus dem Augenwinkel jemanden gesehen zu haben, der uns zugewunken hat. Ich bremse ab. Dr. Lengenfelder, der mit Schreibkram beschäftigt ist, schaut hoch.

»Was ist los? Die Ampel da vorne ist doch grün.«

»Da hat uns gerade jemand gewunken. Rechts hinter uns.«

Mein Arzt schaut nach hinten.

»Ja, stimmt. Da will jemand was von uns ... – Na, wenn uns die Leitstelle nichts gibt, fangen wir uns die Einsätze eben selbst ein.«

Ich drehe um und fahre den beiden Fahrradfahrern, die noch immer winken, entgegen, bleibe direkt vor ihnen am Gehweg stehen und öffne das Fenster ein Stück weit.

»Sie kommen wie gerufen«, sagt der Mann. »Da hinten an der Mauer steht einer. Irgendwas stimmt mit dem nicht.«

»Irgendwas?«, frage ich nach.

»Ja. Der scheint verwirrt zu sein.«

»Wo genau steht die Person?«, frage ich, meine dann aber in etwa zwanzig Meter Entfernung eine Silhouette zu erkennen.

»Da hinten. Ein älterer Herr. Der schimpft wegen der Mauer. Wir wollten ihm helfen, aber ...«

»Danke für den Hinweis, wir kümmern uns darum.« – »Leitstelle von Friedberg 33/64, Thomasstraße, kurz ›außerhalb‹, vermutlich hilflose Person, wir melden uns«, gebe ich an die Leitstelle durch.

Dann nehme ich das Handsprechfunkgerät und laufe meinem Notarzt hinterher, der schon ein Stück vor mir durch das laubbedeckte Gras stapft. Ein Geruch wie von Pilzen oder von feuchtem, moosigem Waldboden hier – mitten in der Stadt.

»Sie brauchen uns dann nicht mehr?«, ruft mir der Herr auf dem Fahrrad noch nach.

»Nein. Aber vielen Dank!«

Im Dunkeln steht ein älterer Mann mit einer Aktentasche unter dem Arm. Er steht mit dem Gesicht zur Mauer und schimpft leise vor sich hin.

»Guten Abend«, sagt Dr. Lengenfelder freundlich.

Der Mann, eher klein und rundlich, zuckt ein wenig zusammen und dreht sich zu uns um.

»Guten Abend«, begrüßt er uns. »Was kann ich für Sie tun? Ist jemand krank oder verletzt?«

»Äh, nein«, finde ich als Erster die Worte.

»Wir wollten nur mal nach Ihnen schauen, ob Ihnen etwas fehlt.«, fügt Dr. Lengenfelder noch hinzu.

»Nein. Ich bin kerngesund. Jedenfalls für mein Alter.«

»Aber«, fährt Dr. Lengenfelder fort, »warum stehen Sie um diese Uhrzeit hier?«

»Ist doch nicht verboten«, entgegnet der Mann. »Und wenn hier nicht jemand alles zugemauert hätte, müsste ich hier auch nicht herumstehen. Das ist doch nicht normal.«

Langsam gewöhnen sich meine Augen an die Dunkelheit, und ich erkenne das Gesicht des Mannes und seine Brille, die ein wenig von Staub oder Kalk trüb zu sein scheint.

»Wer hat was zugemauert?«

»Die eben!«, sagt der Mann mit Nachdruck. »Die haben hier alles zugemauert.«

»Und was haben die zugemauert?«

»Na, also bitte.« Der Mann wird ärgerlich. »Ich war heute Abend nur kurz weg, und die haben mir mein ganzes Grundstück zugemauert. Hier ...«, sagt der Mann und zeigt auf die Backsteinmauer, die hier wohl schon seit einigen Jahrhunderten steht. »Da ...« Er zuckt verständnislos mit den Schultern. »Alles zugemauert!«

»Sie meinen, die Mauer ist neu?«

»Ja, natürlich. Sie halten mich wohl für bescheuert, wie?«

»Nein, natürlich nicht, aber ...«

Der Herr fährt fort: »Da. Hier wohne ich. Da ist mein Haus. Jedenfalls – dahinter!«

Mein Notarzt versucht es vorsichtig: »Sind Sie sich sicher, dass ...«

»Also hören Sie mal, ich bin doch nicht blöd! Ich weiß doch, wo ich wohne. Hier ist die Kobelgasse 15.«

»Ich glaube, Sie irren sich«, sage ich.

»Nein. Ganz sicher irre ich mich nicht. Ich wohne in der Kobelgasse 15. Würde ich mich irren, dann wäre ja alles falsch. Alles! Mein Personalausweis. Meine Geburtsurkunde. Junger Mann: Ich habe schon in diesem Haus gewohnt, bevor Sie zur Welt kamen. Und jetzt bringen Sie mir entweder eine Leiter, damit ich da rüber kann, oder lassen Sie mich in Ruhe. Ich bin nämlich müde.«

Der Mann, der sich ein wenig ungelenk bewegt und nicht aussieht, als würde er problemlos eine Leiter hochsteigen können, wendet sich von uns ab.

»Hier ist aber nicht die Kobelgasse. Hier ist die Thomasstraße.«

Der ältere Herr dreht sich wieder zu uns um.

»Hören Sie, Sie gehen mir ehrlich gesagt ziemlich auf die Nerven. Natürlich ist hier die Kobelgasse. Sonst könnte hier ja nicht mein Haus stehen, das die mir zugemauert haben. Das ist eine solche Sauerei!«

Zumindest ist seine Verwirrung in sich logisch.

»Gut«, versucht Dr. Lengenfelder es noch einmal, »wie heißen Sie denn?«

»Gantenbein. Robert Gantenbein. Gantenbein, wie das Buch von Max Frisch.«

»Und welches Datum haben wir heute?«

»Den 12. September. Aber diese Frage habe ich satt. Was wollen Sie eigentlich alle von mir?« Er schnaubt kurz, um belehrend hinzuzufügen: »Welchen Tag wir haben, das sollten Sie schon selbst wissen, wenn Sie mit dem Sanka unterwegs sind, finde ich.« Dann ruft er auf einmal: »Sehen Sie, Sie bringen mich schon ganz durcheinander! Wir haben doch schon nach Mitternacht. Also ist es der 13. September.«

Das Datum stimmt.

»Und welches Jahr?«

»1967. Nein ... 1962. Nein ...« Er überlegt. »2008.« Immerhin: 2008 ist korrekt.

»Und wer hat Ihnen die Frage sonst noch gestellt?«

»Na, die in der Klinik.«

»Im Zentralklinikum?«

»Nein, dahinter. Die in diesem Flachbau.«

Er meint also wohl das Bezirkskrankenhaus.

»Waren Sie da schon öfters?«

»Nein. Nur heute.«

»Haben Sie heute etwas getrunken?«

»Nein!!!« Seine Stimme ist hörbar gereizt. »Das heißt, natürlich habe ich etwas getrunken, mein Herr. Unterlassen Sie gefälligst diese Fangfragen, darauf falle ich nicht herein! Jeder Mensch trinkt etwas. Aber – ich habe keinen Alkohol getrunken, wenn Sie das meinen!«

Leise sage ich zu meinem Notarzt:

»Okay, dann ist er also da vermutlich heute oder gestern irgendwann aus dem Bezirkskrankenhaus abgehauen.«

»Bestell doch schon mal ein Auto, es wird wohl ein Transport«, sagt er.

Ich gehe ein wenig zur Seite und gebe der Leitstelle Bescheid.

»Leitstelle von 33/64, es wird vermutlich ein Transport. Schicken Sie mir bitte ein Fahrzeug.«

Herr Gantenbein ruft von hinten: »Hier wird niemand transportiert. Jedenfalls nicht ich. Was *Sie* machen, ist Ihre eigene Sache.«

Dr. Lengenfelder fragt zaghaft: »Herr Gantenbein. Würden Sie mit ins Krankenhaus kommen?«

»Nein.«

»Wir würden Sie aber gern mal mitnehmen.«

»Wegen meines Arms?«

Tatsächlich hängt der rechte Arm des Mannes schlaff herab, während er mit der anderen nach wie vor diese Aktentasche festhält.

»Was haben Sie am Arm?«

»Das ist, seit ich die Treppe runtergestürzt bin. Der ist

schon dreimal operiert worden. Das wird sowieso nichts mehr. Den kann ich nicht mehr bewegen. Da brauchen Sie sich nicht bemühen. Ich bleibe hier! Außerdem will ich jetzt endlich ins Bett.«

Ohne seine Zustimmung dürfen wir den Herrn aber nicht mitnehmen. Wir brauchen entweder sein Einverständnis – oder die Polizei. Da der Mann zunehmend ärgerlich wird, möchte ich ihm das eigentlich nicht noch unter die Nase reiben. Ich ziehe meinen Arzt auf die Seite und flüstere leise: »Ich lass die Polizei kommen, oder?«

Aber Herr Gantenbein hat sehr gute Ohren.

»Die Polizei?!?«, ruft er.

Hoppla, denke ich mir, *jetzt wird er möglicherweise gleich noch auf uns losgehen*. Aber zu meiner Überraschung ist Herr Gantenbein von meinem Gedanken begeistert. »Die Polizei? Ausgezeichnete Idee, junger Mann! So geht das nämlich nicht. Man kann nicht einfach anderen Leuten das Haus zumauern. Die Polizei soll sich gefälligst mal kümmern, es wird höchste Zeit.«

Immer wieder Scheinwerferlicht, das auf die Mauer fällt, und Rollgeräusche von Autos, die hinter uns über die Pflastersteine fahren.

Als ich mich umdrehe, sehe ich einen Rettungswagen, der jetzt hinter unserem NEF steht.

Kurz erkläre ich den Kollegen, was Sache ist, und dass wir planen, den älteren Herrn in eine Klinik zu bringen, um ihn dort einem Psychiater vorzustellen.

Der Fahrer des Rettungswagens geht auf Herrn Gantenbein zu.

»Wie heißen Sie denn?«

»Gantenbein. Robert Gantenbein. Gantenbein, wie das Buch von Max Frisch. Aber das hätte Ihnen auch schon Ihr Kollege sagen können.«

»Wohnen Sie denn alleine, Herr Gantenbein?«, schaltet sich Dr. Lengenfelder wieder ein.

»Bei meiner Tochter im Haus. Aber ich habe eine eigene Wohnung. Die wird auch sauer sein, wenn sie morgen früh mit dem Auto nicht rauskommt.«

»Ja, ja, schon gut, Herr Gantenbein.« Langsam scheint ihn dieses Gerede zu nerven. »Haben Sie eigentlich Zucker?«

»Wie bitte?«

»Ob Sie Zucker haben?«

»Nein. Süßstoff!« Er stellt die Aktentasche zu seinen Füßen ab und fischt ein weißes Döschen aus seiner linken Jackentasche.

Jetzt muss ich kurz lachen.

»Was ist denn daran so komisch?«, möchte er wissen.

»Ihre Tochter ... – kümmert die sich denn um Sie?«, stellt der Notarzt die nächste Frage.

»Nein. Die hat genug mit sich selbst zu tun. Und außerdem ...«, der alte Mann dreht sich mir ein wenig vertraulich zu, »... ist sie oft so durcheinander.«

Wieder nähert sich ein Auto, die Funkstreife. Das ging verhältnismäßig schnell.

Die beiden Polizeibeamten, die aussteigen, sind dem Anschein nach gerade mal Mitte zwanzig.

Oh, die sind aber noch jung ..., schießt es mir spontan durch den Kopf, *... hoffentlich mangelt es denen nicht am Respekt.* Der alte Mann tut mir irgendwie leid. Auf eine Art ist er mir in seiner störrischen Art sympathisch, und ich hoffe, dass keine Gewalt erforderlich wird, um ihn irgendwohin zu bringen, wo er gut aufgehoben ist.

Ich gehe ihnen ein paar Schritte entgegen, um ihnen das Wenige, was ich bisher in Erfahrung gebracht habe, vorab zu erzählen.

»Okay, dann schauen wir mal«, sagt schließlich der eine der beiden.

»Sie sind Herr Gantenbein?«, fragte der andere kurz darauf. Er macht mit seiner kräftigen Statur und dem Vollbart einen groben Eindruck.

»Ja. Aber das hab ich ja nun schon oft genug gesagt.« Der alte Mann verdreht die Augen hinter seiner Brille. »Und es ist auch immer noch der 13. September.«

»Aha.«

»Was heißt hier ›Aha‹? Sie kommen ja wohl wegen der Mauer, oder? Die haben mir hier meine Einfahrt zugemauert. Da!« Er hebt die linke Hand, um auf die Mauer zu zeigen. »Nicht mal mehr rechts, wo der Weg ist, komme ich noch zu meinem Haus. Eine echte Sauerei!«, schimpft er.

Der Polizeibeamte nickt. »Ja, verstehe.« Vielleicht, um mit dem alten Herrn besser ins Gespräch zu kommen, richtet er seinen Handscheinwerfer auf die Mauer.

»Na also, Sie sehen ja selbst: Da steht jetzt diese Mauer«, tönt Herr Gantenbein schon wieder.

»Herr Gantenbein, und wer war das Ihrer Meinung nach?« Der Ton des Polizisten ist alles andere als grob. Und mit dieser Frage hat Herr Gantenbein offenbar nicht gerechnet.

Der alte Mann überlegt einen Moment: »Na ja, das war der Bürgermeister. Ganz sicher! Natürlich nicht er selbst. Weil ich ihn nicht mehr gewählt habe. Und weil ich ja in der letzten Zeit auch nicht mehr in die Kirche gegangen bin. Und natürlich vor allem wegen meinem gesalzenen Brief, den ich ihm geschickt habe. – Beweisen kann ich es nicht. Aber es ist eigentlich ganz sicher, dass er das hat machen lassen.«

Der Polizist nickt.

»Es müssen mehrere gewesen sein. Schauen Sie doch selbst: So eine Mauer kann man nicht als Einzelner in ein paar Stunden hochziehen. Es ist eine unglaubliche Schweinerei.«

»Herr Gantenbein, dürfen wir denn mal Ihren Ausweis sehen?«

– 227 –

»Moment.« Der alte Mann öffnet die Aktentasche, die an seinen Füßen lehnt. Einen Moment später hält er seinen Ausweis in der Hand. »Sie werden sehen, alles in Ordnung. Er gilt noch bis April nächsten Jahres, mindestens. So genau weiß ich es jetzt nicht. Aber es steht ja drauf.«

»Sie bekommen ihn gleich wieder. Mein Kollege macht mal eine Personenabfrage.«

Es dauert eine Weile, bis der andere Polizist zurückkehrt.

Herr Gantenbein erklärt uns, dass er früher einmal Lehrer war. Und er erzählt, dass er seit mehr als zehn Jahren Witwer ist und dass er glaubt, dass seine Frau nicht an einer Gehirnblutung gestorben ist, sondern vom Krankenhauskoch vergiftet wurde, und dass er sich seither weigert, in ein Krankenhaus zu gehen. »Obwohl man mich schon einmal dorthin verschleppt hat«, fügt er noch hinzu. »Gegen«, er hebt bedrohlich den Zeigefinger, »meinen erklärten Willen.«

Der Polizeibeamte, der die Personenabfrage erledigt hat, kommt mit dem Ausweis zurück. »Sie hatten ja vorgestern ihren zweiundneunzigsten Geburtstag.«

»Ja!« Herr Gantenbein nickt.

»Na, dann noch ganz herzliche Glückwünsche und alles Gute!«

»Alles Gute ... Alles Gute ... Alles Gute?«, wiederholt der alte Mann.

Ich muss fast lachen: Es klingt wie das Krächzen eines Papageis.

»Schauen Sie sich doch diese Schweinerei mal an!« Er hält jetzt wieder seine Aktentasche unter dem Arm und dreht sich zur Mauer hin.

»Herr Gantenbein, ich habe gerade mit Ihrer Tochter telefoniert. Sie wusste gar nicht, dass Sie nicht zu Hause sind ...«

»Ja, weil sie sich auch nie um was kümmert!«

»Wären Sie denn einverstanden, wenn wir Sie jetzt nach Hause bringen?«

»Aber Sie sehen doch, dass das nicht geht!«, ruft Herr Gantenbein verzweifelt. Für einen Moment vergisst er, dass sein rechter Arm gelähmt ist, und schlägt sich die rechte Hand auf die Stirn, um nachdrücklich zu zeigen, dass er uns alle für blöd oder zumindest sehr uneinsichtig hält.

»Ja, das wissen wir ja«, entgegnet der Polizist geduldig. »Aber wissen Sie, wir von der Polizei kennen einen anderen Weg, wir kommen schon bis auf Ihr Grundstück.«

Herr Gantenbein überlegt einen Moment.

»Gut«, sagt er. »Aber die Mauer muss trotzdem weg! Spätestens morgen!«

»Na, dann kommen Sie jetzt erst einmal mit.«

Die beiden gehen zum Streifenwagen, und der Polizeibeamte mit dem Vollbart hilft ihm sorgsam in das Auto. Sein Kollege steigt auf der Fahrerseite ein.

»Gute Nacht noch!«, ruft er uns zu.

Dann setzt sich das Polizeiauto in Bewegung und verschwindet ein paar Meter weiter in der Straße, in der Herr Gantenbein wohnt.

Zurück im Auto stecke ich das tragbare Sprechfunkgerät zurück in die Halterung und nehme den Hörer aus der Konsole in die Hand.

»Für uns dann ein Blinder«, melde ich der Leitstelle.

»Blinder Alarm? Dann weiter Richtung.«

Auf dem Weg zur Wache meint Dr. Lengenfelder: »Der war schon auch ›knuffig‹.«

Ich nicke. »Ist doch seltsam, wie man sich in eine offenbar falsche Vorstellung so reinsteigern kann, dass man gar nichts mehr gelten lässt«, überlege ich laut.

Dr. Lengenfelder schaut auf die Straße vor uns. »Wer weiß ... Vielleicht hatte Herr Gantenbein ja recht, und nur die Welt und unsere Erinnerung wurde heute Nacht verändert. Vielleicht ist er der Einzige, der klar geblieben ist.«

»Ja, das wäre natürlich auch eine Möglichkeit«, antworte ich und muss schmunzeln.

Es ist inzwischen zwei Uhr, und tatsächlich wird es auch den Rest der Nacht noch ruhig bleiben. *Tja – wer weiß ...*, denke ich beim Einschlafen in meinem Bett in der Wache.

```
DEZ 2003 · NACHTSCHICHT
RETTUNGSWAGEN
EINSATZ # 12397
```

In einer Nacht im Advent

Es ist der zweite Adventssonntag. Seit Tagen hat es nicht mehr geschneit, die schmutzigen Reste des zusammengeschmolzenen Schnees liegen rechts und links der Straße. Es ist hundekalt, überall zwischen den Autos steigen die rot angeleuchteten Auspuffgase nach oben.

Ich wollte heute wirklich etwas rechtzeitiger da sein, aber jetzt ist es schon wieder so spät geworden. Ich hätte früher losfahren sollen, doch dann habe ich zu Hause meine Sicherheitsschuhe nicht gleich gefunden, denn ich hatte sie im Keller abgestellt und nicht an der Garderobe wie sonst. Gerade als ich losfahren wollte, rief dann noch ein Freund an, den ich schon lange nicht mehr gesprochen hatte, und ich konnte das Gespräch nicht gleich beenden. Jetzt stehe ich im Stau, schon drei Ampelphasen lang, nur wenige Meter von der Wache entfernt. Immer wenn man spät loskommt, geht alles noch langsamer als sonst.

Ich bin ja auch nur eingesprungen, versuche ich mich zu beschwichtigen. Eigentlich fahre ich fast nur noch NEF, doch David ist kurzfristig ausgefallen. Aber im Grunde genommen ist meine Entschuldigung nicht wirklich schlüssig, schließlich weiß ich schon seit heute früh, dass ich diesen Dienst habe.

Vor mir sind noch drei Autos, wenn keiner pennt, müsste ich es mit der nächsten Ampelphase schaffen. Noch mal ein Blick auf die Uhr, dann nach vorn. Grün, aber nur der erste fährt drüber, der zweite bleibt stehen, und dann sehe ich auch schon, warum: Von links kommt erst der Rettungswagen und dann das Notarzteinsatzfahrzeug.

– 231 –

Mist, die Kollegen. Nur zehn Minuten vor dem Schichtwechsel. Jetzt ist genau das passiert, was ich vermeiden wollte.

Keine drei Minuten später fahre ich auf den Parkplatz, sehe einen der Kollegen von der Tagschicht gerade aus der Garage kommen.

»Ey, wo warst du so lange?«, fragt er. »Fred hat schon gewartet, der stand die ganze Zeit rum und ist von einem Bein auf das andere gehüpft, der hat heute Abend irgendwas vor.«

»Tut mir leid.«

Ich schiebe mich an ihm vorbei, sehe die vollen Kaffeetassen, die auf dem Rollwagen hinter den leeren Parkplätzen in der Fahrzeughalle stehen, und gehe zügig in die Umkleide.

»Ich hau dann auch gleich ab!«, ruft er mir nach.

Das nächste Mal muss ich wirklich früher losfahren. Wieder einmal nehme ich mir vor, mir die Dinge, die ich zum Dienstantritt brauche, im Vorhinein zurechtzulegen. *Und ans Telefon gehe ich auch nicht mehr, wenn ich los möchte.*

Schnell die leuchtrote Hose und das weiße Hemd angezogen. Ein überflüssiges Gefühl von Eile, jetzt wird es wohl dauern, bis die wieder da sind. Dann ziehe ich mir die Jacke mit dem Leuchtschild »Rettungsdienst« über und stecke noch schnell meinen Geldbeutel und mein Handy in die Tasche.

Ein Blick in den Spiegel: Aus dem Privatmann ist mal wieder der Rettungsdienstmitarbeiter geworden.

Ein eigenartiges Gefühl, man beginnt und beendet seinen Dienst fast immer gleich, hier vor den grauen Schränken. Wo ich in der Nacht in dieser Dienstkleidung wohl noch landen werde? Wer unsere Hilfe braucht? Welche Aufgaben warten diesmal auf mich, nur die mehr oder weniger bekannte Routine oder auch solche Einsätze, die man heimlich fürchtet? Als »Ehrenamtlicher«, der nicht so oft fährt, vielleicht sogar noch mehr als die Kollegen, die das beruflich machen und fast täglich unterwegs sind. *Ob die sich überhaupt noch vor et-*

was fürchten? Wer weiß, was in denen vorgeht. Diese Themen sind zu persönlich, ja fast schon tabu im Alltag dieses Berufs.

Ein Blick auf die Uhr: Es ist eine Minute vor sechs und eben ein paar Minuten zu spät, um meinen Tagschichtkollegen abzulösen, der jetzt im Rettungswagen sitzt und irgendwo da draußen unterwegs ist oder schon bei einem Einsatz. Ich gehe in den Wachraum, schaue, ob ich die Handynummer von Fred finde. Wenn der Einsatz nicht weit von der Wache ist, könnte ich vielleicht mit dem privaten Pkw hinterherfahren. Bis der Patient gecheckt und transportfertig ist, dauert es ja sowieso. Ich könnte einen günstigen Moment abwarten und ihn am Einsatzort ablösen.

Ich schicke Fred eine SMS, aber ich bekomme keine Antwort. Blöd so etwas, ziemlich sicher ist der jetzt verärgert.

Ich versuche am Funk etwas mitzubekommen. Aber seitdem die meisten Funksprüche, wie zum Beispiel das Erreichen des Einsatzortes, durch das Drücken von Tasten am Funkhörer ersetzt worden sind, bekommt man kaum noch etwas mit. Ab und zu hört man vom Hof her das Geräusch eines Autos. Vielleicht hatten die Kollegen ja einen blinden Alarm und sind vorzeitig zurück?

Die Zeit verstreicht, es ist kurz vor halb sieben, ich hole mir einen Kaffee. Seltsamerweise kann ich trotz Kaffee meist gut einschlafen, wenn ich Dienst habe, aber ich bin schneller wieder wach. Fred hat sich immer noch nicht gemeldet, *na klasse, ganz sicher ist der so richtig sauer, seinen Abendtermin kann er jetzt streichen.*

Wenig später ist die Kaffeetasse leer, ich höre Schritte im Flur, ich schaue raus, aber es ist nur Dieter, ein Kollege, der auf einer Außenwache Dienst hatte und vorbeischaut, um die Transportberichte seiner Tagschicht abzuheften. Die Uhr im Flur zeigt 18.38 Uhr.

»Hallo«, begrüßt mich Dieter, »was machst du hier?«

»Nachtdienst.«

»Ohne Auto?«

»Die sind noch draußen, ich hab sie knapp verpasst, Fred von der Tagschicht ist noch mal mit rausgefahren.«

»Fred?« Er schaut etwas auf dem Monatsdienstplan nach. »O je, na, der wird stinkig sein.«

Es ist schon kurz nach halb. Auf meinem Handy ist immer noch keine Antwort.

»Wie war's bei euch heute so? Mit wem warst du überhaupt unterwegs?«

Er hebt die Hand zum Zeichen, dass ich mal still sein soll.

Ich habe nichts gehört, horche nun aber auch.

»33/37, setzen Sie die Voranmeldung ab« – der Leitstellenfunk.

33/37: Das ist »mein« Wagen. Also fahren sie offenbar gerade mit einem Patienten los zu einer Klinik. Voranmeldung, eine Vorabinformation für die Klinik, über Funk wird es der Leitstelle weitergegeben, die dann alles Weitere organisiert, wenn etwas entsprechend eilig ist und im Krankenhaus sofort behandelt werden muss. Fred höre ich mit Unterbrechungen. Abgehackt, aber es ist seine Stimme.

»... Zustand nach Rea ... etwa drei Monate alt ... Voranmeldung für ...«

Der Leitstellendisponent, der klar bei uns ankommt, wiederholt die Meldung: »33/37, Voranmeldung Kinderklinik mit Anästhesie, Zustand nach Reanimation, Kind männlich, drei Monate, Eintreffen etwa sieben bis acht Minuten.«

»Dauert also noch«, sagt Dieter, »du hast noch Zeit, bis die da sind, das geht sicher noch bis halb acht.« Mein spätes Eintreffen nervt mich, und ich habe keine Lust auf den verärgerten Fred. Dass er jetzt auch noch eine Säuglingsreanimation hat, tut mir leid. Dann habe ich das Bild meiner letzten Säuglingsrea vor Augen. Erfolglos. Die Erinnerung daran ist wie ein kaltes Gefühl im Nacken. Dabei ist es über zehn Jahre her. Und dann denke ich auch an diese Unsicherheit, die man dabei hat, weil man das nicht oft macht. Während des Einsatzes. Und danach: *Lief da wirklich alles richtig?* Man sucht und sucht nach etwas, das falsch gelaufen sein könnte, auch wenn sich nichts finden lässt. *Das wäre mein Einsatz gewesen. Puh. Immerhin scheint es dieser Säugling zu schaffen.*

Dann schließt Dieter den Ordner, der vor ihm liegt, schiebt ihn in das Regal zurück und geht.

»Ruhige Nacht noch!«, ruft er, bevor hinter ihm die schwere blaue, metallene Sicherheitstür ins Schloss fällt.

Untätiges Herumsitzen. Mir fällt ein, dass ich mal kurz in die Waschhalle schauen könnte. Tatsächlich steht da noch ein von einem schmutzigen Grau überzogener Krankentransportwagen. Und draußen vor der Halle noch einer. Wenigstens hier kann ich mich nützlich machen und mein schlechtes Gewissen gegenüber Fred ein wenig aufpolieren. Also fange ich mal damit an, die Fahrzeuge zu waschen. Irgendwann klingelt mein Handy, ich lege die Waschbürste zur Seite, komme unter der wasserfesten schwarzen Schürze, die ich übergezogen habe, nicht gleich dran.

»Fred?«

»Ja, wir sind gerade in der Kinderklinik. Tut mir leid, wir hatten Stress, ich hab nicht gesehen, dass du mir eine SMS geschickt hattest.«

»Mir tut's leid ... – Du wolltest wohl pünktlich gehen?«

»Ach. Ist jetzt egal. Ich wollte noch mit ein paar Freunden los, aber das wäre sowieso knapp geworden. Ich mach mir später einen ruhigen Abend zu Hause. Wir hatten noch 'ne Rea.«

»Ja, ich weiß ...«

»Erfolgreich ...«

»Sorry, ich komme das nächste Mal früher.«

»Kein Thema. Jetzt muss ich noch mal rein, bis gleich.«

Er klingt nicht unzufrieden oder verärgert.

»Falls du mich nicht gleich findest, ich bin hinten, in der Waschhalle«, sage ich noch schnell.

»Jup, ist okay.« Dann ist er weg.

Als um kurz vor acht beide Wagen gewaschen sind, ist *mein* Auto immer noch nicht zurück.

Ich rufe in der Leitstelle an. Es dauert verhältnismäßig lange, bis jemand drangeht.

»Du«, frage ich, »weißt du, wo der 33/37 noch ist? Die müssten doch schon längst zurück sein aus der Kinderklinik?«

»Moment ...« Im Hintergrund höre ich am Telefon seinen Kollegen, der offenbar gerade einen Anruf entgegennimmt, dann habe ich ihn wieder am Apparat. »Die haben wir noch mal gebraucht, sind unterwegs zu einem Wohnungsbrand in Diedorf. Ich muss hier weitermachen, hier leuchten schon wieder zwei Leitungen.«

»Ja, danke, tschüss«, sage ich noch, aber da ist er schon weg.

Diedorf, Wohnungsbrand: Das ist ganz auf der anderen Seite von Augsburg, und wer weiß, wie lange sie dort den Feuerwehreinsatz mit medizinischer Bereitschaft absichern müssen, bevor sie wieder einrücken können. Der arme Fred. Ich schicke ihm noch mal eine SMS: »Tut mir echt leid.« Aber es kommt keine Antwort mehr. Ich räume noch ein wenig die Küche auf und die Spülmaschine ein, dann schalte ich mir irgendeinen Fernsehfilm ein und fange an, vor mich hin zu dösen.

Es ist zwanzig nach neun, als Fred die Tür zur Wache öffnet. Ich stehe auf, um ihn zu begrüßen, er redet kaum, verschwindet in der Küche und trinkt ein Glas Wasser.

»Sorry, Fred ...«

»Schon okay, bin nur müde und k.o.«

Er drückt mir den Funkmelder in die Hand und einen Zettel.

»Das musst du noch nachfüllen. Und das Auto gründlich

checken sowieso, Felix fährt dich heute Nacht, zum Tanken müsst ihr auch irgendwann, reicht aber vielleicht auch noch etwas später.«

»Felix?«

»Ja, der *andere* Felix, nicht der Hauptamtliche. Der früher mal bei uns Zivildienst gemacht hat, der Medizinstudent.«

Ich nicke, schaue, was auf dem Zettel steht.

»Ich hau jetzt ab, mir reicht's für heute«, sagt er.

Felix ist schon mit dem Erwachsenennotfallkoffer fertig, er klappt gerade den Kinderkoffer auf. »Wenn du das auffüllst, was dir Fred aufgeschrieben hat, und das EKG und die Beatmungsplatte machst, erledige ich den Rest«, sagt er. »Hast du was zu essen dabei, oder brauchst du auch noch was?«, fragt er, während er den Kindernotfallkoffer checkt und dabei alles aus den Fächern rausnimmt und wieder reinlegt.

»Wo sind die anderen? Die vom NEF?«

»Keine Ahnung, die rödeln noch irgendwo rum.«

»Im Schrank musst du den Einser Tubus auffüllen und die kleine Maske.«

»Okay«, sage ich.

»Und?«, hakt er nach. »Ich meine, mit dem Essen?«

»Mh. Ich hab nichts dabei ...«

»Pizza? Nudeln?«

»Okay ...«

»Der Italiener hat nur bis halb elf Küche.«

Ich habe verstanden und beeile mich.

Für uns bleibt der Abend ruhig, während das NEF offenbar einen Einsatz nach dem anderen in der Augsburger Innenstadt hat. Später, als das ganze Geschirr in der Spülmaschine steht, kommt es mir fast blöd vor, dass ich immer noch nicht draußen war: Kein Einsatz für mich bis jetzt, die ganze Arbeit hat Fred noch gemacht.

Um kurz nach elf lege ich mich in meinen Klamotten aufs Bett. Lieber jetzt noch ein wenig schlafen, wer weiß, was noch kommt.

Keine Ahnung, wie viel Uhr es ist, als ich aufwache. Es ist wie oft: Für einen Moment frage ich mich, wo ich bin. Dann erinnert mich das Pfeifen des Melders daran, es scheint mitten aus meinem Kopf zu kommen und leise aus dem Nebenraum. Dumpf rumpelnde Geräusche von dort, während auch ich mich schnell auf die Beine mache.

Ich staune nicht schlecht, als wir ausrücken. Draußen ist alles von einer weißen Schneedecke überzogen. Es geht aufs Land, nach Sirchenried. Verdacht auf Herzinfarkt. Ich notiere die Zeit, zu der der Einsatz beginnt: »1.48 Uhr«.

Der Ort liegt schon im Grenzbereich zum Gebiet der Leitstelle Fürstenfeldbruck, dort war ich schon länger nicht mehr. Felix fährt los, ein, dann ein zweites Mal testet er vorsichtig die Bremsen, die Straße unter uns scheint noch griffig zu sein.

Schweigend fahren wir durch die blau reflektierende Nacht, in der Gebäude, Bäume und Schilder unser Blaulicht stroboskopartig zurückwerfen. Leere Straßen, man sieht uns in der Dunkelheit ohnehin weiter, als man uns hören könnte – wir brauchen kein Horn, und wir reden nicht viel. Während Felix konzentriert fährt, habe ich noch Zeit, um erst mal richtig wach zu werden, im Rückspiegel erkenne ich durch die halb zugekniffenen Augen unser NEF. Die Außentemperatur liegt jetzt bei minus zwei Grad, Felix fährt sehr zügig, aber trotzdem vorsichtig, abwechselnd richten sich seine Blicke mal nach draußen, wo die Straße uns hinführt, dann wieder kontrollierend auf den Tacho und die Außentemperaturanzeige.

»Weißt du, wovor ich Angst habe?«, fragt er mich, und bevor ich antworten kann, fügt er hinzu: »Davor, dass es irgendwo in einer Kurve doch mal spiegelglatt ist.«

Ich nicke. »Und weißt du, wovor ich Schiss hätte?«

»Nö.«

»Mit jemandem zu fahren, der keine Angst davor hat, dass es in einer Kurve doch mal spiegelglatt ist.«

Wir fahren schon in den Ort hinein, im vorbeiwandernden Licht einer Straßenlaterne sehe ich Felix lächeln, ich setze mich gerade hin, schaue mit nach den Straßenschildern, die unser hellblaues Licht schon weit vor uns reflektieren, dann biegen wir in die Lindenallee ein, und ich suche nach der richtigen Hausnummer.

Diese Neubausiedlung ist sicher keine schlechte Wohngegend, denke ich.

Da gibt Felix noch einmal Gas und stoppt wenig später vor einem Einfamilienhaus, aus dem noch Licht fällt, das einzige in dieser Straße. Das Gartentürchen steht schon offen, der Hauseingang ebenfalls. Der Weg, der Eingang und die Hausnummer 22 neben der Tür sind beleuchtet. Hinter uns hält das NEF: Dr. Nadl. Und Jens.

»Erster«, behauptet der frech, als er aussteigt. Während wir zu viert mit unserer Ausrüstung in Richtung dieser Tür gehen, sage ich noch schnell leise: »Du Lügner!«, aber dann sind wir auch schon in Hörweite der Frau, die uns in einem grauen Jogginganzug entgegenkommt, und wir konzentrieren uns auf das, was sie uns sagt.

Sie führt uns zu ihrem Mann ins Schlafzimmer in den ersten Stock, ein großzügiger, heller Raum mit viel Freiflächen und großen Dachgauben. Hinter einer Tür bellt ein Hund, manchmal springt er gegen sie.

Während wir dem Mann das Blutdruckmessgerät anlegen und das Pulsoxymeter, um den Sauerstoffgehalt des Blutes zu messen, beginnt Dr. Nadl mit der Befragung des Patienten.

»Wie fing das mit den Schmerzen denn an?«

»Er hat zurzeit so viel Stress im Beruf«, antwortet die Frau für ihren Mann. »Er ist unterwegs wie ein Wahnsinniger und schmeißt den ganzen Laden, jetzt ist ihm einfach alles zu viel geworden ...«

»Ja«, sagt Dr. Nadl. »Aber deswegen haben Sie uns ja nicht gerufen, was liegt denn ganz akut vor?«

Der Hund bellt immer noch. So wie es klingt, wenn er gegen die Tür springt, ein schweres, größeres Tier – hoffentlich ist die Tür richtig zu.

»Er hatte den ganzen Tag schon Atemnot«, sagt die Frau, noch bevor der Patient, der sichtlich nach Luft ringt, sich selbst äußern kann. Ich schaue sie kurz an: Ihre braunen Haare sind akkurat hochgesteckt, die großen silbernen Ohrstecker sehen dazu jedoch klobig aus.

»Den ganzen Tag über? Und warum rufen Sie dann erst jetzt an?«

»Richtig schlimm ist es erst seit ein oder zwei Stunden«, antwortet sie.

Felix schaut auf den Monitor: »Die Sauerstoffsättigung im Blut ist bei 97 Prozent.«

Neugierig wartet die Frau des Patienten darauf, dass Dr. Nadl diesen Wert kommentiert. Mit einem betont fragenden Blick schaut sie auf das Gerät und dann in seine Richtung, aber er notiert lediglich etwas in dem Protokoll.

»Wissen Sie«, fängt die Frau an zu erzählen, »mein Mann ist im Außendienst. Er betreut die Großmärkte in ganz Bayern, hat nebenher noch die Leitung des Außendienstes für Süddeutschland und die stellvertretende Geschäftsführung. Mehr Geld gibt es seit über einem Jahr nicht. Ich sag schon lange, dass das wenigstens anders bezahlt werden ...«

Dr. Nadl beugt sich zum Patienten hin und hebt dessen linke Hand.

»Bitte seien Sie mal einen Moment lang still.« Es ist nicht so ganz klar, ob er den Patienten oder die Frau meint. Er setzt sein Stethoskop auf den Rücken des Mannes, um ihn abzuhören.

Felix desinfiziert dem Patienten anschließend den Handrücken, um ihm eine Infusionskanüle zu legen.

»Es gibt jetzt mal einen kleinen Stich.«

Der Mann nickt.

»Großes oder kleines EKG?«, frage ich.

»Ein großes.« Und dann fragt der Doc den Patienten weiter: »Haben Sie Schmerzen?«

»Ja«, antwortet wieder die Frau, »hat er, deshalb habe ich auch angerufen, die hat er seit einer Stunde, und die wurden immer schlimmer.«

»Jetzt mal einen Moment lang ruhig sitzen bleiben, gleichmäßig atmen und nichts reden«, sage ich, um den EKG-Streifen zu schreiben. Das Gerät surrt leise vor sich hin, als es fertig ist, nehme ich den fast einen Meter langen Ausdruck, den es ausgespuckt hat, und gebe ihn Dr. Nadl.

Das Bellen des Hundes ist heller geworden. Mittlerweile hat es etwas Verzweifeltes angenommen, ist hin und wieder auch mehr ein Jaulen. Jens, der die ersten Dinge auf seinem Protokoll notiert, schaut nicht begeistert. Der hatte bei einem früheren Einsatz mal richtig Stress mit einem Hund, er wurde sogar gebissen.

»Mh.« Dr. Nadl schaut sich die verschiedenen »Ableitungen« an, die das Gerät in Form verschiedener unter- und nebeneinanderliegender Kurven auf den Papierstreifen geschrieben hat, dann wendet er sich wieder dem Patienten zu.

»Haben Sie so etwas schon mal gehabt?«

Wieder antwortet die Frau: »Vor einem Jahr mal, da gab es in seiner Firma eine Umstrukturierung und auch viel Stress, da hatte er schon Herzbeschwerden.«

»Und? Was kam damals raus?«

»Er ging zum Hausarzt hier, aber wissen Sie, diese Landärzte haben ja oft nicht viel Ahnung. Der hat aber, nachdem ich mich beschwert habe, noch ein Langzeit-EKG gemacht.«

»Haben Sie davon noch irgendwelche Unterlagen?«

»Ja, Moment ...« Die Frau geht aus dem Zimmer.

»Sind die Schmerzen bewegungsabhängig?«, wendet sich Dr. Nadl wieder dem Patienten zu.

Der möchte etwas sagen, fängt einen Satz an, bricht ihn dann aber mit Blick zur Tür, hinter der seine Frau gerade verschwunden ist, wieder ab.

Dr. Nadl wiederholt seine Frage: »Ihre Schmerzen, sind die bewegungsabhängig?«

»Wenn ich gehe, dann verändert sich nichts«, sagt der Mann.

»Und unter Belastung, beim Treppensteigen etwa?«, hakt Dr. Nadl nach.

»Wissen Sie ...«, beginnt der Mann, aber dann verstummt er, als seine Frau wieder ins Zimmer kommt. Dr. Nadl schaut den Patienten, dann die Frau und dann wieder den Patienten an.

»Bewegen Sie mal den Arm«, sagt Dr. Nadl. »Verändert sich jetzt etwas?«

Der Patient hebt den Arm, Dr. Nadl führt ihn sanft, um verschiedene Bewegungen auszuprobieren.

Der Patient verzieht ein wenig das Gesicht.

»Tut das weh?« Der Patient nickt.

»Und das ...?«

»Ja, auch, aber nicht sehr.«

»Mh.«

»Und? Was ist nun?«, fragt die Ehefrau wieder.

»Die Schmerzen kommen meinem Eindruck nach nicht vom Herzen.« Und nach einer Pause ergänzt er: »Auch das EKG sieht eigentlich eher normal aus.«

»Und das?« Felix zeigt auf eine der Kurven auf dem Ausdruck.

»Ist nicht ganz normal, aber ... auch kein Zeichen für einen Infarkt. Und die Atemnot lässt sich ja wohl auch nicht durch den Sauerstoffgehalt im Blut belegen«, antwortet er Felix. Dann wendet er sich wieder dem Patienten zu: »Wir geben Ihnen jetzt zuerst mal ein Beruhigungsmittel. Weil Ihre Beschwerden eventuell stressbedingt sind. Etwas Handfestes können wir zumindest im Moment nicht feststellen. Wir nehmen Sie aber trotzdem mit, um das abzuklären.«

»Aber warum denn, wenn es gar nichts ist?«, fragt die Frau und fährt schon wieder fort, alles zu erklären. »Ich sag doch, es ist der Stress.«

»Ja, aber womöglich verbirgt sich doch etwas dahinter, und in so einer Stresssituation wäre es nicht das erste Mal, dass sich da etwas entwickelt. Wir lassen das am besten in der Klinik untersuchen.«

Der Hund bellt nicht mehr, man hört nur noch ein leises, hohes Pfeifen.

Der Mann nickt. Er ist sehr unruhig, die ganze Zeit scheint es, als ob er noch etwas sagen möchte.

»Ihr Geburtsdatum?«, fragt Martin, der Kollege, der heute Nacht mit dem Notarzt unterwegs ist und der jetzt an dem kleinen Tisch in der Ecke sitzt und das Protokoll ausfüllt.

»14.11.1969.«

Hätte ich nicht gedacht, dass der jünger als ich ist.

»Die Krankenkasse?«

»DAK«, sagt der Mann und schaut unruhig hin und her.

»Haben Sie die Versichertenkarte zur Hand?«

»In meinem Geldbeutel im Mantel«, sagt er mit Blick zu seiner Frau, die auch schon nach unten läuft.

»Ich ... ich«, beginnt der Mann abermals einen Satz. Erst in einem weiteren Anlauf spricht er ihn aus. »Ich muss Ihnen da noch etwas sagen.« Er schaut nervös zur Tür.

Und da hört man die Frau auch schon wieder die Treppe hinaufkommen. Sie ruft, noch bevor sie im Zimmer ist: »Da ist keine Karte im Mantel, Hartmut.«

»Warten Sie doch bitte einmal einen Moment draußen«, sagt Dr. Nadl zu der Frau, als sie eintreten will.

Sie holt hörbar Luft, bleibt dann mit einem verärgerten

Blick in der Tür stehen. Jens steht auf, er geht mit seinem Protokoll zu ihr und zieht die Tür hinter sich zu.

»Und?« Dr. Nadl hat sich auf die Bettkante zum Patienten gesetzt.

Stockend erzählt der Patient: »Ich bin nicht bei der DAK versichert. Ich ... ich ... – Ich bin seit etwas über einem Jahr arbeitslos.«

Unsicher schaut er in die Runde. Dr. Nadl nickt.

»Ich wollte es ihr sagen, aber – ich hab es einfach nicht geschafft. Ich bin meinen Job seit zehn Monaten los. Ich hatte die Jahre über etwas Geld auf die Seite gelegt. Aber das ist nun verbraucht ... Jeden Tag hatte ich Angst, dass es rauskommt, dass sie vielleicht doch in der Firma anruft und nicht auf dem Handy ... Aber so geht das nicht mehr weiter, es geht einfach nicht mehr, verstehen Sie, ich bin tagsüber heimlich in Parks und Bibliotheken, und ich ... ich weiß nicht, wie ich da wieder rauskommen soll.«

Die Verzweiflung steht ihm ins Gesicht geschrieben. Man sieht keine Tränen, aber die Augen glänzen feucht.

»Ich verstehe«, sagt Dr. Nadl schließlich und fasst ihm kurz an die Schulter.

»Wenn sie es rausbekommt ...«

Jetzt hört man nichts mehr, außer den Piepstönen des EKGs und dem tiefen Seufzen des Mannes.

»Und jetzt?«, fragt Dr. Nadl.

»Werden Sie ihr etwas sagen?«, fragt der Mann.

»Ich soll ...? Möchten Sie das denn?«

Der Patient zuckt mit den Schultern. »Es wäre meine Aufgabe, ich weiß. Schon längst. Aber jetzt ...« Er ist schneeweiß, die Pulsfrequenz liegt jetzt bei 112 pro Minute.

»Wenn Sie möchten, werde ich es mal versuchen«, schiebt Dr. Nadl nach.

Der Patient stützt sein Gesicht mit den Händen ab, erst jetzt sehe ich die Tränen. Ich reiche ihm ein Taschentuch.

»Ja, bitte. Reden Sie mit ihr. Ich stecke doch schon viel zu tief drin.«, sagt er dann ganz leise zu Dr. Nadl.

Dr. Nadl nickt ihm zu. Die Frau wartet schon hinter der Tür. »Was ist denn?«, hören wir sie fragen.

Die Frau muss Dr. Nadl in den Raum geführt haben, in dem der Hund eben noch jaulte. Ich erschrecke regelrecht, als dieser plötzlich ins Zimmer gestürmt kommt. Ein Bernhardiner. Es sieht aus, als ob sein ganzer Körper vor Freude wedelt, und er springt auf das Bett mit seinem Herrchen zu.

»Ja, da bist du ja, Acor. Komm, mach brav Platz.« Das Lächeln vertreibt für einen Moment die Sorgenfalten im Gesicht des Mannes. Ich betrachte Herr und Hund und muss an ein Buch denken, das ich bei einem Freund einmal gesehen habe: Schwarzweißbilder von Menschen mit ihren Hunden, diese Ähnlichkeit ... Ich beschließe, mir meinen Hund noch einmal genau anzusehen, wenn ich aus dem Nachtdienst wieder zurück zu Hause bin. Aus einem Nebenzimmer hört man kurz etwas, das wie ein Lachen klingt, aber kein fröhliches Lachen, und ein gedämpftes »Nein ...!« dringt an unser Ohr. Schlagartig zuckt der Mann vor uns wieder zusammen und senkt den Kopf.

Als Dr. Nadl mit der Frau zurückkommt, bleibt sie im Türrahmen stehen. Sie vermeidet es, ihren Mann anzuschauen. Sie hat bereits eine Sporttasche für die Klinik gepackt, die sie Felix in die Hand drückt.

Felix entfernt auf Dr. Nadls Anweisung hin die EKG-Elektroden von der Brust des Mannes. Dann hilft er ihm auf die Beine, und er führt ihn an seiner Frau vorbei. Der Mann schaut sie mit Tränen in den Augen an, ein Häuflein Elend von einem Meter neunzig etwa, aber sie entgegnet seinen Blick nicht, richtet die Augen starr auf den Boden.

Dann ist Felix mit unserem Patienten auch schon an der

Treppe und geht, ihn stützend, voraus nach unten; die Frau hält den Hund am Halsband, der uns – wieder schwanzwedelnd – nachlaufen möchte, während Jens durch den Raum schaut, damit wir nichts liegen lassen.

»Anne!«, ruft der Mann seiner Frau von unten noch einmal zaghaft zu.

Aber sie reagiert nicht.

Unter medizinischen Aspekten vermutlich nichts Ernstes, und doch ein Drama.

Draußen am Auto entscheidet Dr. Nadl, dass er den Transport begleitet. »Auch wenn es aus ärztlicher Sicht nicht unbedingt indiziert ist, vielleicht gibt es noch etwas zu besprechen.«

Ich steige mit ihm ein, der Patient liegt schon auf der Trage. »Gut, dann ...«

Kurz darauf startet Felix den Motor, gerade als er anfährt, meine ich, etwas hätte gegen das Auto geschlagen.

»Halt!«, rufe ich nach vorn, und Felix bringt das Auto zum Stehen.

Da klopft es an der Seitentür, ich schiebe sie ein Stück weit auf.

»Darf ich mit?«, fragt die Frau des Patienten außer Atem. »Ich möchte meinen Mann nicht alleine lassen!« Es klingt bestimmt, aber dennoch ist die Härte aus ihrem Tonfall gewichen.

»Ja«, sage ich. »Sie können auf dem Beifahrersitz Platz nehmen.«

»Darf ich ... vielleicht einen Moment zu ihm?«

»Sicher.« Ich nicke, sie steigt ein.

»Ich komme mit«, sagt sie zu ihrem Mann, »Ich lasse dich nicht alleine.« Und dann beugt sie sich vor und flüstert ihm etwas ins Ohr. »Gut«, sagt sie schließlich und richtet sich dabei wieder auf, und ich begleite sie nach vorn auf den Beifahrersitz.

Es ist nun schon Dienstag, am frühen Morgen des 16. Dezember. Ich weiß an diesem Tag noch nicht wirklich, dass dies meine letzte Nachtschicht auf dem RTW sein wird, dass ich nach dieser Zeit nur noch NEF fahren werde. Schweigend schaut unser Patient an uns vorbei an die Decke des Patientenraums. Einmal drehe ich mich um und sehe, wie auch die Frau still dasitzt und in die Nacht hinausschaut, wo die Schneeflocken im Licht der Scheinwerfer tanzen.

Nur noch ein paar Tage, dann ist Weihnachten.

Nur so ein Bauchgefühl

Schräg einfallendes Spätsommersonnenlicht, das zwischen den Zweigen der Bäume hindurch und weiter durch die Glastore der Fahrzeughalle fällt. Und irgendwo da im Gegenlicht steht auch das NEF. Ich schlendere meinen beiden Kollegen, die gerade zurückgekommen sind, Martin und Max, entgegen. Max fährt laut Dienstplan sowohl Tag- als auch die Nachtschicht als Notarzt. Die beiden sitzen noch im Auto und scheinen keinerlei Notiz von mir zu nehmen.

»Hallo«, grüße ich die beiden durch das offene Seitenfenster.

»Moment noch ...« Martin hat einige Zettel aufgefächert vor sich liegen, es sieht nach einer ganzen Menge Schreibkram aus.

»14.2.1953 geboren«, diktiert ihm der Doc. »Das war der in der Brandt-Straße, und von dem Letzten, den wir am Maxplatz hatten, fehlt mir selbst noch das Geburtsdatum.«

Martin stöhnt, sieht irgendwie müde aus.

»Wir hatten heute neun. Und alle nach ein Uhr«, erklärt mir Max.

»Und der Vorname von dem, den wir am Maxplatz hatten?« Martin wühlt hektisch die Papiere durch.

»Georg.«

»Ja?«, frage ich.

»Nein, der Vorname von dem am Maxplatz war Georg.«

Von Fahrzeugübergabe noch keine Spur, Martin hat einen gestressten Gesichtsausdruck – als würde er gerade seinen Kugelschreiber reanimieren.

– 248 –

»Brauchst du noch was von mir?«, möchte Max von ihm wissen.

»Das Gift ist unterschrieben?« Martin schaut nicht einmal hoch. Das Gift: die Opiate.

Keine Ahnung, warum jeder sie mit *Gift* bezeichnet. Eigentlich seltsam, wenn der Arzt draußen beim Patienten nach der Box mit den vorschriftsmäßig abgeschlossenen Opiaten fragt, bei denen der Verbrauch jeder Ampulle dokumentiert und mit ärztlicher Unterschrift abgezeichnet werden muss, und dann vor dem Patienten nach dem *Gift* fragt.

»Ja, das ist geschrieben. Ich geh dann mal nach oben und ruh mich ein wenig aus.« Auch Max sieht geschafft und müde aus.

»Gleich!«, sagt Martin nach einer Weile, während er immer noch das Protokoll ausfüllt, das er auf dem Lenkrad vor sich hat. Ein genervter Unterton, der da mitschwingt. Als ob ich ihn drängeln würde. Ich hatte doch gar nichts gefragt, ich warte ja brav, bis er so weit ist.

Zumindest hatte ich es vor, aber – da pfeift es auch schon wieder: der nächste Einsatz.

»Ach, ihr könnt mich alle mal!« Martin schnappt sich seine Zettel und steigt aus. »Deiner!«, sagt er und hält mir den Piepser und danach dann auch noch die Schlüssel hin.

Da kommt auch schon Max zurück zum Auto, während ich am Funk alles entgegennehme und sich das Tor vor mir nach oben schiebt. Ein Patient im akuten Unterzucker irgendwo in Lechhausen.

»Im Auto passt alles soweit?«, frage ich Martin noch kurz.

»Ja. Nur im Auffüllfach fehlen zwei Ampullen Adrenalin. Und Handschuhe musst du mal nachfüllen, für ein paar Einsätze müsste es noch reichen. Der Rest ist okay.«

Eine Fahrzeugübergabe im Stenografiestil.

»Da.« Er hält mir einen Zettel hin. »Wenn ihr ins Klinikum

kommt, dann schau mal, von dem fehlt mir noch das Geburtsdatum.«

Kurz darauf ein Blick zurück zur Wache auf das sich schlie-
ßende Tor. Martin, der müde auf den Eingang zusteuert, seine
weißen Zettel in der Hand. Auf dem Gehsteig vor der Wache
zwei Mädchen, die uns groß anschauen und sich die Ohren
zuhalten. Rein vorsorglich, denn die Straße ist komplett frei,
und das Martinshorn brauche ich gar nicht.
    »Das ist der Dritte im Unterzucker heute, möchte mal wis-
sen, was da los ist.«

Bereits als ich von der Hauptstraße zum Einsatzort einbiege,
sehe ich etwa zweihundert Meter vor mir das weiße Auto mit
den Leuchtstreifen und eingeschaltetem Warnblinker, mitten
auf der Straße – woanders ist kein Platz. Die Straße ist eng,
nirgendwo eine Lücke, in der man sich mit so einem großen
Wagen seitlich abstellen könnte.
    Ein Mehrfamilienhaus. Als wir vor dem Eingang stehen,
summt schon der Türöffner.
    »Er lag vorm Bett und hat nicht mehr reagiert«, sagt
die Frau, die uns oben an der Wohnungstür empfängt. Eine
kleine vornehm gekleidete, zierliche Dame mit einer ruhigen
Stimme. Dem Anschein nach müsste sie so um die sechzig
Jahre alt sein. Durch die Schlafzimmertür hindurch kann man
den Patienten sehen, der auf der Bettkante sitzt, das Gesicht
in die Hände gestützt; davor die beiden Kollegen, noch mit
dem Rücken zu uns gedreht. Der eine der beiden hält die Infusion nach oben. Als der andere, ein kleinerer untersetzter
Typ, sich umdreht, erkenne ich ihn: »Ferdinand«. Eigentlich
heißt er Peter, aber alle nennen ihn Ferdinand. Das ist an
ihm hängengeblieben, seitdem er einmal einer neuen Kollegin erzählt hatte, er sei vom Sternzeichen her Stier. Denn die
war ein Fan von Ferdinand, dem Stier. Muss wohl eine Figur

aus einem Kinderbuch sein, so ganz genau weiß ich es selbst nicht.

»Der Patient hatte einen Dex von unter zwanzig, wir haben ihm zwei Ampullen Glucose gespritzt, jetzt ist er zwar wieder ansprechbar, aber eben irgendwie noch neben der Spur.«

Ferdinand begrüßt Max und mich gleich mit den wichtigsten Infos. Ein Blutzuckergehalt von zwanzig Milligramm pro Deziliter ist definitiv zu niedrig.

Der Patient schaut uns groß an. »O je, da kommen ja immer mehr.«

»Grüß Gott, Herr Möller. Mein Name ist Schmieder, ich bin der Notarzt«, stellt sich Max vor.

Herr Möller schaut von einem zum nächsten, zwischendurch sieht er immer wieder seine Frau an. »Und was wollen Sie jetzt von mir?«, will er dann von Ferdinand wissen.

Dem Mann sieht man schon jetzt, wo er auf der Bettkante sitzt, an, dass er nicht nur breit gebaut, sondern auch groß ist. Dunkle, etwas fleckige Haut, buschige Augenbrauen, ein älteres Gesicht mit lachenden Falten und weißen Haaren, die in Büscheln in alle möglichen Richtungen stehen: Irgendwie habe ich den Gesichtsausdruck eines netten Adlers oder Geiers aus dem *Dschungelbuch* in meinen Gedanken vor mir.

»Wieso stehen Sie alle in meinem Schlafzimmer?«, fragt er noch einmal.

Ferdinand verdreht die Augen und holt erst einmal tief Luft, ehe er antwortet. Vermutlich stellt der Patient diese Frage nicht zum ersten Mal. »Wir sind hier, weil sie am Boden lagen und nicht mehr reagiert haben.«

»Aha.«

»Wir geben ihm noch einmal eine Ampulle Glucose«, ordnet Max an. »Vielleicht wird es dann ja besser.«

»Er war den ganzen Tag schon so schlapp«, sagt die Frau.

»Er ist Diabetiker, und wir haben heute Abend normal gespritzt.«

»Und gegessen ...?«, fragt Max.

»Na ja. Ein wenig, aber nicht sehr viel. Er wollte sich eben gleich hinlegen, weil es ihm nicht gut ging.«

Der erstaunte Blick des Mannes, der auf der Bettkante sitzt, fällt nun auf mich. »Was wollen Sie denn alle hier von mir?«, fragt er dieses Mal mich und wischt sich über die verschwitzte Stirn.

Bevor ich antworten kann, setzt er hinzu: »Wer hat Sie denn überhaupt gerufen?«

»Ich denke mal, Ihre Frau. Sie lagen wohl am Boden und waren im Unterzucker.«

»Ach so«, sagt er. Dann hakt er noch mal nach. »Schon wieder im Unterzucker? Heute?«

»Ja«, sage ich. Fassungslos schüttelt er den Kopf. Ich stelle mir kurz vor, wie das alles wohl aus seiner Sicht ist: Man hat keine Ahnung, was gelaufen ist. Filmriss komplett. Und dann sieht man mit einem Mal vier fremde Menschen in seinem Schlafzimmer. Aus dieser Perspektive muss einem das alles merkwürdig vorkommen.

Ferdinand setzt die Spritze mit der nächsten Glucose an. Max nickt, und Ferdinand drückt den Inhalt der Spritze langsam in den Kunstoffkatheter der Infusionskanüle, die im Handrücken des Patienten liegt.

Der andere Kollege, den ich noch nicht kenne, wendet sich leise an mich: »Na, hat der Martin es doch noch auf die Wache geschafft, der war echt gestresst zum Schluss ...«

Ich grinse.

»Herrje ... – Ich bin ja gar nicht richtig angezogen. Was wollen Sie denn alle hier bei mir in meinem Schlafzimmer?«, möchte der Patient wieder wissen.

Max erklärt es ihm noch einmal, dann erkundigt er sich: »Und das mit dem Schlappsein, wie hat sich das geäußert?«

Die Frau berichtet, dass ihrem Mann das Treppensteigen schwergefallen sei und auch alles andere, und er habe auch ein wenig Rückenschmerzen gehabt.

»Sie hatten Rückenschmerzen?« Max rückt näher an den Patient heran.

»Ich? Nein, ich kann mich nicht erinnern«, sagt der Mann.

Ferdinand hält schon die nächste Glucose in der Hand. »Ja«, sagt Max. »Die eine geben wir ihm noch. Und dann schreiben wir erst einmal ein EKG. Ein großes.«

Das große EKG zeigt mehr Ableitungen, unterschiedliche Kurven, die die elektrischen Aktivitäten des Herzens zwischen mehr unterschiedlichen Punkten zeigen. Es ist ein wesentlich genaueres Instrument, um Veränderungen zu diagnostizieren, als das kleine EKG mit nur vier Elektroden.

Offenbar möchte Max untersuchen, ob der Patient zusätzlich zum Problem mit dem Blutzucker auch einen Herzinfarkt haben könnte. Oder er möchte einen Infarkt zumindest ausschließen, um sicher zu sein, dass er den Patienten bedenkenlos zu Hause lassen kann, wenn es ihm entsprechend besser geht.

»Sind Sie wegen mir hier?«, erkundigt sich der Patient höflich.

»Ja.« Ferdinand nickt. »Wegen Ihnen.«

»Aha«, sagt der Mann und blickt auf seine Hände, die er jetzt vor sich auf den Knien liegen hat, während der Kollege die EKG-Elektroden klebt.

»Wegen meinem Zucker?«, hakt der Mann nach. Er scheint zumindest wieder mehr in der Situation zu sein.

»Ja, wegen Ihrem Zucker und weil Sie bewusstlos vor dem Bett lagen«, erklärt ihm Ferdinand noch einmal.

»Schon wieder der Zucker«, sagt der Mann. Dann schaut er wieder zu mir herüber. »Ich hab gar nicht mitbekommen, wie Sie ins Haus gekommen sind. Na sowas.« Er schüttelt den Kopf. »Gibt's ja nicht ...«

»Jetzt mal bitte nicht reden, Herr Möller, wir schreiben ein EKG.«

Ferdinand drückt einen der kleinen Knöpfe an dem EKG, und der lange Papierstreifen schlängelt sich mit einem hohen Summton aus dem Gerät in Ferdinands Hände.

Kurz fällt sein Blick darauf, dann reicht er den Streifen weiter. »Bitteschön, Herr Doktor.«

Max schaut sich den Streifen verhältnismäßig lange an, zieht ihn immer wieder durch seine Hände, um die verschiedenen Kurven zu sehen. »Hatte Ihr Mann schon mal einen Infarkt?«, will er wissen.

»Nein, nur das Problem mit dem Zucker«, antwortet die Frau. »Hat er denn jetzt ...«, beginnt die Frau einen Satz.

»Wie ist denn die Sättigung?«, möchte Max von mir wissen.

Die Sauerstoffsättigung im Blut kann man nicht direkt messen, aber das Pulsoxymeter, das die Kollegen angeschlossen haben, eine kleine Sonde, ermittelt den Wert über die Färbung der durchbluteten Haut im roten und infraroten Bereich in den meisten Fällen recht zuverlässig.

»93 Prozent«, lese ich ab. Kein wirklich guter Wert, aber auch nicht schlecht.

»Mh.«

»Stimmt was nicht mit dem EKG?« Die Frau klingt besorgt.

»Eigentlich ist es in Ordnung. Es ist leicht verändert, aber – nichts, was auf einen frischen Infarkt oder ein größeres Problem hindeutet.«

»Wissen Sie denn, welchen Tag wir heute haben?«, wendet sich Max an den Patienten.

»Na ja, wenn ich nicht zu lange weggetreten war, müsste noch der neunte sein. Freitagabend eben.« Das Datum und der Wochentag stimmen.

»Und wie viel Uhr etwa?«

»Das würde ich auch gerne mal wissen, da fragen Sie mich

was. Ich weiß nicht, wie lange ich nichts mitbekommen habe. Abends eben.« Dann schaut er aus dem Fenster. Die Sonne ist wohl gerade untergegangen, ein graues Schwefelgelb, der Himmel hat etwas eigenartig Künstliches. »So zwischen acht und neun Uhr vielleicht?«

So weit scheint der Mann wieder klar zu sein. Max nimmt noch einmal das EKG, das auf dem Tisch liegt. »Hatten Sie denn Atemnot in den letzten Tagen?«

Der Mann schüttelt den Kopf.

Max hat sich an ein kleines Tischchen gesetzt, das hier im Raum steht, und füllt sein Protokoll aus. »Wie fühlen Sie sich denn jetzt?«

»Gut«, sagt der Mann. Er schaut noch ein paar Mal im Raum hin und her. Und setzt dann hinzu: »Eigentlich gut, aber noch ein wenig müde.«

»Frequenz, Ferdinand?«

»98.« Ferdinand dreht den Bildschirm des EKGs ein wenig in seine Richtung. Max schreibt.

»Noch eine?«, fragt Ferdinand und hält uns eine Ampulle Glucose entgegen.

»Ja, in die Infusion«, sagt Max.

Es schaut wirklich alles danach aus, als ob der Patient so weit wieder fit ist. Es wird wohl nur eine Notarztversorgung – kein Transport. Vermutlich wird Max gleich sagen: »Gehen Sie morgen zu Ihrem Hausarzt. Sollte diese Nacht noch etwas sein, dann rufen Sie noch einmal an.« Das Übliche, womit man sich nach einer Notarztversorgung verabschiedet, und in aller Regel kommt dann auch nichts mehr nach.

»Wir brauchen dann noch einen ›Fahrschein‹«, sagt Ferdinand. Der »Fahrschein«, die ärztliche Bestätigung für das Team auf dem Rettungswagen, dass der Einsatz gerechtfertigt war und mit der Krankenkasse abgerechnet werden kann. Und wenn ein Patient nicht transportiert wird, wenn wir nicht mit den Kollegen in die Klinik fahren, müssen sie diesen Zettel eben noch am Einsatzort bekommen. »Du kannst dann schon mal das Zeug runterbringen«, sagt Ferdinand zu seinem Kollegen und nickt in Richtung der blauen Sauerstofftasche und des Absauggerätes.

»Wir nehmen ihn mit«, sagt Max unerwartet. Wir schauen uns etwas überrascht an.

Okay, Max, was soll's, es ist deine Entscheidung.

»Aber sonst durfte er immer zu Hause bleiben, wenn es ihm wieder besser ging«, moniert die Ehefrau.

»Wir nehmen Ihren Mann mit«, wiederholt Max bestimmt.

Ferdinand zuckt mit den Schultern und ruft seinem Kollegen hinterher: »Bereite unten die Trage vor.« Dann wendet er sich an die Ehefrau. »Packen Sie ihm ein paar Sachen ein? Zahnbürste, Schlafanzug, das Nötigste. Kann ja alles ein wenig dauern in der Klinik ...« Er steht jetzt neben mir und raunt mir leiser zu: »... vor allem, wenn's eigentlich gar kein richtiger Notfall ist.«

Max schaut in unsere Richtung. Vielleicht hat er was gehört? Aber er scheint nachzudenken, reibt sich mit den Händen über die Augen und das Gesicht. Der ist müde. »Und nehmt den Sitzwagen. Aufstehen kann er, aber er soll nicht bis zum Aufzug gehen.«

Als ich in das NEF einsteige, sind die anderen am Ende der Straße schon abgebogen. Ich drücke noch die Taste auf meinem Funkgerät, die der Leitstelle mitteilt, dass auch ich unterwegs ins Klinikum bin, dann schalte ich das Radio ein, nicht zu laut, ich muss ja alles Wichtige am Funk noch mitbekommen, französische Chansons, die leise die Motorgeräusche im Hintergrund begleiten.

Zwei Ampeln weiter treffe ich den Wagen der Kollegen wieder. Mit Patienten fährt man langsam und schonend, man

– 256 –

kann sie leicht einholen, ohne sich groß zu beeilen. Es ist inzwischen fast dunkel geworden.

Ich denke an das Übergabegespräch im Krankenhaus: Vermutlich wundern sich nicht nur meine Kollegen, warum dieser Patient so spät am Abend unbedingt in die Klinik gebracht werden musste, sondern auch die in der Notaufnahme. Ärgerlich werden die Pfleger ihre Augen verdrehen, der Arzt in der Klinik seinen Notarztkollegen mit einem ironischen Kommentar verabschieden oder direkt kritisieren. Bestenfalls wird er nichts dazu sagen und gerade dadurch zeigen, dass er es für überflüssig hält, diesen Patienten in die Klinik zu bringen. Wer weiß. Vermutlich wird der Mann nicht sofort wieder nach Hause geschickt. Aber es ist fast schon eine ärgerliche Störung, wenn jemand zwar krank ist, aber ebenso gut am nächsten Tag noch zu seinem Arzt gehen könnte. Die Notaufnahmen sind von Jahr zu Jahr überfüllter, das Personal immer weniger.

Einmal zwängt sich auf der Fahrt jemand beim Spurwechsel zwischen uns, und die Kollegen vor mir schaffen es noch über eine Ampel, die vor mir rot wird. Ein paar Jugendliche am Straßenrand, die lachen und sich schubsen und dann vor mir über die Straße gehen. Und dann, gerade als es grün wird, ein Polizeiauto mit Blaulicht, das die Kreuzung vor mir überquert.

Zwei Querstraßen weiter, nach einer Kurve, steht der Rettungswagen rechts halb in einer Haltebucht, halb auf der Straße, der Warnblinker ist zum Absichern eingeschaltet. Merkwürdig. Ich bleibe dahinter stehen, steige aus und gehe vor, um Ferdinand zu fragen, was los ist. Aber ich bin noch nicht mal bei dem Wagen, da blitzt es mit einem Mal von oben blau in alle Richtungen, der Rettungswagen setzt sich wieder in Bewegung, jetzt nicht mehr so ruhig und gleichmäßig wie vorher. Der alte Dieselmotor dreht hoch, das Martinshorn hallt durch die Straßen, dann ist das Auto hinter einer Biegung nicht mehr sichtbar. Noch ein paar Reflexe des blauen Blitzens in den Schaufensterscheiben der Straße, der Verkehr vor mir schließt sich wieder.

Der Zustand des Patienten muss sich dramatisch verschlechtert haben. Max ... der hatte offenbar recht, ihn mitzunehmen. Was er wohl erkannt oder bemerkt hat, das ihn zu dieser Entscheidung brachte?

Am Funk höre ich Ferdinands Stimme: »Leitstelle von 33/04 mit Voranmeldung.«

»Schreibklar, geben Sie durch ...«

»33/04, Patient männlich, 65 Jahre, bitte Kabine freihalten für einen Hinterwandinfarkt, Patient intubiert, beatmet, Eintreffen in ca. 8 Minuten.«

Jetzt weiß ich, weshalb die Kollegen kurz angehalten haben.

Wenig später die Bestätigung: »33/04, Sie sind angemeldet, einmal Verdacht Hinterwand, intubiert, beatmet, Kabine 2, Pfleger Daniel.«

Von Ferdinand höre ich nichts mehr am Funk, dann noch einmal die Stimme der Leitstelle.

»33/04, Sie sind angemeldet, konnten Sie mich aufnehmen?«

Jetzt höre ich Ferdinands Stimme zwischen dem durch den Funklautsprecher verzerrten Klang des Martinshorns. Er hält sich knapp: »Leitstelle von 0–4, unter Reanimation auf dem Weg ins Klinikum.«

Parkende Autos, zwischen denen man kaum in die Notaufnahme kommt, vor dem Seiteneingang ein paar Patienten und ein paar Pflegekräfte in blauen Kitteln, die rauchen und über allem dieses riesige Schild, das über mir nach hinten verschwindet mit diesen manngroßen, beleuchteten Buchstaben, die das Wort »Notaufnahme« weit in die Nacht hinausstrahlen. Ich wende mein Fahrzeug in der Halle und stelle es davor ab. Der Rettungswagen der Kollegen steht verlassen hinter mir im kalten Neonlicht. Die hinteren Türen sind noch geöffnet, das Gestell der Trage ragt aus dem leeren Auto, in dem die Lampen noch über dem Platz leuchten, an dem gerade noch dieser ältere Herr mit den buschigen Augenbrauen lag.

Als ich drinnen ankomme, sehe ich die Ehefrau unseres Patienten, die, mitgenommen von dem gerade Erlebten, vor einem Schalter sitzt. Mit verweinten Augen beantwortet sie ein paar Fragen, bis endlich der Drucker auf der anderen Seite des Schalters die Akte auswirft, Aufkleber, die zigfach den Namen und die wichtigsten Daten des Patienten zeigen, die auf Blutröhrchen geklebt werden, auf Laborberichte, auf alles, was eben diesem Menschen, den wir gerade hier in das Haus gebracht haben, zugeordnet werden muss.

Dann händigt mir die Dame von der Aufnahme die ockergraue Mappe aus, in die sie die ganzen Aufkleber gesteckt hat. »Würdest du bitte?«

Ja, sicher, ich bringe die Akte nach drinnen.

Der Gang vor den schweren Schiebetüren: eine große Ziffer »2« an einer dieser Türen. Als ich sie zur Seite ziehe, kommen mir Ferdinand und sein Kollege schon entgegen und schieben die leere Trage an mir vorbei. Ein Pfleger zieht mir den Ordner aus der Hand. »Bleib bitte gleich draußen.« Ein kurzer Blick in die Kabine. Der Patient liegt auf der Liege der Klinik, er wird immer noch beatmet, aber man sieht niemanden mehr bei der Herzdruckmassage, offenbar schlägt das Herz wieder selbst. Ein rhythmisches Pfeifen des EKGs in der Kabine, Max, der sich mit einem Kollegen unterhält, drei oder vier Menschen, die rund um Herrn Möller in Bewegung sind, dann schließt sich die schwere Schiebetür wieder.

Wortlos zieht Ferdinand das Einmallaken von der Trage, wirft es zusammengeknüllt in einen Mülleimer und rückt dann das Kopfkissen wieder gerade. Zu dritt gehen wir durch die automatisch aufklappenden Türen wieder nach draußen. Als wir am Warteraum vorbeigehen, fällt auch Ferdinands Blick auf die wartende Ehefrau des Patienten. Weit vorgebeugt hält sie das Gesicht in ihrer Hand, den Ellbogen auf das Knie gestützt. Regungslos sitzt sie da. Ferdinand geht zu ihr, ich gehe hinterher, bleibe ein wenig hinter ihm.

»Er hat schon wieder einen eigenen Puls und einen Kreislauf. Es sieht nicht schlecht aus.«

Die Frau sieht uns nicht an. Ohne etwas zu sagen, nickt sie leicht, kaum erkennbar. Ferdinand legt seine Hand auf ihre Schulter. Manchmal geht es besser ohne viele Worte.

Dann, nach einer Weile, verabschiedet er sich: »Ich denke, unser Notarzt wird gleich noch einmal zu Ihnen kommen.«

»Alles Gute!«, sage ich nun auch noch, dann drehen wir uns um und gehen.

Draußen vor dem Rettungswagen beziehen die beiden ihre Trage wieder. »Da muss ich deinen Medicus gleich noch fragen, wie er das wissen konnte«, sagt Ferdinand.

Aber dann kommt es anders.

»33/04, für Leitstelle«, hört man den Funk aus dem Führerhaus. Und noch ehe Ferdinand am Hörer ist, um zu antworten, ertönt die Stimme noch einmal.

»33/04 sind Sie schon wieder klar?«, und ohne die Antwort abzuwarten, löst der Mitarbeiter in der Leitstelle die Tonfolge der Piepser aus, und neben mir pfeifen und rauschen die beiden schwarzen Kästchen, die an den Gürteln der beiden Kollegen befestigt sind. Ferdinands Kollege schiebt noch schnell die Trage ins Auto und schließt die Türen. Einen Moment später verschwinden die beiden irgendwo draußen in dieser Spätsommernacht.

Durch die Scheiben sehe ich den großen Fernseher im Warteraum. Offenbar eine Kochsendung, die dort läuft. Max hat sich neben die Ehefrau gesetzt. Aus der anderen Richtung, von hinten, wo die Psychiatrie ist, kommt ein bärtiger Mann in Jeans und einem langen weißen Kittel. Das Ende eines Reflexhammers schaut ein wenig aus der Seitentasche heraus. Er ist in offenbar in Gedanken, lächelnd, ohne Notiz von mir zu nehmen, geht er an mir vorbei.

Ich habe die kurzärmlige Dienstkleidung an, mir ist kalt. Ich könnte mir die Jacke überhängen und noch ein wenig hier stehen bleiben, aber dann gehe ich doch zurück in mein Auto und schaue das Protokoll noch einmal durch.

Bald darauf öffnet sich die Beifahrertür. »Er hat echt gute Karten. Wir haben ihn ja auch gleich erwischt, als er den Stillstand bekommen hat.« Max wirkt gar nicht mehr müde. »Wir können dann wieder.«

Als wir aus der Notaufnahme herausfahren, will ich genau wissen, wie alles gelaufen ist.

Max erzählt es bereitwillig.

»Es ging ihm plötzlich schlechter, der Druck hat abgebaut, ich hab noch einmal ein EKG geschrieben, da hat man es dann deutlich gesehen, kurz drauf war er weg. Wir haben kurz angehalten, ihn intubiert und beatmet.«

»Aha.« Aber meine eigentliche Frage ist noch nicht beantwortet. »Warum hast du ihn überhaupt mitgenommen? Das erste EKG war doch unauffällig. Und auch sonst ...«

»Ein Hinterwandinfarkt«, schneidet er mir das Wort ab.

»Ja, das weiß ich schon«, entgegne ich. »Ich hab ja die Voranmeldung mitgehört.«

»Wenn du möchtest, können wir noch durch die Stadt nach Hause fahren und uns ein Eis mitnehmen«, wechselt er das Thema.

»Mir ist kalt, irgendwie lieber nicht.«

Außerdem hat er mir meine Frage immer noch nicht beantwortet.

Unterwegs kommt uns ein Rettungswagen entgegen, Kollegen, die mit Blaulicht und Martinshorn an uns vorbeiziehen, ich sehe sie im Seitenspiegel verschwinden.

»Woher hast du gewusst, dass der Mann den Infarkt hatte, wenn man im ersten EKG nichts gesehen hat?«, versuche ich es noch einmal.

Wieder keine Antwort.

»Ich meine, was hat den Ausschlag gegeben? Irgendetwas muss es doch gewesen sein.«

»Ich weiß es nicht, Georg.« Er sieht aus dem Fenster. »Schau mal da draußen, ich glaub, der ist sturzbesoffen.« Tatsächlich sieht man einen Mann, der ein Fahrrad schiebt und deutlich schwankt. Und eine Frau, die ihn immer wieder stützt und davon abhält, umzufallen. Ein komischer Anblick, auch wenn die Frau es möglicherweise nicht ganz so amüsant findet.

Dann stehen wir an einer großen Kreuzung vor einer roten Ampel.

»Es war einfach nur so ein Gefühl«, sagt Max auf einmal. »Ich hatte einfach Angst, den Mann zu Hause zu lassen und das Gefühl, einen Fehler zu machen, wenn ich ihn nicht mitnehme.«

»Nur ein Gefühl? Sonst nichts?«

»Es gab ein paar Anzeichen, die dafür sprachen«, sagt er noch, ohne hinzuzufügen, welche das waren, und dann setzt er noch einmal nach: »Der eine nennt es wohl Intuition. Der andere begründet es mit Erfahrungen, die er gemacht hat, und mit Wahrnehmungen, die er vielleicht teils bewusst, teils unterbewusst macht.« Er blickt auf das Protokoll, das er ausgefüllt hat. »Nein ... sonst nichts. Eben nur ein Gefühl für das, was man tut.«

»Und – wie hättest du das denen in der Klinik erklärt?«

»Ja ...« Er lacht.

Es wird grün.

»Ja«, murmelt er jetzt eher halblaut, »das ist immer das

– 262 –

Problem in so einem Fall, nicht? Dafür muss man sich dann im Zweifelsfall blöd anreden lassen, muss sich irgendetwas ausdenken und braucht ein dickes Fell.«

Ich verstehe.

Es ist ein gutes Gefühl, mit einem Notarzt unterwegs zu sein, der Intuition und ein dickes Fell hat.

Jede Sekunde zählt

*E*in kühler Herbstabend. Irgendwo im Hof ein Rabe, der im herabgefallenen Laub vor den Bäumen herumpickt. Als ich in seine Richtung schaue, fliegt er davon. Der Lärm eines lauten, scheppernden Motorrads, eine kraftvolle Maschine mit wenig Zylindern, soweit ich es beurteilen kann, der meinen Satz in zwei Teile schneidet, als ich die anderen begrüße, die in der Raucherecke im Hof stehen.

Dann noch mal ein lautes Pfeifen von der Hauptstraße her und ein aufheulender Motor. Es klingt nach einem Wettrennen. Obwohl ich nicht bis zur Straße sehe, habe ich vor meinem inneren Auge das Bild eines alten, mit Spoilern aufgemotzten Mittelklassewagens und eines braungebrannten Fahrers mit einem stylisch geschnittenen Bart.

»Nur zu!«, ruft Felix laut.

»... die sind immer so aufgedreht, wenn sie aus diesem Fastfood-Restaurant hinter der Wache kommen.«

»*You are, what you eat*«, sage ich. »Apropos, was essen wir heute noch? Habt ihr was dabei?«

»In der Wache liegen noch Gutscheine. Zwei Hamburger-Menüs zum Preis von einem.« Felix grinst.

»Wo ist eigentlich dieser Neue?«, möchte ich wissen.

»Jens? Schon beim Fahrzeugcheck«, sagt Marcia. »Unser Nordlicht – kommt aus Neustadt«, plaudert sie weiter. »›Neustadt am Rübenberge‹ ... Wenn du den mit *Grias di* begrüßt, schaut er dich nur groß an, aber auf *Guten Tach* reagiert er sehr freundlich.« Marcia steht kichernd in der Tür zur Halle.

Für ein paar Sekunden der Widerschein des Blaulichts, der

– 264 –

vor allem auf den Reflexstreifen von Marcias Dienstkleidung sichtbar wird. Auch die Blaulichter werden bei Dienstbeginn kontrolliert.

»Weiß eigentlich jemand, wo die NEF-Tagschicht steckt?« Das NEF, das ich in der Nacht fahren soll, ist mal wieder vom letzten Einsatz noch nicht zurück. Statt einer Antwort höre ich, was die Tagschicht alles an Einsätzen hatte. Ein Kind mit einem Fieberkrampf, der nicht zu durchbrechen war. Ein betrunkener Fahrradfahrer, der seine Bremse nicht fand, und als er den Berg hinunter zu schnell wurde, kurzerhand seinen Fuß in die Speichen des Vorderrads steckte. »Der hat sich nicht nur den Fuß sauber gebrochen, sondern auch eine beachtliche Kopfplatzwunde gehabt. Im hohen Bogen ist er über das Rad auf die Straße geflogen.«

Ich stelle mir die Situation vor. Mit etwas Pech hätte er auch ein Schädel-Hirn-Trauma haben können.

»Und dann wollte der Trottel auch noch weiterfahren, obwohl das Fahrrad völlig im Eimer war.« Felix lacht. »›Olé, olé, olé‹ hat er laut über die Straße gelallt und wollte, dass wir ihn ins Allgäuer Stüberl zu seinen Kumpels fahren. Er sei fit, meinte er grölend.«

»Habt ihr ihn hier ins Friedberger Krankenhaus gebracht?«

Felix schüttelt den Kopf. »Ins Klinikum, am Ende hätte ihm doch mehr gefehlt ... Das Fahrrad hättest du mal sehen müssen. Und im Auto bei uns ist er dann eingeschlafen, wir dachten schon, jetzt hat er doch eine Hirnblutung. Aber die haben seine Birne im CT durchleuchtet, und offenbar fehlte ihm wirklich nicht mehr.«

Jens kommt aus der Halle. Ein drahtiger Typ, man fragt sich, wie diese kleine Kleidergröße an einem Menschen überhaupt noch so viele Falten werfen kann. Er hat einen Gesichtsausdruck, als ob er beleidigt wäre. In der Hand hält er etwas Metallenes, das zwischen einem grünlichen Papier und einer Klarsichtfolie steril eingeschweißt ist.

»Sag mal, ihr spinnt doch wohl komplett, oder?«

Roman und Felix drehen sich weg. Ein unterdrücktes Lachen. Ich versuche, mir das, was Jens in der Hand hält, näher anzusehen, aber er zeigt es zuerst Marcia, und ich kann es immer noch nicht erkennen.

»Wo hast du denn *das* her?« Jetzt lacht auch Marcia.

»Wir haben es ihm unter die Intubationssets in den Koffer gesteckt, wir wollten wissen, ob er wirklich alles so genau checkt, wie er tut«, sagt Roman mit einem Grinsen. »Felix hat es ihm extra schön steril eingeschweißt.«

Jetzt erkenne ich dieses metallene Etwas: ein handelsüblicher Dosenöffner.

Jens verschwindet zwischen einer Wolke aus Kraftausdrücken wieder drinnen.

»Ihr seid gemein«, sage ich.

Felix hebt den Zeigefinger bedeutungsvoll: »Jedenfalls hat er den Test bestanden.«

Als alle genug herumgealbert haben, versuche ich ein wenig zusammenzufassen: »Na, das war ja heute alles überschaubar, nicht wirklich was Spektakuläres dabei.«

Ist es nach meiner Bemerkung zufällig ruhiger geworden?

»Mh.« Felix drückt seine Zigarette in einem Aschenbecher aus, bläst noch einmal den letzten Rauch in die Luft.

»Die vom NEF müssen wohl eine voll üble Rea gehabt haben«, sagt Roman. »Eine neunundzwanzigjährige Frau, die am Nachmittag tot in der Wohnung lag. Auf dem Boden vor der Wiege, in der ihr drei Wochen alter Säugling lag. Der Mann soll sie entdeckt haben, als er von der Arbeit kam. Wie lange sie schon tot war, ob nur ein paar Minuten oder eine halbe Stunde, war schwer zu sagen. Jedenfalls die ...«, er zeigt in Richtung Halle, wo der leere Platz des NEFs ist, »... haben die Frau wohl nicht mehr in die Klinik gebracht.«

Ich muss erst mal schlucken. Da möchte ich nicht dabei gewesen sein. Die Kollegen, die den Einsatz gefahren haben, tun mir leid. Doch dann denke ich auch an das Fahrzeug, das ich von denen übernehmen werde. Eine stressige Rea bedeutet auch: Ich muss den Notfallkoffer im NEF gründlich durchsehen, wenn es endlich mal zurück ist. Bei so was geht leicht mal der Überblick verloren, wer was aus dem Koffer genommen hat und ob es nachgefüllt wurde, vor allem, wenn dann vielleicht noch andere Einsätze nachgefolgt sind. Und – die beiden sind ja immer noch unterwegs.

Als etwas später Marcias Piepser pfeift, verschwindet sie im Auto. Bevor sie und Jens losfahren und in der Nacht verschwinden, öffnet Marcia das Fenster noch mal.

»Sieht aus, als ob du noch ein wenig länger auf dein Auto warten musst!«, ruft sie mir noch zu. »Wir haben mit deinem NEF zusammen einen Einsatz in der Stadtmitte.«

Jens auf dem Beifahrersitz sieht immer noch ein wenig beleidigt aus, zum Abschied hebt er die Hand nicht mal einen Zentimeter weit, dann das schrille blaue Blitzen vom Dach des Rettungswagens. Wenig später, das Tor ist gerade erst wieder zu, hört man das Martinshorn nur noch aus der Ferne.

Die leere Halle hinter mir, ein paar Ölflecken am Boden und Marcias Hausschuhe. Weiter drüben, da wo gerade noch Jens eingestiegen ist, liegt ein blauer Handschuh. Niemand mehr da: Felix und Roman sind wohl schon in die Umkleide gegangen. Im Vorbeigehen hebe ich den Handschuh auf, um ihn wegzuwerfen.

Es ist kurz nach halb acht, als das NEF dann endlich zur Wache zurückgefunden hat. Norman kommt zur Tür herein. Ein eiliger Blick.

»Ich muss dringend los …« Er legt mir den Piepser und den Autoschlüssel auf den Tisch. Max, einen unserer Notärzte, sehe ich noch im Gang an der offenen Tür vorbeigehen, auf dem Weg nach oben ins Notarztzimmer, wo Dr. Eckmann auf ihn wartet, mit dem ich Nachtschicht habe.

Norman dreht sich um und schreibt seine Überstunden auf den Tagesdienstplan an der Pinnwand.

»Ging das den ganzen Tag so?«, erkundige ich mich.

»Wir sind jetzt seit sechs Uhr heute Morgen unterwegs. Ich war zwei Mal kurz auf der Wache, nie länger als zehn Minuten. Ich hab nicht mal zu Mittag gegessen, meine Pizza müsste noch im Ofen stehen, die kannst du haben, wenn du willst. Sie ist bestimmt so hart wie ein Backstein.«

Na, danke!

Ich erkundige mich danach, ob Opiate verbraucht und dokumentiert wurden und wie es mit dem übrigen Material aussieht.

»EKG-Elektroden müssten nachgefüllt werden. Die reichen höchstens noch für ein oder zwei große EKGs«, meint Norman. »Der Rest müsste stimmen, bis auf ein paar Tupfer und ein oder zwei 5-ml-Einmalspritzen müsste der Koffer komplett sein.«

Als ich mit dem Checken des NEFs fertig bin, ist es kurz nach neun. Ob ich mir jetzt auch beim Fastfood-Restaurant was holen soll? Oder lieber nichts essen? Ich müsste mal abnehmen. Geräusche aus der Garage. Vielleicht das NEF? Aber es sind nur Marcia und Jens mit zwei Tüten voll Essen. Die Pommes und die Wiener Schnitzel duften so aufdringlich, dass ich richtig Hunger bekomme.

»Ich bin kurz hinten und hole mir nur 'ne kleine Pommes.«

Zurück komme ich mit einem großen Hamburger, einer großen Pommes, einer Nachspeise und einer Cola. Und natürlich pfeift mein Melder, gerade als ich mir die ersten Fritten in den Mund schiebe.

Dr. Eckmann ist im nächsten Moment beim Auto, neben mir sehe ich Marcia, die im Licht der Leselampe etwas nachschaut, eine Straßenkarte in der einen Hand, den Funkhörer in der anderen, dann rollen sie neben mir schon aus der Halle.

Ein Verkehrsunfall, die Ortsbeschreibung nicht ganz klar: »Auf der Verbindungsstraße zwischen Friedberg und Eurasburg, etwa fünfhundert Meter von der Einmündung entfernt, die von Odelzhausen herführt.«

Aus Richtung Odelzhausen gibt es keine Einmündung, da muss man über andere Ortschaften anfahren. Und es gibt mindestens zwei Wege und Einmündungen. Über Funk hören wir noch, wie Marcia sich darüber mit der Leitstelle unterhält.

»Wir fahren einfach über die Verbindungsstraße raus, dann werden wir schon irgendwann dort ankommen«, sage ich mehr zu mir selbst, während ich den anderen hinterherfahre. Aber Marcia hatte recht mit ihrer Rückfrage an die Leitstelle: Bei einer unklaren Ortsbeschreibung ist der Einsatz am Ende ganz woanders …

Auf einmal hören wir am Funk eine Polizeistreife, die sich auf unseren Kanal zugeschaltet hat.

»An alle Fahrzeuge, die zu dem Verkehrsunfall auf der Staatsstraße bei Eurasburg unterwegs sind: Verkehrsunfall *schwer*, genauer Ort zwischen Rehrosbach und Eurasburg, eingeklemmte Person.«

Dr. Eckmann bestätigt diese Meldung kurz, ich höre Marcia, die sich erkundigt, ob die Feuerwehr schon alarmiert sei.

»Wir sind gerade dabei«, kommt die knappe Antwort von der Leitstelle.

Hin und wieder ein Mensch auf dem Gehsteig in einer Ortschaft auf dem Weg, jemand, der sich nach uns umdreht, kaum noch Autos vor uns, die wenigen, die unterwegs sind, stehen schon mit eingeschalteten Warnblinkern am Straßenrand. Hier auf dem Land, wo wir nicht so oft sind, fallen wir noch mehr auf.

Noch etwa zwei oder drei Kilometer. Das Blaulicht des RTW und des »FirstResponder« tauchen auf, letzterer ist ein Pkw, der in ländlichen Gegenden seit einigen Jahren mit einem einzelnen Sanitäter zur Erstversorgung vorausfährt. Rundherum einige Pkws mit Warnblinker. Und dann erkenne ich auch den weißen Lieferwagen, der völlig zerstört etwa fünfzehn Meter von der Straße entfernt um den einzigen Baum an diesem Abschnitt der Straße gebogen ist. *O weh, das sieht richtig schlecht aus.*

»Volltreffer«, sagt Dr. Eckmann trocken.

Ich versuche, mich auf die letzten Meter der Anfahrt zu konzentrieren, aber dieses total zerstörte Wrack zieht ein paar Mal meine Blicke in seine Richtung. *Nicht weit von hier hatte ich vor einigen Jahren meinen ersten tödlich verunglückten Motorradfahrer ...*

Kurz bevor wir da sind, sehe ich Jens und Marcia vor mir eilig durch das Feld auf das Auto zustapfen, der Sanitäter vom FirstResponder ist dahinter verschwunden. Eine stark untersetzte Frau, die daneben steht, telefoniert und fuchtelt mit ihrer anderen, freien Hand wild in der Gegend herum. Marcia schaut in das Führerhaus, das völlig eingedrückt ist. Ich lenke das Auto ein paar Meter hinter den RTW, Dr. Eckmann steigt aus, noch bevor ich ganz stehe. Als ich den Wagen abgestellt habe, schnappe ich mir unseren Notfallkoffer. Man weiß ja nicht, ob nicht mehrere Personen eingeklemmt oder verletzt sind. *Seltsam, wo ist eigentlich die Polizeistreife, die uns gerufen hatte? Ich dachte, die sei schon vor Ort.*

Schon von Weitem hört man die Frau, die mit ihrem Handy vor dem zerstörten Lieferwagen steht, laut lamentieren. Zuerst verstehe ich sie gar nicht, denke, sie redet vielleicht Türkisch, aber dann merke ich, dass es tiefstes Bayerisch ist. Marcia kommt mir mit dem Sani vom FirstResponder entgegen, ein leichtes Lächeln im Gesicht. »Der war auch mit drinnen.« Sie zeigt auf einen etwa zwölfjährigen Jungen, vor dem

Jens in der Hocke sitzt, um ihn zu untersuchen, während Dr. Eckmann bei der Frau ist, die sich aber immer wieder telefonierend von ihm wegdreht, um weiter in ihr Handy zu schimpfen.

In einer Redepause schafft er es endlich, sie anzusprechen: »Alles in Ordnung bei Ihnen? Fehlt Ihnen was?«.

Die Frau senkt die Hand mit ihrem Telefon, ein erstaunter Blick, als ob erst jetzt das eigentliche Ereignis stattfinden würde, dann holt die tief Luft.

»Jo sag emol, bist du jetzt komplett bled worn? Ob mir wos foid? Jo bist narrisch? Siegst du eigentlich net, das mei Audo komplett am Orsch is? Des gibt's doch ned, lauda Bleede do herausn.«

»Was meint sie?« Jens schaut erstaunt.

»Sie sagt, dass ihr nichts fehlt und alles in Ordnung ist, dass aber ihr Auto leider einen Schaden genommen hat und sie das doch ein wenig ärgert.«

Jens Gesichtsausdruck ist jetzt noch beleidigter, er passt zum Schimpfen der Frau.

Unweigerlich muss ich mich wegdrehen und lachen. Erleichterung ist auch dabei. Aus einiger Entfernung hört man noch mal Martinshörner.

Dr. Eckmann ist inzwischen bei dem Jungen, dem offenbar auch nichts fehlt. Er lässt sich von ihm, der immer wieder die Augen weit aufreißt und die Hände beschwörend hebt, erzählen, wie er den Unfall erlebt hat.

»Des glaubst ned, des war voll da Horror ...«, sagt das Kind in eindringlichem Tonfall.

Inzwischen ist auch die Polizeistreife eingetroffen. Marcia klärt ab, ob die Feuerwehr noch anfahren wird. Zum Herausschneiden des Patienten brauchen wir sie nicht mehr. Aber es riecht nach Benzin und Öl – und eventuell ziehen die den Lieferwagen gleich vom Baum weg auf die Straße, damit er abtransportiert werden kann. Und dann hören wir mehrere

– 271 –

Martinshörner durcheinander aus einer der umliegenden Ortschaften.

Nur ein paar Meter von Jens und mir entfernt spricht eine jüngere Polizeibeamtin mit der Fahrerin.

»Na, i hob nix drunka, i hob blos vasuacht, den Scheißradio gscheit zum Laffa z bringa ...«, sagt die Fahrerin.

Jens schaut mich wieder fragend an.

»Das war wieder Bayerisch, Jens. Es bedeutet, dass sie zu Protokoll gibt, nicht alkoholisiert zu sein und dass der Unfall geschah, als sie gerade dabei war, ihr Radiogerät zu justieren.«

Jens hat die kleine Spitze in meiner sehr hochgestochenen Übersetzung verstanden und antwortet mir knapp mit einem bayerischen: »Volldepp.«

Marcia bittet die Frau, sich doch noch in unserem Rettungswagen untersuchen zu lassen, der Junge ist schon drinnen. Vermutlich fehlt den beiden wirklich nicht viel. Mit vielem Zureden bringen wir die Mutter anschließend noch dazu, mit Marcia und Jens mitzufahren und sich mit ihrem Sohn zusammen in einer Klinik in der Gegend kurz durchchecken zu lassen. Nicht alles kann man am Einsatzort sicher »ausschließen«.

Bevor Dr. Eckmann und ich uns wieder »frei« melden, schauen wir uns noch einmal das Führerhaus rund um den Sitz an. In der Mitte zwischen den Sitzen ist alles komplett eingedrückt und zerstört, vom Motorblock ragen Teile nach oben in die deformierte, zersplitterte Scheibe, nur gerade da, wo die Sitze sind, ist bis herunter zu den Pedalen mehr oder weniger alles in Ordnung. Das Blech des Laderaums hinten ist weit aufgerissen, eine Heckklappe hängt verbogen nach unten, überall liegen weiße Pakete herum.

»Mann, das gibt's ja gar nicht, wenn ich das nicht mit eigenen Augen sehen würde. Hammer!«, sage ich, mehr laut denkend.

»Man meint, das Ding sei aus Pappe«, stimmt mir einer der vielen Feuerwehrmänner zu, die inzwischen angekommen sind und neben mir stehen.

Kurz darauf sind wir auf der Rückfahrt. Dr. Eckmann hat sich entschieden, den Transport nicht zu begleiten. Ich schaue auf die Uhr. Auf kalte Pommes habe ich keine Lust, aber vielleicht kann ich den Burger noch essen.

Doch als ich schon abbremsen will, um in die Wache einzubiegen, kommt es anders: eine neue Meldung der Leitstelle.

Es geht in die Stadt. Welserpark, wir sollen von der Josefstraße her anfahren, bewusstlose Person.

Ich wende: kurz vor dreiundzwanzig Uhr und sehr hungrig.

Vor dem Eingang zum Welserpark ist niemand zu sehen, weder ein Passant noch ein angekündigter Rettungswagen aus der Stadt, geschweige denn eine bewusstlose Person.

Der Park ist schlecht beleuchtet. Dunkle Zweige, die von der Seite her in den Weg ragen, wenn man diesen Weg überhaupt ausmachen kann. Auch hier ist niemand zu finden. Erst, als wir zurück auf dem Weg zum Auto sind, meine ich, im Dunkel zwischen den Bäumen und Sträuchern ein paar Meter weiter etwas zu erkennen. Dann erschrecke ich: Das sind die Beine eines Menschen.

»Hier!«, rufe ich. Dr. Eckmann ist schon wieder beim Auto.

Völlig entstellt liegt diese Person da, beim Anblick der seitlich nach hinten verbogenen Beine zieht es in meinen Knien. Es sieht übel aus, und schon bevor ich den Patienten erreicht habe, schießt mir durch den Kopf: *So liegt kein Mensch da, der noch lebt!*

»Hier!«, rufe ich noch einmal. Vielleicht ist es ein Gewaltverbrechen? Ich überlege, ob ich schon jetzt mit dem Handfunkgerät die Polizei dazurufen soll. Als ich den leblosen Körper erreiche, erkenne ich eine Frau in einem Wintermantel. Aus Routine heraus fasse ich ihr erst einmal an die Schulter.

Im Hintergrund hört man den Verkehr der Stadt, irgendwo hupt ein Auto, und ein Geräusch, das klingt wie ein größerer Wagen, der gerade anhält, es könnte unser Rettungswagen sein, die Schritte von Dr. Eckmann sind schon fast bei mir.

»Hallo«, rüttle ich die Frau leicht. Aber als sie sich tatsächlich bewegt, den Kopf langsam hebt und mich aus verschlafenden Augen heraus erstaunt anschaut, erschrecke ich erst richtig.

»Mh?«

»Hallo. Was ist passiert? Was ist mit Ihnen los?«, fasse ich mich wieder.

Dr. Eckmann beugt sich ebenfalls hinunter, im Streiflicht einer Laterne, das durch die Zweige hindurchfährt, erkenne ich seine Nase und die Brille deutlich.

»Oh! Wie viel Uhr ist es?« Dr. Eckmann leuchtet ihr mit einer kleinen Taschenlampe ins Gesicht. Sie kneift die Augen zu und hält sich die Hand vors Gesicht. Soweit man es in diesem grellen Lichtkegel auf ihrem Gesicht überhaupt beurteilen kann, sieht die Hautfarbe der Frau nicht wirklich krank aus.

»Zwanzig Minuten nach elf Uhr zum Beispiel? In der Nacht«, sagt Dr. Eckmann.

»O je.« Die Frau rückt ihre Beine langsam gerade.

»Ich war so müde.« Mühsam setzt sie sich auf. »Ich muss bei meinen Yogaübungen eingeschlafen sein.«

»Wie bitte?« Dr. Eckmann, der sonst immer so ruhig ist – jetzt hört man ihm die Überraschung an. Und auch ich möchte das, was die junge Dame mir erklärt hat, noch einmal hören: »Sie machen hier ... mitten in der Nacht, bei dieser Kälte ... was für Übungen?«

»Yoga. Ich mache abends oft meine Yogaübungen hier. Aber diese Woche war so viel los. Ich hatte so viel um die Ohren, ich muss heute dabei eingeschlafen sein.«

Die Frau klingt ein wenig benommen, sie tut mir irgendwie leid.

»Haben Sie am Abend vielleicht etwas getrunken?«, will Dr. Eckmann wissen.

Die Frau schüttelt den Kopf.

»Oder irgendwas eingenommen?«

Sie schaut nur groß.

»Na, Drogen oder so?«

»Nee, ja also ganz sicher nicht!« Es klingt glaubhaft entrüstet.

»Ist Ihnen gar nicht kalt?«, will ich wissen.

»Nein, ich bin ja warm angezogen. Mir geht es gut, echt.«

Tatsächlich trägt sie nicht nur einen dicken Anorak, sondern auch eine warme Skihose.

»Wohnen Sie hier irgendwo in der Gegend?«, frage ich sie noch.

»Nein, außerhalb, in Diedorf.« Dann nimmt sie eine Plastiktüte und eine bestickte Stofftasche, die neben ihr liegen und steht langsam auf.

»Zwanzig nach elf? O Gott, jetzt muss ich aber ganz schnell los, sonst verpasse ich noch den letzten Bus.«

»Wirklich alles okay bei Ihnen?«

»Ja, sicher, ich muss jetzt nur gleich los, tut mir leid, wenn Sie wegen mir so einen Aufwand hatten, aber ich verpasse sonst wirklich meinen Bus.«

Eine kurze Geste der Entschuldigung mit den Armen, dann schnappt sie sich ihre Taschen und setzt sich in Bewegung.

Fragend schaue ich Dr. Eckmann an.

Der zuckt mit den Schultern. »Ist 'n freies Land«, sagt er.

»Und danke noch fürs Wecken«, hören wir die Frau noch rufen.

»Na bitte, gern geschehen ...«, sage ich mehr für mich selbst.

»Möchte mal wissen, wer uns wegen so einem Schmarrn anruft, ohne mal nachzusehen, was überhaupt los ist.« Dr. Eckmann stapft in Richtung Auto los.

»Wenn ich hier alleine nachts unterwegs wäre und dazu dann vermutlich ohne eine richtige Taschenlampe – also ich würde vielleicht auch lieber nicht hier im Halbdunkeln nach irgendwelchen Leuten sehen, die am Boden liegen«, entgegne ich und beeile mich, mit ihm Schritt zu halten. »Am Ende ist es irgendwas Kriminelles oder der am Boden Liegende wird noch aggressiv. Lieber feig als tot«, dramatisiere ich ein wenig. »Und dass da jemand einfach nur Yogaübungen macht, kann man ja nicht ...«

»Ja, ja. Schon gut«, unterbricht mich der Doc knapp. »Schauen wir jetzt lieber, dass wir wieder auf die Wache kommen.«

Ich ziehe das Funkgerät aus der Jackentasche und rufe die Leitstelle, um die Kollegen vom RTW abbestellen.

»Leitstelle von 33/64 ...«, beginne ich.

»Kommen ...« Ich erkläre kurz die Situation.

»Sie sind also wieder frei?«, lässt sich der Mitarbeiter noch mal, mehr pro forma bestätigen.

»Positiv.«

»Und schreibklar ...«

Damit hatte ich nicht gerechnet. Ich habe weder einen Zettel noch Licht zum Schreiben. »Moment ...«, sage ich und bedeute Dr. Eckmann mit einem Nicken, dass es weitergeht. »Wir melden uns sofort.«

Dann laufen wir zurück zum Auto.

Über Funk wird gerade eine Fischvergiftung bei Schwangerschaft an einen der Augsburger Rettungswagen durchgegeben, und dann fügt der Leistellendisponent dazu »Notarzteinsatz«.

Ich schaue meinen Doc an. »Das wird dann wohl unserer.« Und einen Moment später bekomme auch ich die Meldung. Ein südländisch klingender Name irgendwo in Lechhausen.

Wir fahren quer durch die Innenstadt. Unser neues Notarzteinsatzfahrzeug hat deutlich grellere Blaulichter, und man merkt es: Seine Reflexionen sind so hell, dass man fast ohne Abblendlicht fahren könnte, schon weit vor uns drängen sich die vorausfahrenden Fahrzeuge an den Straßenrand.

»Pass auf!«, bemerkt Dr. Eckmann hektisch. Aber den Fahrradfahrer, der ohne Licht und etwas unsicher Schlangenlinien mitten auf der Straße fährt, anstatt auf dem Radweg, habe ich schon bemerkt. Er dreht sich ein wenig und sieht ihm noch einmal im Rückspiegel nach: »Den holen wir dann später, wenn er so weitermacht ...«

»Muss nicht sein.«

Nein. Muss nicht.

Am Einsatzort sehen wir den Rettungswagen in einer Einfahrt stehen, die Augsburger Kollegen steigen aus, einen der beiden erkenne ich auch trotz Dunkelheit: Tim. Er hebt den Notfallkoffer, den er in der Hand hält, hoch, ich nicke, habe verstanden, ich brauche unseren nicht mit ins Haus zu nehmen. Gerade jetzt regnet es, was das Zeug hält, ein eiskalter Herbstregen mit dicken Tropfen. Auf den wellblechbelegten Garagendächern neben dem Haus trommelt es, was das Zeug hält.

»Wieder mal die Hälfte der Klingelschilder nicht lesbar«, schimpft Tim keuchend. Den anderen, der neben ihm steht, kenne ich noch nicht. Das Gesicht kommt mir bekannt vor, aber ich kann es nicht einordnen. Dann fällt mir ein, dass ich dem Kollegen schon mal auf einer Fortbildung begegnet bin.

Die beiden Kollegen sind vollbepackt: Notfallkoffer, Sauerstofftasche, Absauggerät, EKG.

»Möchtet ihr bei dem Wetter verreisen?«

»Sehr lustig«, entgegnet Tim.

»Na ja, gewundert hätte es mich nicht. Man findet sogar Leute, die ihre Yogaübungen ...«, beginne ich einen Satz, aber dann konzentriere ich mich auf die Suche nach dem Klingelschild. Nirgendwo ist ein Name zu finden, der dem ähnelt, den man uns durchgegeben hat. Ich drücke auf einen Knopf, neben dem gar nichts steht, und beuge mich runter zur Sprechanlage. Aber statt einer Stimme höre ich den Summer des Türöffners.

»Treffer«, kommentiert Tim.

»Komm«, sage ich, »gib mir was ab.« In Tims Gesicht glänzen Regentropfen, und es ist von der Kälte gerötet. Erst jetzt merke ich, wie durchnässt ich selbst bin. Die halbe Minute, die wir bis zum Hauseingang gelaufen sind, hat genügt. Der Neue scheint etwas weniger abbekommen zu haben. Und Dr. Eckmanns Haare sind sogar einigermaßen trocken. Er hält sich die orangefarbene Schreibmappe über den Kopf.

Bohnerwachsgeruch. Als wir an der Wohnungstür im zweiten Stock ankommen, steht diese schon einen Spalt weit offen. Ein junger Mann mit kurzgeschnittenen dunklen Haaren und einem scharfkantig rasierten Bart empfängt uns. Spontan fällt mir das Geräusch dieses Autos wieder ein, das ich bei Dienstbeginn vor der Wache gehört habe, und ich habe wieder einen mit Spoilern versehenen Mittelklassewagen vor Augen. *Wie gut, dass ich nie in Klischees denken würde ...* »Los, kommen Sie schnell!«, ruft der Mann uns jetzt entgegen.

Im Wohnzimmer begrüßt uns eine schlanke, ebenfalls dunkelhaarige, junge Frau mit geschminkten Lippen und einem angenehm duftenden Parfum. Sie trägt einen dunkelroten Pulli und eine schlotternde dunkelgraue Jogginghose. Sie stöhnt beim Gehen und stützt sich an umherstehenden Möbeln ab.

»Endlich, Doktor! Wir haben ewig gewartet«, sagt der junge Mann vorwurfsvoll.

Ich schaue auf die Uhr: Von der Meldung bis jetzt sind garantiert nicht mehr als acht Minuten vergangen.

»Sie haben kein Klingelschild«, bemerke ich.

»Wir wohnen erst seit einem Monat hier«, antwortet er. Die Frau steht auf und will an uns vorbei zur Tür aus dem Zimmer gehen.

»Wo gehen Sie denn hin?«, fragt Dr. Eckmann die Patientin.

»Toilette«, sagt sie und geht unter Stöhnen weiter.

»Brauchen Sie Hilfe?«, fragt er.

»Nein, ich kann schon selbst.« Blass ist die Patientin nicht.

»Können *Sie* sich kümmern?«, sagt Dr. Eckmann zu dem jungen Mann. »Nicht dass sie auf der Toilette umkippt.«

»Ja.«

»Nein!«, ruft die junge Frau. »Ich schaff das allein. Geht schon.«

»Aber sperren Sie die Tür bitte nicht von innen ab«, ruft Tim ihr noch nach.

»Wie heißt Ihre Freundin?«, fragt er dann.

»Das is' meine Frau«, korrigiert ihn der junge Mann pikiert, ohne die eigentliche Frage zu beantworten.

»Wie lange ist das her mit dem Fisch?«, stellt Dr. Eckmann schon die nächste Frage.

Jetzt sprudelt es aus dem jungen Mann nur so heraus: »Also, wissen Sie, das war in Kempten. Wir haben ihre Eltern und Familie besucht, am Abend waren wir noch in diese Lokal, verstehst du, Doktor? Da waren wir noch nie. Ich hab gleich zu ihr gesagt, ich würde hier nicht Fisch essen ... Aber die macht immer, was sie will.«

»Okay«, sagt Dr. Eckmann etwas bestimmter, »aber jetzt sagen Sie mir mal, *wann* das war mit dem Fisch?«

»Na, letzten Samstag.«

»Also vorgestern?«

»Nein, in die Woche davor.«

Dr. Eckmann holt tief Luft.

Der junge Mann sagt: »Ey, Kollege, Herr Doktor! Sie müssen das Lokal sperren lassen.«

»Na, das sicher nicht. Jedenfalls nicht wegen ihrer angeblichen Fischvergiftung.«

»Wieso nicht?«

»Weil das viel zu lange her ist.«

Die Klospülung ist zu hören, die Tür öffnet sich. Die junge Frau kommt zurück ins Wohnzimmer. Der neue Kollege stützt sie ein bisschen. Sie setzt sich auf einen Sessel, legt den Kopf zurück und schließt die Augen.

»Sehi, bring mir mal meine rote Handtasche, sie steht im Schlafzimmer.«

Tim misst ihren Blutdruck. »130.«, sagt er.

»Puls?«, fragt Dr. Eckmann.

»88. Und Sättigung 98.«

»Jetzt gibt's einen kleinen Pieks, wir messen den Blutzucker«, sagt der Neue, und wenig später: »Zucker bei 113.«

Tim hat mittlerweile Temperatur gemessen. »37,4. EKG?«, fragt er den Doc.

»Ja, ein kleines genügt.«

»Mach du, Philipp«, sagt Tim zu dem Neuen.

Während ich halb in der Tür stehend die Werte mitschreibe, fällt mir auf, wie sehr gepflegt und sauber bei diesen jungen Leuten alles ist. Nebenbei schaue ich kurz auf das offene Schuhregal im Flur. Etwa zwanzig Paar Schuhe, die meisten in Schwarz oder Rot und hoch, ein paar Stiefeletten, ein Paar weiße Schuhe und ein Paar Pumps in Leopardenfelloptik. Daneben ein geschlossenes Schuhregal und auf der anderen Seite davon noch mal einige Paar Schuhe und Stiefel.

Ansonsten ist der Flur fast leer – bis auf ein goldumrahmtes Bild, eine Fotomontage der beiden Bewohner in Hochzeitskleidung vor einem Sonnenuntergang am Meer, und einen kleinen Kalender mit den Daten von Sonnenauf- und -untergang in verschiedenen Städten.

»Wann ist Ihre Frau geboren?«, frage ich den jungen Mann. Sehi antwortet, ich notiere.

Zweiundzwanzig Jahre alt ist die Patientin.

»Haben Sie eine Krankenkassenkarte?«, frage ich ihn.

»Ey, Kollege, hören Sie mal, meine Frau ist schwer krank, und Sie interessieren sich nur für die Karte?«

»Also, so wie es aussieht, geht es Ihrer Frau nicht so schlecht«, sagt Dr. Eckmann.

Der junge Mann schaut kurz vorwurfsvoll, dann bringt er ihr die rote Handtasche. Sie holt sich eine Packung Zigaretten heraus. Das Feuerzeug ist in die Packung gesteckt.

»Bitte, rauchen Sie jetzt mal nicht«, sage ich.

Mit leidender Mine legt sie das Feuerzeug und die Zigaretten auf den Tisch. Der Notarzt setzt sich auf die Kante des Holztischs, der vor ihr steht: »Wenn Sie schwanger sind, sollten Sie das sowieso bleiben lassen. Hat jemand in Ihrer Umgebung irgendeine Magen-Darm-Geschichte?«

»Nein«, antwortet Sehi für sie.

Auch seine Frau schüttelt den Kopf. »Vielleicht ist es auch nur von dem Krautsalat. Jedenfalls jetzt ist schon besser«, sagt sie.

»Krautsalat?«

»Ja.«

»Wann haben Sie den gegessen?«

»So vor einer Stunde ...«

»Seit meine Frau schwanger ist, isst sie so gerne Krautsalat«, sagt Sehi.

Dr. Eckmann hört den Bauch ab. »Das sind keine Flatulenzen mehr, das sind schon eher Turbulenzen«, meint er leise.

»Schlimm?«, fragt Sehi besorgt nach.

»Nein. Blähungen eben. Vielleicht hat sie den Krautsalat so spät nicht vertragen, oder der war nicht mehr ganz frisch.« Er dreht sich wieder der Patientin zu: »Im wievielten Monat sind Sie denn?«

»Wie?«

– 281 –

»Na, wie lange sind Sie denn schon schwanger?«

Die Patientin überlegt.

Sehi schaut groß, dann antwortet er: »Seit etwa zwei Stunden.«

»Seit ...?« Ein leichtes Zucken in Dr. Eckmanns Mundwinkel. Er hat sich besser im Griff als ich, ich drehe mich weg.

»Seit etwa zwei Stunden«, sagt Sehi und ergänzt, während er auf die Uhr schaut: »Ungefähr.«

Jetzt hat auch Dr. Eckmann Mühe, das Lachen zu unterdrücken.

»Und woher wissen Sie das so genau?«

»Ey, Mann ...«, sagt er nachdrücklich, »... ich bin mir gaaanz sicher«.

»Schon gut.« Nebenbei schaut Dr. Eckmann noch mal auf das EKG.

»Ich habe schon die Tasche gepackt für das Krankenhaus«, fährt der angehende Familienvater fort.

»Ihre Frau muss nicht mit. Es ist soweit alles in Ordnung.«

»Habe ich doch gleich gesagt«, stöhnt die junge Frau im Sessel, während ihr Handy klingelt.

»Sie muss nicht mit? Sicher nicht?«

»Nein.«

»Aber, Herr Doktor, können Sie mir garantieren ...«, fängt er jetzt noch einmal an.

»Wenn wirklich noch mal was sein sollte, dann rufen Sie wieder an. Aber das glaube ich eher nicht.«

Wir packen unsere Sachen und verabschieden uns höflich, die Patientin nickt uns nur kurz zu, während sie am Telefon immerzu etwas in einer Sprache wiederholt, die ich nicht verstehe.

Es hat aufgehört zu regnen.

Unten vor dem Haus zündet sich Philipp erst mal eine Zigarette an. »Ziemlich dramatischer Ablauf«, sagt er.

»Ja, es ging mal wieder so richtig knallhart auf Leben und Tod. Jede Sekunde zählt ...« Tim schnorrt sich eine Zigarette.

»Auf *den* Schreck«, sagt er.

Wir lachen.

Oben hört man eine Balkontür aufgehen. Gegen das aus der Balkontür fallende Licht sieht man noch einmal den Kopf des jungen Mannes.

»Ist noch etwas?«, ruft er.

»Alles okay. Wir brauchen jetzt nur erst mal eine kleine Pause, damit wir richtig fit sind für den nächsten Einsatz«, entgegnet ihm Tim.

Auf der Rückfahrt bleibt der Funk ruhig.

»Eigentlich hätten wir heute Nacht genauso gut auf der Wache bleiben können«, sage ich zu meinem Doc, der den Kopf müde ans Fenster lehnt.

»Nein ...«, murmelt er leise von der Seite. »Dann hätte doch diese Yogatante ihren Bus verpasst.«

Recht hat er. Wenn man gerade mal nicht die Welt rettet, ist es gut, das Glück in den kleinen Dingen nicht zu vergessen.

In einer anderen Welt

Alex Schneider, den ich heute ablöse, ist zwanzig Jahre jünger als ich. Man merkt ihm einen gewissen Unmut an, wenn nichts los ist, während ich es genieße, dass es mal ruhig bleibt, so wie heute. Alex bekam noch einmal einen Einsatz rein, gerade als ich zu Dienstbeginn auf den Hof gefahren kam. Für einen Moment wollte ich mich noch beeilen, um ihn vielleicht noch schnell abzulösen, aber dann fuhr er winkend an mir vorbei, noch bevor ich aus meinem Auto ausstieg. Also begann ich den Abend mit einer Zeitung in der Küche eher gemütlich.

Aber jetzt, beim zweiten Wachmacherkaffee, höre ich das Tor klicken.

»Hallo Alex. Wo ist denn unser Doc?«, begrüße ich den jungen Kollegen, der aus dem NEF steigt.

»Unterwegs zum Klinikum. Mit dem Meringer Rettungswagen und einer bevorstehenden Geburt. Ich hab es mit der Leitstelle abgeklärt, dass wir kurz wechseln. Du solltest dann gleich weiterfahren und den Doc aufnehmen. Du fährst mit Frau Dr. Singer.«

»Dann war die aber schon früh da ...«

»Ja, sie hat Dr. Eckmann etwas eher abgelöst, weil der aus irgendeinem Grund dringend nach Hause musste. Sie fährt bis morgen früh weiter.«

»Und das Auto? Fehlt viel?«

»Du musst noch zwei Dipis im Giftbuch unterschreiben lassen. Und demnächst tanken. Das hab ich nicht mehr geschafft. Der Tank ist viertel voll. Für ein oder zwei Einsätze reicht's noch.«

Dipis: eine Abkürzung, die eines unserer Opiate meint.

»Gut.«

»Fahrtenbuch hab ich schon geschrieben. Die Tachoscheibe musst du noch wechseln.«

»Okay.«

Alex steigt aus, gibt mir den Piepser. »Das Handy ist im Handschuhfach. Der Schlüssel steckt. Ach ... und: Bitte schau noch mal, wir hatten am frühen Nachmittag einen Einsatz in der Stadtmitte. Ein ›Joachim Weidenberger‹, wenn ich mich recht erinnere. Ein älterer Mann, etwa fünfundsiebzig bis achtzig Jahre alt, zuerst war er noch ansprechbar, dann war es eine Reanimation. Leider erfolglos, er ist im Klinikum gleich in die Pathologie gekommen. Da fehlen mir außer dem Namen noch alle Personalien. Wenn du jetzt sowieso hinfährst, kannst du es vielleicht ergänzen, falls die schon was haben. Sonst eben bitte später noch mal nachtelefonieren.«

»Mach ich.«

Der Meringer Rettungswagen steht leer vor der Klinik, als ich dort eintreffe, Frau Dr. Singer ist nirgends zu sehen.

Auch gut, denke ich. Das ganze Team ist wohl mit der Patientin nach oben gegangen in den dritten Stock, wo der Kreißsaal ist. Also setze ich mich mal vorn auf einen Stuhl bei den Schaltern vor der Verwaltungsaufnahme, in die zweite Reihe hinter ein junges Paar.

»Brauchst du was?«, fragt mich Isabell hinter dem Schalter, die schon mehrere Jahre im Klinikum arbeitet. So kennt man sich also.

»Hat Zeit, mach nur erst fertig«, sage ich.

Der junge Mann, der knapp dreißig sein könnte und sein Hemd unter der Lederjacke trotz der winterlichen Kälte recht weit aufgeknöpft trägt, hat an der Hand und der Stirn einige Kratzer. Das Mädchen neben ihm ist vermutlich etwa zehn Jahre jünger, hauteng gekleidet, stark geschminkt und hat lange blonde, offenbar gefärbte Haare. Während er seine Personalien angibt, unterbricht sie mehrfach, um nachzufragen, ob wirklich all diese Formalitäten notwendig seien, und ob man ihn nicht sofort ansehen und die Angaben später machen könne. Ein aggressiver Unterton.

Isabell, die die Personalien aufnimmt, fragt nach, was dem Mann denn fehle.

»Er ist von so einem Idioten angemacht worden, und wir brauchen ein Attest, dass er verletzt wurde, damit wir den anzeigen können.«

Nach ein paar Notizen drückt Isabell dem jungen Mann einen grauen Ordner in die Hand: »Damit gehen Sie jetzt den roten Pfeilen folgend, bis Sie vor einer Tür mit der Fünfzehn stehen. Da melden Sie sich beim Pfleger.«

»Kommt er dann sofort dran?«

»Das wird man Ihnen mitteilen. Bitte haben Sie Verständnis dafür, dass nach Dringlichkeit behandelt wird.«

Das junge Mädchen schnaubt wütend. »Wir werden uns auf alle Fälle noch beschweren.«

»Bitte – tun Sie das.«

Aber Isabell schaut auch schon an ihr vorbei in meine Richtung. »So – und was kann ich für dich tun?«

»Die Kollegen von der Tagschicht haben einen Joachim Weidenberger reingebracht. War eine Reanimation, leider erfolglos. Habt ihr da inzwischen schon Daten? Ich hab nur den Namen.«

Sie schaut in ihren Rechner.

»Weidenberger, Joachim, wohnhaft in Gersthofen, geboren 4.1.1929? Könnte das passen? Heute gegen 14.45 Uhr eingeliefert?«

Ich schaue von der Seite mit auf ihren Bildschirm.

»Etwa fünfundsiebzig bis achtzig Jahre, ja, das ist er. Hast du alles? Krankenkasse usw.?«

»AOK.«

»Und das Geburtsdatum war wann, 1929?«

»4.1.«

»Adresse?«

Ich spüre eine Hand auf meiner Schulter. Es ist ein Kollege aus einem der anderen Kreisverbände. Ich kenne ihn vom Sehen her, aber ich kann ihn im Moment nicht genauer einordnen und das Namensschild nicht erkennen. Sein breites Gesicht rahmt ein lichter Haarkranz, aus dem die Ohren abstehen. »Na, deine neue blonde Freundin war aber sauer, als sie ging«, scherzt er.

»Ja, ja«, sage ich. »Mist – jetzt habe ich mich verschrieben.«

Er fährt fort: »Kennst du den Blondinenwitz mit New York?«

»Gleich«, sage ich, »lass mich erst fertig schreiben. – Die Straße hab ich, aber die Hausnummer?«

»48«, wiederholt Isabell. »86368 Gersthofen.«

»Und Weidenberger ist so richtig?«

Sie beugt sich vor. »Nein«, sagt sie, »Weydenberger mit ey nicht mit ei.«

Der Kollege hinter mir hat derweil begonnen, den Witz einem anderen Kollegen lautstark zu erzählen.

»... sitzen auf einer Parkbank. Sagt die eine: Du, was ist wohl weiter weg: New York oder der Mond?«

»Hee«, ruft ihm Isabell zu, »geht's vielleicht auch ein wenig leiser, Herr Kollege?«

Etwas gedämpft fährt er fort: »Antwortet die andere: Du Dummerle, ist doch logisch, was weiter weg ist. Oder hast du von hier aus ...«

Mein Gott, den Witz kenne ich schon. Und nicht nur ich. Der andere Kollege ergänzt: »... schon mal New York gesehen?«

Aber statt jetzt Ruhe zu geben, lacht der Kollege laut und sagt: »Ja, genau ...!«

»Noch was?«, fragt mich Isabell.

»Nein danke. Das wär's dann.«

Isabell ist ebenfalls blond, für einen Moment scheint sie zu überlegen, ob sie noch etwas sagen soll, als der Komiker nun wenigstens etwas leiser schon mit dem nächsten Blondinenwitz beginnt. Aber dann schüttelt sie nur den Kopf.

Eine brünette Dame mittleren Alters, die bei Isabells Kollegen am Nachbarschalter ihre Angaben macht, lehnt sich zurück und schaut den Witzeerzähler angriffslustig an.

»Herr Lampe, kennen Sie auch einen Witz über einen Sanitäter mit Halbglatze und Segelohren?«

Klar, der Kollege Lampe, denke ich.

»Wer war denn das?«, fragt Lampe, nachdem die Dame im Warteraum verschwunden ist.

»Die arbeitet beim Bezirksverband«, sagt Isabells Kollege. »Mit der würde ich mich eher nicht anlegen.«

»Oh, hoppla!«, ruft Lampe. Dann sagt er cool: »Na und, ist mir auch egal.«

»Schönen guten Abend«, höre ich hinter mir. Frau Dr. Singer steht wohl schon einen Moment hinter uns, ohne dass ich sie bemerkt hatte. Dabei dachte ich, ich hätte die beiden Flügeltüren, die zu den Notaufnahmekabinen führen, im Auge behalten.

»Guten Abend«, antworte ich. »Ich habe Sie gar nicht da rauskommen sehen.«

Frau Dr. Singer ist noch relativ neu. Ende dreißig, klein. Es ist erst unser dritter gemeinsamer Dienst. Ich fahre gern mit ihr ... wir sind jedoch noch per Sie.

»Das liegt vielleicht einfach daran, dass ich da gar nicht durchgegangen bin«, scherzt sie. »Ich bin hinten herum gelaufen, wo es auch zur Nachtstation und der Wundversorgung geht. Hatte dort noch einen Kollegen gesehen, dem ich letzte Woche einen Patienten übergeben hatte, und wollte wissen, was daraus geworden ist.«

Seltsam. Inzwischen bin ich so lange dabei, dass die Notärzte, die neu dazu kommen, jünger sind als ich. »Fossil« hatte

erst neulich mal einer der neuen Sanis zu mir gesagt ... – Der
Notarzt ist »draußen« quasi mein Chef. Und ich bin der Ältere.
Wer bietet jetzt eigentlich wem das Du an? Sollte ich ...? Ich
bin mir unsicher. Frau Dr. Singer ist eine freundliche Person,
aber sie hat etwas sehr Resolutes.

Wenig später sitzen wir im Auto. Ich bekomme am Funk
etwas von einer Notarztnachforderung eines RTW mit, aber
nicht, worum es sich dreht oder wo es ist, und drücke in einer
Sprechpause die Taste an meinem Funkgerät, mit der ich mich
in der Klinik einsatzklar melde, aber die Leitstelle meldet sich
nicht. Offenbar sind die gerade beim Koordinieren. Langsam
fahre ich schon mal los, wir bewegen uns auf die Ausfahrt des
Klinikgeländes zu. Ob wir gleich das Auslösen einer Piepserschleife hören, oder ob der Einsatz an uns geht? Aber statt
einer Piepserschleife hören wir noch einmal die Stimme des
Sanitäters: »Leitstelle von 33/22, Patient im Auto, wir fahren
schon mal Richtung Klinikum.«

»Verstanden ...«, höre ich den Leitstellendisponenten, und
dann ruft er uns.

»33/64, Sie stehen noch an der Klinik?«

»Ja.« Ich greife nach dem Kugelschreiber in meiner Jackentasche, aber Frau Dr. Singer hat schon das Schreibbrett
in der Hand und notiert für mich die Anfangszeit und das,
was die Leitstelle durchgibt.

»33/64, Sie ›ziehen durch‹ Richtung Langweid, Sturz aus
größerer Höhe, Patient bereits im RTW, Verletzungen der unteren Extremitäten, sprechen Sie bitte den 33/22 an, wo Sie
sich treffen.«

»33/64, verstanden ...«

Aber bevor ich die Kollegen rufen kann, melden sie sich
von selbst. »33/64 für den 33/22, ich schlage vor, wir treffen
uns auf B17, Ausfahrt Industriegebiet ...«

»B17, Ausfahrt Industriegebiet ...« Ich bin schon unterwegs, in die letzten Worte dringt das Martinshorn. Es sind nur

ein paar Hundert Meter von hier bis zu der vierspurig ausgebauten B17.

Unser NEF ist gut motorisiert, die Straße frei, wenig später sind wir bereits kurz vor dem vereinbarten Treffpunkt, der etwa auf der Mitte der Strecke liegt. Offenbar vor den anderen, die mit dem Patienten langsamer und schonender fahren müssen. Ich sehe noch nirgendwo etwas von ihnen. Also melde ich mich noch einmal bei der RTW-Besatzung.

»33/22, Ihr derzeitiger Standort?«

Ich drossle das Tempo. Die Ausfahrt liegt direkt vor mir. Der RTW meldet sich nicht, ich wiederhole meine Anfrage.

»33/64, Sie haben gerufen ...«, antwortet der Kollege. Aus dem Hintergrund überträgt der Funk noch die Geräusche des Martinshorns und etwas, das wie eine schreiende Männerstimme klingt.

»Ja, Ihr Standort bitte?«

»Etwa ein Kilometer vor der ersten Ausfahrt Gersthofen ...«

Ich disponiere kurzentschlossen um, trete noch einmal aufs Gaspedal. »Schlage vor, wir treffen uns auf Höhe der Ausfahrt Gablingen Siedlung, wir sind bereits beim vereinbarten Treffpunkt.«

»Positiv, 33/64 ...«

Die Blaulichter eines RTWs tauchen auf, der seine Fahrt verlangsamt, um kurz nach der vereinbarten Auffahrt vor uns am rechten Fahrbahnrand anzuhalten.

Frau Dr. Singer steigt aus »Das Gift noch, bitte ...«

Ich schaue noch einmal in den Spiegel, ehe ich hier am Rand der autobahnähnlich ausgebauten B17 aussteige, um nach hinten zu gehen und die Box zu holen.

Immer zuerst schauen, ob nicht ein anderes Fahrzeug dicht vorbeischießt. Noch heute habe ich dieses Gefühl bei jedem Aussteigen, wie Christian mich bei meinem ersten Einsatz am Kragen packte und mich anbrüllte. *Du Idiot, du hast beim Aus-*

steigen überhaupt nicht auf den Verkehr geachtet, wenn du das noch mal machst, hau ich dir eine runter, verstanden? Christian ... Der ehemalige Wachleiter hat inzwischen schon aufgehört, ist in Rente. Aber das, was er mir damals gesagt hat, sitzt immer noch tief.

Ich öffne die Seitentür, das Neonlicht fällt heraus in die Dunkelheit. Frau Dr. Singer ist bereits beim »Bodycheck«, tastet die Beine des Patienten ab.

Einer der Kollegen nimmt mir die Box ab.

»Brauchst du noch was? Capnometer oder so ...?«, biete ich an.

»Nö«, sagt er. »Beatmen braucht's wohl nicht ...«

Klapp. Dann ist die Schiebetür auch schon wieder zu. Einer dieser Einsätze, bei dem ich vom Patienten fast nichts mitbekomme. »Blaulichttaxifahrereinsätze« hatte es mal einer der Ehrenamtler genannt.

Ich bleibe noch einen Moment hier, auf der vom Verkehr abgewandten Seite des RTWs stehen. Vielleicht brauchen die doch etwas. Ab und zu sehe ich die Kollegen, die sich im Auto hin- und herbewegen. Es ist ziemlich kalt. Immer wieder die Rollgeräusche von Lastwagen, die ihre Fahrt beim Anblick unserer Blaulichter verlangsamen, einmal eine schwere, dunkle Limousine, die in hohem Tempo dicht an uns vorbeirauscht. Die Druckwelle schüttelt an unseren Autos. Die hier erlaubten 120 sind das nicht, und auch sonst keine Spur von angepasstem Tempo.

Dann geht die Seitentür wieder auf, und der Kollege kommt raus: »So wie es aussieht, hatte er noch Glück. Oberschenkel und Sprunggelenk links, vielleicht auch noch eine Beckenfraktur und ...« Einen Teil von dem, was er sagt, verschluckt das Geräusch eines vorbeifahrenden Reisebusses, ehe ich wieder verstehe. »... jetzt ins Klinikum.« Ich weiß genug, gehe zurück zu meinem Auto und fahre den anderen ohne Blaulicht »normal« hinterher in die Klinik.

Als ich gerade auf das Gelände der Klinik biege, kommt mir ein RTW entgegen, der offenbar auf dem Rückweg zur Wache ist: Beide Kollegen sitzen vorn, ich erkenne Lampe, er winkt mir zu und grinst mir breit entgegen. *Wenigstens das ist mir erspart geblieben.*

Eine gute halbe Stunde, nachdem wir die Klinik verlassen hatten, sitze ich nun wieder am Schalter von Isabell. Dieses Mal lasse ich mir von ihr die Personalien des Patienten geben, den meine Notärztin gerade einliefert, um ein Protokoll zu schreiben. »Du bist auch schon lange dabei«, sagt Isabell irgendwann eher nebenbei.

»Ja.« Ich konzentriere mich darauf, das, was auf dem kleinen Aufkleber steht, den sie mir gegeben hat, in die Felder meines Formulars zu übertragen.

»Du könntest bestimmt auch die ein oder andere Sache erzählen, die du erlebt hast ...«

»Stimmt.« Ich muss lächeln.

»Wie bei mir«, sagt sie. »Was glaubst du, was ich hier schon alles gesehen und gehört habe. Und das, obwohl ich bloß am Schalter sitze und die Daten entgegennehme.« Dann steht sie auf und verschwindet irgendwo im hinteren Bereich des Raumes. Ich habe hier soweit alles, die Diagnose lasse ich mir dann im Auto auf der Rückfahrt geben, sobald mein Doc fertig ist.

»Das Sprunggelenk war auf jeden Fall gebrochen«, sagt Frau Dr. Singer, als wir schon wieder in der Stadtmitte sind. »Und der Oberschenkel. Und ich bin mir ziemlich sicher, auch das Becken.«

Neben uns eine Straßenbahn, sie fährt etwa gleich schnell, müde Gesichter hinter den Scheiben.

»Sturz aus großer Höhe?«, frage ich, »ist das nicht automatisch eine Schockraumindikation nach dem Katalog ...?«

»Etwa zwei Meter«, sagt sie.

»Ich dachte aus dem dritten Stock? Hatte der Kollege gesagt …«

»Nein. Aus Hochparterre. Im dritten Stock hat er sich mit einer Frau gestritten oder sie hat ihm einen Korb gegeben oder so etwas. Egal, jedenfalls hat er sich dann wohl mit einem Kumpel in Hochparterre zusammen betrunken. Und gerade als er mit der Freundin telefonierte und die einlenken wollte, ist er dann über das Geländer gefallen.«

»Pfffh.«

Das Radio läuft leise im Hintergrund. In den Nachrichten meine ich zu hören, dass Glos als Bundeswirtschaftsminister abgelöst wird.

»Ich hatte gar nicht mitbekommen, dass er Wirtschaftsminister war …«, witzele ich.

Meine Ärztin lacht.

»Karl Theodor zu Guttenberg«, frage ich Frau Dr. Singer, »kennen Sie den?«

»Nein. Keine Ahnung. Nie gehört.«

»Wenn der aus der Wirtschaft kommt, haben sie jetzt vielleicht mal jemand Kompetentes …«

Wir warten vor einer Ampel. Sie schaut mich kurz an, fast vorwurfsvoll. Wenn man den Blick deuten könnte, wäre es wohl so etwas wie: »Die? Ach, sicher nicht.«

Gleich nach unserem Eintreffen in der Wache ist Frau Dr. Singer in ihrem Zimmer verschwunden. Vom RTW keine Spur, die sind offenbar die ganze Zeit unterwegs. Ein gedeckter Tisch, der Ofen steht auf dreißig Grad, und es sind zwei Pizzaschachteln drin. Ich checke das NEF komplett durch, esse später, hänge rum, statt in den Schlafraum zu gehen. Auf dem Sofa döse ich dann ein. Dieser bleischwere Halbschlaf … Immer bekomme ich Hintergrundgeräusche mit. Der Fernseher, Autos auf dem Hof oder der Straße, einmal glaube ich, Schritte zu hören, und die Zimmertür. Im Halbschlaf träume ich, dass ich das EKG noch mal durchchecke. Es mischt sich mit dem, was ich von der Star-Trek-Folge, die auf dem Bildschirm läuft, mitbekomme. »Der Hauptgenerator ist getroffen, ich kann die Schutzschilde nicht mehr aktivieren.« Das Geheul von Sirenen. »Alarmstufe Rot.« Ich träume, ich könnte fühlen, wie mein Piepser Funkwellen empfängt, und bin plötzlich wach. *So ein Blödsinn!*, denke ich und schaue mich benommen um: Die Klingonen sind alle weg. Die Uhr zeigt Viertel nach zwei. Aber gerade in dem Moment geht der Alarm des Piepsers los.

Ich schnappe meinen Schlüssel, der auf dem Tisch liegt, und laufe rüber in die Fahrzeughalle. Nicht mal eine ganze Minute später melde ich mich bei der Leitstelle. Ich höre noch den Rest einer Einsatzmeldung, die wiederholt wird. Vielleicht der Einsatz, zu dem wir auch gleich geschickt werden? Die Stimme kommt mir bekannt vor. Es ist die von Lampe. Die Notärztin steigt zu, während ich den Einsatz entgegennehme.

Ein Kreislaufversagen in einem Altenheim in Haunstetten.

»Wieso wir? Wo ist denn der Haunstetter Notarzt?«, fragt sie.

»Keine Ahnung«, entgegne ich. Woher soll ich es auch wissen, ich bin ja auch nicht wirklich länger wach als sie. Ich habe das Gefühl, ich müsste den Namen der Patientin irgendwoher kennen, aber es fällt mir nicht ein, und jetzt muss ich mich auf das Fahren konzentrieren.

Um diese Uhrzeit ist es angenehmer, mit Blaulicht unterwegs zu sein, als tagsüber. Es gibt kaum Verkehr, und das Lichtsignal wird schon in weiter Entfernung wahrgenommen. Nur die vielen unübersichtlichen Baustellen sind nervig, fordern Zeit und Konzentration. Ist die eine Baustelle weg, haben sie daneben eine neue errichtet, und wenn sich dann dadurch auch noch der Straßenverlauf ständig ändert ... Wo man gestern noch fahren konnte, ist heute vielleicht schon gesperrt.

Als wir bei dem Altenheim in Haunstetten ankommen, steht der Rettungswagen vor dem Haus, unter der Motorhaube knackt noch leicht der abkühlende Motor. Das Licht hat der Fahrer anscheinend in der Eile vergessen. Da die Tür nicht abgesperrt ist, mache ich es rasch aus. »Die Kollegen freuen sich vielleicht, wenn sie später noch weiterfahren können!«, rufe ich Frau Dr. Singer zu, die schon am Eingang steht und klingelt. Einen Moment später öffnet sich die Tür. Kurz schauen wir auf den Wegweiser zu den Zimmern, der an einem Infobrett hängt, aber dann laufen wir weiter, denn man kann die Kollegen schon hören. Wir passieren noch eine Glastür. Wenigstens die ist offen.

Beim Näherkommen sehen wir die Kollegen am Ende des Gangs auf dem Boden knien. Sie sind ganz offensichtlich beim Reanimieren.

»Ach nee, Lampe und Spitzberger, das Dreamteam ...«, sagt meine Notärztin.

Immerhin haben sie neben den »Basismaßnahmen« sogar schon einen venösen Zugang gelegt, der Sauerstoff hängt am Beatmungsbeutel. Während die beiden mit dem Beatmen und der Herzdruckmassage beschäftigt sind, beginnt die grauhaarige, auffallend große und breitschultrige Altenpflegerin, ein paar Dinge zur Krankheitsgeschichte der Patientin zu erzählen. Lampe, der die Herzdruckmassage macht, hat schon ein rotes Gesicht, ich sehe von oben auf der Glatze zwischen den Ohren Schweißperlen. Man hört etwas knacken, vermutlich eine Rippe der Patientin. Ein widerliches Geräusch, aber gerade bei älteren Patienten, bei denen die Knochen oft nicht mehr so elastisch sind, kann man es nicht immer verhindern.

»Soll ich weitermachen?«, frage ich.

»Ja. Ich kann langsam nicht mehr«, sagt Lampe, und ich übernehme die Druckmassage. Versuche es so vorsichtig wie möglich, lieber nicht zu tief, dafür korrekt entlasten. Trotzdem knackt es wieder. Noch eine Rippe gebrochen. In mir zieht sich alles zusammen. Ich sehe in das regungslose, blau verfärbte Gesicht der alten Frau.

»Tut mir leid ...«, murmele ich leise.

Lampe schaut aufs EKG, ruft: »Geht mal weg, Analyse.«

Einen Moment später nimmt er die Paddels in die Hand und setzt sie auf. Ich ziehe mich zurück, halte die Hände demonstrativ so, dass der Kollege sehen kann, dass sie die Patientin jetzt nicht mehr berühren. Ich schaue weg, als sie den »Schock« erhält. Ein kurzer Blick auf das EKG, dann geht es weiter mit Beatmen und Herzdruckmassage.

Lampe will eine Ampulle Adrenalin aufziehen, aber sie fällt ihm aus der Hand und zerbricht auf dem Boden. Er scheint erschöpft zu sein und zittert leicht. Keine Ahnung, wie lange er schon die Druckmassage gemacht hatte, bevor wir kamen.

Spitzberger sagt ihm: »Mach mal du hier weiter, ich geh an den Koffer«, und drückt ihm den Beatmungsbeutel in die Hand. Dann zieht er das Adrenalin auf, und einen Moment später ist er dabei, die Intubation der Patientin vorzubereiten.

Ich unterbreche ihn: »Nach dem nächsten Durchlauf wechseln wir dann mal, ja?«

»Kannst du schon nicht mehr?«, fragt er mit einem spöttischen Gesichtsausdruck.

»Das Adrenalin?«, fragt Frau Dr. Singer.

Ich übergehe Spitzbergers Bemerkung.

Ich drücke weiter, im Hintergrund nehme ich so halb wahr, was die Altenpflegerin der Notärztin erzählt. Dass die Patientin schwer dement ist, nicht mehr weiß, wo sie ist, und sich nicht einmal an ihren Namen erinnern kann. Dass man ein Karzinom in der Lunge von Frau Weydenberger festgestellt und es nicht operiert habe, nachdem man bemerkt hatte, dass sich schon einige Metastasen gebildet hatten. Dass sie aber in Bezug auf Herz und Kreislauf altersentsprechend gesund war.

Ein Karzinom. In der Lunge von ... Der Name. Was sagt mir der Name? Waren wir schon mal hier? Weiter drücken, Georg ...

Lampe hält den Beatmungsbeutel einen Moment hoch. Vor dem Mund der Patientin ist weißer Schaum.

»Absaugen«, sagt Frau Dr. Singer, »und demnächst defibrillieren wir noch mal.«

Weydenberger ...? Dann fällt es mir wieder ein. Für einen kleinen Moment werden meine Druckmassagen weniger tief und langsamer.

»Na, bevor du uns umkippst, übernehme ich wieder«, kommt mir Spitzberger zu Hilfe.

Ich rutsche zurück, mache ihm Platz, ich wollte eh wechseln. Es ist ziemlich warm hier drinnen mit den Winterklamotten. Ich wische mir kurz den Schweiß von der Stirn.

»Wie lange lag sie hier schon?«, fragt die Notärztin, dann die Altenpflegerin.

»Nicht länger als fünfzehn Minuten.«

Die Notärztin hebt ihre Hand leicht an.

»Moment mal, nichts machen. Ich möchte das EKG sehen.« Auf dem EKG sieht man trotz Defi und Adrenalin eine exakt gerade Linie. Spitzberger wackelt ein wenig am Oberkörper der Patientin, daraufhin sieht man einen ganz kleinen flachen Ausschlag: Die Elektroden und das Kabel sind okay.

»Aufhören«, sagt Dr. Singer.

Spitzberger mault: »Wieso ... – jetzt schon?«

»Aufhören«, wiederholt sie ruhig, aber in einem Ton, der keinen Widerspruch zulässt.

»Jeder Mensch hat irgendwann auch ein Recht zu sterben«, setzt sie etwas leiser hinzu.

Wir bringen die Patientin noch in ihr Zimmer und legen sie in das Bett. Während Lampe und Spitzberger sich darum kümmern, ihr Absauggerät, den Beatmungsbeutel und die Defi-Paddels zu reinigen und ihren Koffer einzuräumen, bleiben wir noch bei der Patientin und füllen unsere Protokolle aus.

»Sie hat mich an meine Schwiegermutter erinnert«, sagt Frau Dr. Singer, während sie das gelbe Notarztprotokoll ausfüllt. Die Schwester steht neben uns:

»Ihr Ehemann ist heute Mittag verstorben.«

Mein Blick fällt auf ein Foto. Ein junges Hochzeitspaar ist darauf zu sehen.

»Frau Weydenberger hat in der letzten Zeit von nichts mehr mitbekommen. Auch ihren Mann hat sie nicht mehr erkannt«, setzt sie hinzu.

Ich schreibe noch, bereite den Transportschein für die Kollegen vor. Immer wieder fällt mein Blick auf das Foto dieses glücklichen Paares.

»Heute am frühen Nachmittag ist Frau Weydenberger dann sehr unruhig geworden, obwohl sie sonst eher umgänglich und still war. Sie ist immer wieder ziellos auf dem Flur herumgeirrt. Die Tagespflege meinte, sie haben sie ein Dutzend Mal wieder in ihr Zimmer bringen müssen.«

Ja klar: Das war, weil ihr Mann gestorben war. Sie hat es wohl doch verstanden, als man es ihr gesagt hatte, denke ich.

Die Pflegerin legt eine kleine Pause ein. Dann fährt sie fort: »Und am Abend hat uns ihr Sohn informiert, dass ihr Mann am Nachmittag verstorben sei.«

Am Abend?

Auch Frau Dr. Singer schaut kurz auf, ehe sie weiterschreibt: »Ach ... – erfahren hat Frau Weydenberger das erst am Abend?«

»Nein«, sagt die Altenpflegerin. »Wir hatten es ihr noch gar nicht gesagt.«

Wenig später gehen Dr. Singer und ich schweigend die Treppen hinunter und zum Auto. Ich melde mich bei der Leitstelle. Die Infos haben sie schon von den Kollegen, die bereits abgefahren sind. Aus dem Funkgerät kommt nur eine einsilbige Antwort: »Richtung.«

»Also zurück zur Wache«, sage ich.

»Ja, zurück zur Wache«, sagt Dr. Singer, aber es hört sich an, als ob sie mit ihren Gedanken woanders wäre. Sie blättert in einem kleinen Büchlein.

Während der Fahrt fällt mir immer wieder dieses verblichene Foto des jungen Brautpaares ein. *Es gibt wohl Verbindungen, die über das bewusste Denken hinausgehen. Vielleicht … Wer weiß, wo diese beiden jetzt sind? Vielleicht sehen sie dort, auf irgendeiner anderen Seite des Lebens, wieder so jung und verliebt aus wie auf dem Bild.* Ich versuche, mir etwas davon vorzustellen.

Und zwischen all den Lichtern, die auf der Heimfahrt an mir vorbeiziehen, habe ich ein strahlendes Paar, das einen Hochzeitswalzer tanzt, vor meinen Augen.

Vielen Dank

Zuerst an Christiane Schlüter, die mir das Tor zum Schreiben geöffnet hat, und Gerald Drews, der mir nicht nur die Türen zum Verlag öffnete, sondern auch die Idee zu diesem Buch hatte.

Herrn Haselbach für die plakative und geniale Idee zur Titel-formulierung. Frau Beyer, dass sie diesem Projekt eine Chance gab, und ihr und Frau Neukam für die gesamte Betreuung und die Geduld mit mir. Allen, die vorab gelesen haben, mir ein erstes Feedback oder einen fachlichen Rat gegeben und mich ermutigt haben: Mike, Ralf, Rosalinde, Silke, Thomas, meinen Eltern und meinen Kindern.

Vor allem Herbert, der mich nicht nur vor Fehlern bewahrt hat, sondern auch einige wertvolle Anregungen gab, Frau Gre-dig, die mit mir um große und kleine Dinge gerungen und un-glaublich konstruktiv und einfühlsam um mehr als nur Worte gekämpft und sich dabei gleichsam unermüdlich für mich und meine Leser eingesetzt hat, sowie meiner Frau Renate: für die vielen Nachtschichten, in denen sie mir geholfen hat, mich an alles zu erinnern und es zu Papier zu bringen. Aber auch für die viele Zeit, in der sie auf mich verzichtete, wenn ich Dienst gemacht habe. Ohne sie wäre ich seit vielen Jahren schon nicht mehr mit »dabei«.

»Schockierende Erlebnisse von der Bildungsfront aus erster Hand.«

Stefan Aust

Philipp Möller
ISCH GEH SCHULHOF
Unerhörtes aus dem
Alltag eines
Grundschullehrers
368 Seiten
ISBN 978-3-404-60696-2

Heute ist Klassenausflug. Bowlen – damit die Kinder sich endlich mal so richtig austoben können. Als ich den Klassenraum betrete, stürmen die ersten schon auf mich zu.
»Herr Mülla, iebergeil!«, ruft Ümit. »Isch mache Strike, ja? Schwöre, schmache eine Strike!« Mit wilden Bowling-Trockenübungen steht er vor mir. Wenn er nachher tatsächlich so bowlt, nehme ich mir besser einen Helm mit.

Aushilfslehrer? Ein lockerer Job, denkt Philipp Möller – bis zur ersten Stunde in seiner neuen Klasse: Musikstunden erinnern an DSDS, hyperaktive Kids flippen ohne ihre Tabletten aus und zum Frühstück gibt es Fastfood vom Vortag. Möllers Geschichten aus dem deutschen Bildungschaos sind brisant und berührend, und dabei urkomisch.

Bastei Lübbe Taschenbuch

Runter vom Altenteil, rein ins Vergnügen!

Peter Großmann/
Ingo Froböse
IST ES WAHRE
LEIDENSCHAFT ... ODER
NUR ERHÖHTER
BLUTDRUCK?
Gute Gründe, das Alter
nicht zu ernst zu nehmen
208 Seiten
ISBN 978-3-404-60679-5

Wieso haben wir nur alle so schreckliche Angst vor dem Alter? Müssen wir wirklich scheintot im Rollator dahinsiechen bis uns der Fährmann ruft?

Alles Quatsch, meinen Peter Großmann und Ingo Froböse. Weil die beiden Sport-Koryphäen langsam aber sicher die eigene Jugend hinter sich lassen, haben sie irgendwann begonnen, sich intensiv mit dem Phänomen Alter auseinanderzusetzen.

Für uns haben Sie nun die verblüffendsten Studien und Fakten zusammengetragen, die beweisen: Alter bedeutet nicht nur Verlust. Neben ungeahnter geistiger Fitness, dem besten Sex unseres Lebens und besserer Laune, erwartet uns sogar so etwas wie eine zweite Pubertät ...

Bastei Lübbe Taschenbuch

Die Freakshow des Fortschritts

Frank Patalong
DER VIKTORIANISCHE
VIBRATOR
Törichte bis tödliche
Erfindungen aus dem
Zeitalter der Technik
288 Seiten
mit zahlreichen
Abbildungen
ISBN 978-3-404-60722-8

Das frühe 20. Jahrhundert war das goldene Zeitalter der Technik: Erfinder und Tüftler warfen alles auf den Markt, was Phantasie und Produktionsmöglichkeiten hergaben. Das Tempo des Fortschritts war atemberaubend. Ob Transport, Kommunikation, Medizin oder Unterhaltung – neben vielen nützlichen Dingen dachten sich unsere Vorfahren auch eine Menge Blödsinn aus. Auf den Spuren des Fortschritts begegnen uns unglaubliche Geschichten ebenso wie haarsträubende Abenteuer. Über welche unserer heutigen technischen Errungenschaften werden wohl unsere Nachfahren eines Tages lachen? Begeben Sie sich auf eine Zeitreise der besonderen Art!

//www.viktorianischervibrator.de/:www.viktorianischervibrator.de
www.patalong.info

Bastei Lübbe Taschenbuch